PUBLICATIONS
DU CONSTITUTIONNEL

HISTOIRE DE LA TURQUIE

PAR

A. DE LAMARTINE

HUIT VOLUMES
DONNÉS
GRATUITEMENT AUX ABONNÉS DU CONSTITUTIONNEL

VOLUME V

PARIS
AUX BUREAUX DU CONSTITUTIONNEL
RUE DE VALOIS, 10, PALAIS-ROYAL
1854

HISTOIRE

DE

LA TURQUIE

TOME V

TYPOGRAPHIE DE CH. LAHURE
Imprimeur du Sénat et de la Cour de Cassation
rue de Vaugirard, 9

HISTOIRE

DE

LA TURQUIE

PAR

A. DE LAMARTINE

TOME CINQUIÈME

PARIS
LIBRAIRIE DU CONSTITUTIONNEL
10, RUE DE VALOIS, 10

1854

L'auteur et les éditeurs de cet ouvrage se réservent le droit de le traduire
ou de le faire traduire en toutes les langues.

LIVRE VINGT ET UNIÈME.

I

Sélim, fils de Soliman II et de Roxelane, était âgé de quarante-cinq ans au moment où l'empire si longtemps convoité tombait dans ses mains. Favori d'abord sans mérite de sa mère, à cause de sa ressemblance efféminée avec elle, favori ensuite sans reconnaissance de son père, à cause de cette médiocrité même qui rassure les princes vieillis contre les entreprises de leurs enfants, Sélim II était un de ces hommes qu'une vie dissolue a énervés pour le trône avant d'y monter. Il semblait avoir été formé en tout par la nature et par l'éducation pour faire mesurer par sa petitesse la grandeur de Soliman. Les grandes choses qui échurent encore à son règne ne furent que les conséquences et la prolongation posthume du règne de son père.

Sa figure était aussi déteinte que son caractère ; les yeux bleus et lumineux de sa mère, mais habituellement voilés des vapeurs de l'ivresse, y rappelaient seuls la beauté de Roxelane. La petitesse du front, la mollesse des joues, l'épaisseur des lèvres, la coloration vineuse du teint, la largeur du cou, l'affaissement des épaules, l'obésité lourde et chancelante de la taille révélaient une de ces natures de Vitellius ottomans détendus par la débauche, délavés par le vin, et qui n'ont plus de sens que pour les engourdir dans les vils appétits de la table. Seulement, par une heureuse compensation de la destinée, cette même mollesse du corps, qui enlevait toute énergie morale à Sélim, lui enlevait aussi toute tentation de régner par lui-même ; la fatigue de son corps semblait s'étendre jusqu'à son âme ; l'effort même d'une volonté aurait importuné sa faiblesse et troublé son loisir ; déposer le règne, aussitôt qu'il l'aurait saisi, entre les mains d'un homme qui le dispenserait de penser et d'agir, était sa plus pressante ambition. Régner, pour lui, c'était se reposer au rang suprême. Par un hasard et par un bonheur de la fortune des Ottomans, le grand vizir Mohammed-Sokolli, entre les mains de qui Sélim allait trouver et laisser le pouvoir, était un grand homme capable de continuer après sa mort la politique de Soliman, et de masquer l'insuffisance de son successeur.

II

Ce grand vizir, à la tête d'une armée victorieuse de trois cent mille hommes et faisant parler à son gré le cercueil qu'il traînait après lui, était maître de l'empire. Il pouvait suspendre les événements, prolonger l'interrègne, marchander l'armée, dicter des conditions à l'héritier du trône. Il s'oublia lui-même et ne songea qu'à bien mériter de sa patrie. Une lettre courte et respectueuse, écrite sous sa dictée par le secrétaire de Soliman, le sage et savant Féridoun, et portée par le tschaousch Hassan-Aga, avertit Sélim de la mort de son père. Dans cette lettre, le grand vizir engageait le nouveau sultan à se rapprocher de Constantinople pour être prêt à saisir l'héritage paternel. Il se chargeait d'y ramener l'armée avant qu'elle connût la mort de son maître. Il le conjurait de ne pas venir lui-même au-devant des janissaires à Belgrade ou à Andrinople, dans la crainte de s'y trouver en personne l'objet et le jouet des exigences séditieuses des soldats trop habitués depuis cinq règnes à exiger des souverains dans des gratifications forcées le prix de l'empire.

III

Hassan traversa avec tant de rapidité la Hongrie, la Bulgarie, la Thrace, la mer Noire et la moitié de l'Asie Mineure, qu'il arriva le huitième jour à Kutaïah, capitale du gouvernement où résidait Sélim. Ce prince était absent; il chassait en ce moment avec quelques-uns de ses favoris dans la vallée de Kara-Hissar plus rapprochée de Constantinople. Sans descendre de cheval, après avoir lu la lettre de Féridoun, il prit au galop la route de Constantinople. Son khodja ou précepteur Atallah, son grand chambellan, Houseïn-Pacha, son écuyer, Kosrew-Aga, et son favori, Djelal-Tchélébi le suivaient plus impatients que lui de sa toute-puissance. La nuit du troisième jour après leur départ de Kara-Hissar, ils arrivèrent inattendus à Scutari, faubourg asiatique de Constantinople, séparé du sérail par un bras de mer large de trois ou quatre jets de flèche. Ils se firent ouvrir, au nom de Sélim, le palais de campagne de la sultane Mihrmah, fille comme lui de Roxelane; c'était elle qui avait tant pleuré Bayézid sacrifié à l'ambition de Sélim. On a vu qu'après le supplice de ce frère chéri en Perse, elle s'était réconciliée avec Sélim, de qui dépendait désormais toute sa fortune.

Sélim s'étonna du calme qui régnait à Scutari et au sérail dont il pouvait apercevoir les portes, les jardins et les kiosks dans l'ombre devant lui. Il fit traverser le bras de mer au tchaousch Hassan, pour aller avertir Iskender-Pacha, gouverneur de la capitale, de sa présence à Scutari, et lui demander compte de cette immobilité et de ce silence. Iskender-Pacha craignit un piége dans le message d'Hassan. Ce gouverneur n'avait reçu du grand vizir aucun avis formel de la mort de Soliman, aucun ordre de préparer la ville et le sérail à l'avénement d'un nouveau maître. Une lettre en termes obscurs et énigmatiques, destinée à être comprise à demi-mots, lui avait seulement été adressée par Féridoun, au moment du départ d'Hassan pour Kutaïah. Iskender, soldat illettré, avait mal déchiffré l'énigme. Responsable à Soliman du trône et de la capitale, redoutant dans cette apparition inattendue de l'héritier une usurpation sur la vieillesse de son père absent, il hésitait entre le doute et la crédulité. Il écrivit à Sélim par Hassan qu'il ignorait les événements dont on lui parlait, et qu'il n'avait pas d'ordre du grand vizir d'ouvrir le sérail à un nouveau maître. Sélim répliqua que des événements d'État de cette gravité ne s'écrivaient qu'en langage symbolique pour rester illisibles à l'intelligence du vulgaire, mais que c'était à lui seul, fils et héritier de Soliman, à les interpréter souverainement. Pendant cet échange de messages entre le gouverneur de la capitale et le nouveau sultan, le bostandji-baschi, intendant absolu du sérail, averti par l'écuyer de Sélim, envoya la barque impériale à Scutari pour conduire le sultan au palais. Sélim y entra sans suite et sans bruit pendant les ténèbres. Au moment où il posait le pied sur le seuil de la porte qui ouvre sur la mer, en face de Scutari, les canons du château de Léandre, petite forteresse bâtie sur l'écueil de ce nom, entre les deux rives, apprirent à la capitale endormie que Soliman n'était plus. On se précipita au sérail pour saluer le nouveau règne.

IV

Un cheval couvert des ornements impériaux attendait le sultan sur la grève au seuil du sérail. Le bostandji-baschi, suivant l'étiquette, saisit Sélim par-dessous le bras pour l'aider à monter en selle. Le grand écuyer Houseïn, vieux compagnon d'exil de Sélim, voulut repousser le bostandji, comme s'il eût trouvé son geste irrespectueux; mais Sélim, qui se souvenait des usages de la cour où il avait passé son enfance, dit en souriant à l'aga des bostandjis : « N'écoute pas cet « étranger, aga; il n'a pas été élevé comme nous « dans le sérail; il n'en connaît pas les coutumes « et les priviléges; marche en paix devant mon « cheval, et montre-nous le chemin à travers ces « jardins que je ne connais plus. »

Le capou-aga, ou chef des eunuques blancs, le reçut à la porte du palais; sa sœur, la sultane Mihrmah, se jeta dans ses bras en le baignant de larmes. Elle lui apportait un présent de cinquante mille ducats d'or qu'elle avait épargnés pour les lui offrir au moment où il aurait besoin de prodiguer les libéralités à la cour et à l'armée. Le muphti, le gouverneur, les juges d'armée, les défterdars, les mollas, les dignitaires de Constantinople lui baisèrent la main. Il visita les mosquées et les tombeaux de ses pères pendant deux jours, comme pour faire hommage à Dieu et à ses ancêtres du règne qu'il allait inaugurer sur leurs *turbés*. Mais les conseils inhabiles ou ombrageux de ses courtisans de Kutaïah lui firent éluder les conseils du grand vizir. Au lieu d'attendre l'armée à Constantinople, il courut à Belgrade se jeter dans les séditions des soldats.

V

Le grand vizir avait réussi à dérober pendant cinquante jours aux troupes le secret de la mort de Soliman. L'armée, convaincue qu'elle était encore commandée par lui, marchait en ordre autour de sa litière, saluant à chaque halte le sultan mort de ses acclamations. Elle approchait de Belgrade et elle était campée pour la nuit sur la lisière en feu d'une forêt de la Hongrie, lorsque Mohammed-Sokolli, apprenant par un courrier la prochaine arrivée de Sélim, laissa éclater dans les ténèbres la voix des lecteurs du Coran conviés secrètement par lui pour révéler aux troupes la mort de leur padischah. Au bruit de ces voix qui

psalmodiaient autour de la litière le premier verset de la Soura des morts : « Toute puissance fi-
« nit, tous les hommes ont leur dernière heure,
« l'Éternel seul ne connaît ni fin ni mort, » les soldats se communiquant les uns aux autres la fatale nouvelle éclatèrent en sanglots. Pressés tumultueusement autour des cordes de l'enceinte des tentes impériales, ils se refusaient à lever le camp pour pleurer à loisir leur souverain. —
« Camarades, » leur dit le grand vizir qui monta à cheval à l'aurore pour les haranguer, « pour-
« quoi refusez-vous de poursuivre votre marche
« pour exhaler votre douleur? Ne devons-nous
« pas plutôt entonner des versets de joie et félici-
« ter ainsi l'âme de notre padischah d'être entrée
« dans la félicité éternelle? N'est ce pas lui qui
« vient de faire de la Hongrie la maison de l'isla-
« misme? N'est-ce pas lui qui a comblé la reli-
« gion, l'empire et nous de ses dons? Est-ce par
« des larmes séditieuses et de lâches lamentations
« que nous lui témoignerons ainsi notre recon-
« naissance? Ne devons-nous pas plutôt charger
« sur nos têtes ses restes précieux et les porter
« au-devant de son fils et de son successeur Sé-
« lim, qui nous attend à Belgrade pour exécuter
« les derniers vœux de son père et vous accorder

« des présents et des augmentations de solde ?
« Reprenez donc vos cœurs ; laissez dire en paix
« les prières aux lecteurs du Coran et marchez. »

L'armée silencieuse reprit sa marche comme un cortége plutôt que comme une armée victorieuse. Le grand vizir tremblait de la rencontre prématurée des soldats et du sultan. Les troupes demandaient à haute voix que Sélim II vînt au-devant du cercueil de son père au delà du Danube pour recevoir leur serment au nouveau règne, et pour leur donner les gratifications d'avénement. Sélim s'offensa de ces exigences que le grand vizir l'encourageait désormais à subir, puisqu'il était venu si témérairement s'y exposer ; il craignait que l'impatience trompée n'envenimât jusqu'à la révolte l'esprit des soldats. Les nouveaux conseillers du sultan, qui l'entouraient à Belgrade, le prémunissaient, au contraire, contre ces complaisances avilissantes selon eux pour sa dignité :
« N'avez-vous pas déjà reçu le serment de l'em-
« pire dans sa capitale ? » lui disaient-ils. « Qu'est-
« il besoin de nouveau serment ? L'armée se croi-
« rait-elle donc le droit de décerner seule le sceptre
« à son maître ? Dans les premiers temps de la
« monarchie, on disait que, pour monter au
« trône, les sultans devaient passer sous le sabre

« de leurs soldats ; cela était vrai alors, mais au-
« jourd'hui que le trône est un héritage et non
« une élection des troupes, de tels souvenirs sont
« une offense à la majesté du souverain. »

Sélim se borna donc à attendre l'armée sur le trône d'or qu'il avait fait dresser sous une tente au bord du Danube, au sommet d'une colline qui incline vers le fleuve sous les remparts de Belgrade.

« C'est ainsi, » s'écria le grand vizir en confiant ses craintes à Féridoun, « que des conseil-
« lers inexpérimentés et irresponsables perdent
« les empires. »

Féridoun lui montra une lettre qu'il venait de rédiger et qu'il lui proposait de signer, pour démontrer au sultan le péril de cette conduite.

« Non, » dit le grand vizir, « je ne signerai
« plus aucune représentation, elles sont inutiles ;
« d'ailleurs, sais-je même si je suis grand vizir
« encore, et le sultan n'est-il pas maître de
« nommer à ma place un autre conseiller ? »

VI

Il parvint cependant, par son autorité sur l'armée, à retenir jusqu'au lendemain les soldats dans l'ordre et dans le silence. Au lever du jour, le char funèbre qui portait le corps de Soliman s'avança suivi d'une multitude innombrable, à travers la plaine vers la rive du Danube. Sélim, en vêtements de deuil, sortit à la tête d'un cortége muet des murs de Belgrade et marcha à pied au-devant du cercueil et de l'armée. Son précepteur Atallah et son grand écuyer Houseïn le soutenaient sous les bras. Les deux cortéges s'arrêtèrent en se rencontrant. Le sultan leva les mains au ciel et les muezzins entonnèrent les prières funéraires. Les vizirs, les troupes, le peuple de Belgrade qui suivaient Sélim, mêlaient leurs sanglots au murmure du fleuve. Jamais, depuis les funérailles d'Alexandre, l'âme d'un grand homme n'avait paru, en s'évanouissant, faire évanouir ainsi l'âme d'une armée. Sélim inconnu à ces soldats, n'osa les aborder avec cette majesté qui impose, ou avec cette familiarité qui attire. Il rentra dans sa tente et s'enveloppa de son invisibilité.

Le murmure de ces deux cent mille soldats trompés dans leur attente ne tarda pas à l'y assiéger Ils quittèrent leurs rangs, et s'encourageant les uns les autres à l'audace, ils entourèrent les tentes du sultan.

« Est-ce là » se disaient-ils, « ce qu'on nous
« avait promis ? Que sont devenus les anciens
« usages ? Où sont les récompenses et les présents
« qui nous sont dus ? Ingrats vizirs, espérez-vous
« éluder ainsi les droits de ceux qui donnent et
« qui retiennent la victoire et le trône ? Sultan
« invisible, qui crois nous échapper derrière ce
« rempart de courtisans pusillanimes, nous te
« retrouverons près du char de foin. »

La menace de retrouver le sultan près du char
de foin était une menace séditieuse contenue dans
une allusion soldatesque à des précédents de
l'armée mécontente des vizirs. Quand les soldats
mutinés dans une marche contre leurs généraux,
voulaient semer le désordre dans la colonne et
faire naître avec impunité un tumulte dont personne ne paraissait coupable, ils profitaient de la
rencontre fortuite ou préméditée d'un char de
foin qui obstruait la route pour arrêter la marche
de l'armée jusqu'à ce qu'on eût fait droit à leurs
exigences.

Les conseillers de Sélim II, tremblant que la
révolte imminente de l'armée ne profanât le cercueil même de Soliman, le firent enlever pendant
la nuit et conduire à Constantinople par un détachement de sa garde. Le grand vizir et les pachas

appelés le lendemain au conseil de Sélim, le convainquirent de la nécessité de céder à la sédition militaire qu'ils avaient voulu prévenir en le détournant de se livrer si témérairement aux soldats avant le licenciement des troupes. Le prince, convaincu trop tard de la sagesse du grand vizir, sortit de ses tentes, reçut le serment et accorda les gratifications d'usage à tous les corps de l'armée. Les deux grands juges profitèrent de l'ascendant pris par les troupes pour lui demander en leur nom le maintien sévère des lois qui proscrivaient la vente et l'usage du vin dans l'empire. Cette allusion indirecte au vice qu'on reprochait à Sélim lui-même, tolérée à Belgrade, fut punie quelques jours après à Semendria par l'exil des deux juges.

Le cortége impérial et l'armée s'arrêtèrent avant Constantinople au village d'Halkalü pour laisser achever les préparatifs de l'entrée solennelle. Le sultan logea avec sa cour dans une maison de plaisance impériale que Soliman avait construite à Halkalü. Le grand vizir descendit de cheval dans une ferme qu'il possédait à quelque distance du village. L'ordre et le silence de l'armée depuis Belgrade ne laissaient présager aucun ressentiment. Ce calme couvait une conjuration soldatesque. Les troupes semblaient vouloir secouer la main qui allait les conduire, pour connaître sa force ou sa faiblesse. Au milieu de la nuit, les surveillants du camp accoururent à la ferme du grand vizir; ils avertirent Mohammed-Sokolli du désordre nocturne qui préludait à ceux du jour. Des bandes de janissaires, à la lueur de torches de branches de pin, tenaient des conciliabules autour de tonneaux de vin défoncés où ils puisaient l'insolence et l'ivresse. Tous les villages voisins où l'on avait cantonné les troupes offraient les mêmes symptômes de sourde agitation.

Cependant tout parut rentrer dans l'ordre à l'aurore. Le gouverneur de Constantinople Iskender-Pacha, le muphti, le capitan-pacha Pialé presque aussi populaire que Barberousse, étaient accourus en grande pompe de la capitale pour baiser la main du sultan et pour l'escorter jusqu'à son palais. Les troupes rassemblées par leurs généraux défilèrent aux cris accoutumés de vive le Padischah! Une foule innombrable couvrait la plaine, les collines, les toits des édifices pour contempler son nouveau maître. Les janissaires, en colonne compacte, fendaient difficilement ces flots de spectateurs. Déjà les portes de la capitale étaient franchies, quand un reflux soudain arrêta le sultan lui-même près des murs de la ville. Les vizirs interrogèrent avec anxiété les chiaoux chargés de la police de la cérémonie sur les causes de ce ralentissement et de cette confusion dans la marche.

« C'est un char de foin, » répondirent les chiaoux, « qui obstrue le passage des janissaires « déjà parvenus à la hauteur de la mosquée des « princes. »

A ce mot, signal de trouble prémédité, les généraux et les vizirs fendirent les rangs du poitrail de leurs chevaux, et s'élancèrent à la tête de la colonne pour gourmander les janissaires.

« Qu'y a-t-il, braves camarades! » leur dit tout d'abord le second vizir Pertew-Pacha jusque-là cher aux soldats par sa bravoure, « vo- « tre insubordination est une offense à la majesté « de votre padischah.

— Crois-tu donc être encore ici en Transyl- « vanie imposant des lois arbitraires à tes sol- « dats? » lui répondirent les mutins en le renversant de son cheval dans la rue où son turban roula, aux applaudissements de la populace dans la boue. Le capitan-pacha Pialé voulut interposer son autorité jusque-là inviolable, même aux factieux.

« N'est-il pas infâme à des soldats d'attenter à « la dignité des vizirs qui les ont conduits à la vic- « toire? » s'écria-t-il avec indignation. On ne lui répliqua que par des huées.

« Qu'as-tu à nous dire à ton tour, vieil écumeur de mer? » lui crièrent les soldats; et ils l'arrachèrent également de son cheval en déchirant ses habits. Le vieux Ferhad-Pacha, vétéran de deux règnes, crut qu'ils respecteraient sa barbe blanche; il fut précipité sous les pieds des chevaux, sous les crosses de fusil. L'aga des janissaires lui-même, ajoutant le geste aux supplications, noua de ses propres mains une corde de soie autour de son cou pour dire à ses soldats : « Je suis à votre merci, serrez le nœud, étranglez « votre général, mais respectez votre padischah !

— Ah! vil flatteur, » lui crièrent mille voix obstinées, entrecoupées d'éclats de rire, « tu veux « nous donner du biscuit sucré au lieu de pain? « Mais tu ne sauveras ainsi ni les trésors du sul- « tan, ni ceux du grand vizir; nous te ferons « voir à ton tour le chariot de foin renversé. »

Pendant ces désordres de l'avant-garde, Sélim, inquiet et humilié, attendait honteusement sur la place de la porte d'Andrinople qu'il plût à ses soldats de lui rouvrir l'accès de sa capitale et de son palais. Il ordonna au grand vizir de satisfaire à tout prix le caprice des troupes. Sokolli, contristé de la sédition et de la faiblesse, fit jeter à profusion des sacs de piastres aux janissaires ameutés. Ils reprirent à ce prix leur marche, et relevèrent le char de foin renversé. Ils atteignirent bientôt les portes du sérail, se précipitèrent en tumulte dans la première cour, et s'y barricadèrent de nouveau; ils envoyèrent de là une députation accompagnée des vizirs désarmés et outragés à Sélim à qui leur rébellion fermait son propre palais. Sélim, arrêté auprès de la mosquée de la sultane Khasseki, céda encore à toutes leurs exigences. Les vizirs délivrés remontèrent à cheval, l'empereur entra dans le sérail porté par les flots d'une sédition impunie.

Le trésor se vida pour les janissaires; les spahis et les autres corps de l'armée murmurèrent et outragèrent à leur tour les vizirs pour l'égalité du pillage. Le grand vizir, qui épiait l'occasion de ressaisir l'autorité avilie, se servit habilement des séditieux assouvis pour punir les séditieux insatiables; il fit décapiter les chefs des spahis et pendre trois lutteurs qui s'étaient constitués les tribuns de la populace. Les trésors de l'île de Chio, ravagés quelques mois avant par le capitan-pacha Pialé et offerts par cet amiral au sultan, comblèrent le vide du trésor. Pialé, fils d'un cordonnier de Croatie, élevé par les hasards et les exploits de mer au rang de gendre de Sélim, fut récompensé de ses services dans cette sédition par le titre de vizir de la coupole, c'est-à-dire qu'il fut autorisé à s'asseoir dans le divan sous la coupole en face du grand vizir, pour discuter les affaires d'État.

Ali-Aga Muézzinzadé (ou fils du Muezzin), fut nommé capitan-pacha à la place de Pialé. Mahmoud-Pacha, surnommé Sal du nom d'un héros persan célèbre par sa force comme lutteur, reçut également le titre de vizir. Sélim récompensait ainsi dans Mahmoud le dévouement brutal que ce lutteur avait montré à ses intérêts en étranglant de ses propres mains, sur l'ordre de Soliman, le prince Mustafa, échappé par sa vigueur aux muets de son père. Lala-Houseïn (ou le père Houseïn), ce conseiller inexpérimenté de Sélim qui l'avait conduit si fatalement à Belgrade, fut éloigné par le grand vizir de la personne du sultan par le gouvernement de l'Anatolie. Djelal-Beg, le favori de Sélim, plus complaisant au grand vizir, fut comblé d'honneurs et de revenus par Sokolli, pour qu'il fût intéressé à maintenir ce grand dignitaire dans la confiance du sultan. Sûr ainsi de son ascendant dans le conseil familier de Sélim, Sokolli se délivra de toute opposition à sa politique dans le sérail. Le ministre des finances, Yousouf-Aga, qui combattait avec acharnement toutes ses mesures, fut saisi de la propre main du vizir à l'issue du conseil et livré au bourreau qui lui trancha la tête sous la voûte de la porte du sérail.

Sokolli régna sans obstacles. Il négocia et signa une paix glorieuse avec l'empereur. Il reçut une ambassade des Persans. Cette ambassade splendide, décrite par les annalistes du règne, ramenait à Sélim les esclaves, les armes, les chevaux et les chameaux de son frère Bayézid, tué par eux pour lui complaire, malgré la loi de l'hospitalité. Un fanatique religieux attenta à la vie de l'ambassadeur persan Schahkouli au moment où il faisait son entrée solennelle dans la capitale. L'assassin fut attaché à la queue d'un cheval indompté, et traîné sur le pavé jusqu'à ce qu'il eût rendu le dernier soupir. Les présents du schah de Perse présentés par son ambassadeur attestent les merveilles de l'industrie persane au milieu des guerres civiles qui donnaient ou retiraient le trône aux dynasties de ce royaume. Des Corans reliés en velours d'or et agrafés par des serrures de pierres précieuses ; des cassettes de bijoux pleines de rubis et de perles; huit tasses creusées dans des turquoises massives; deux tentes où la broderie dessinait et colorait des paysages pittoresques ; vingt tapisseries de soie tissées de fleurs, d'oiseaux, d'animaux; neuf tapis de pied en duvet de chameaux arrachés au sein de leurs mères; des rideaux de tentes éblouissants comme des portes d'or et d'argent; des selles de chevaux incrustées de pierreries; sept sceptres et sept sabres recourbés enfermés dans des fourreaux de velours cramoisi; des pièces d'étoffes de laine si soyeuses et épaisses pour les pieds qu'une seule de ces pièces d'étoffe faisait la charge de dix hommes.

Un ambassadeur de Pologne, nation toujours flottante dans sa politique, qui caressait les Turcs pour échapper aux Allemands, aux Russes, aux Tartares, apporta à Sélim les fourrures et les armes à feu, présents du Nord. Sokolli accorda aux Polonais tout ce qu'ils demandaient à la Porte pour les désintéresser de la cause des Hongrois et des Allemands. Ce grand vizir gouvernait si despotiquement Sélim, que le sultan ayant voulu élever son ancien précepteur Lala-Mustafa au grade honorifique de vizir de la coupole, n'osa pas en parler d'avance à Sokolli. Le sultan convoqua un divan à cheval au retour de la chasse, et s'excusa timidement devant le grand vizir d'avoir nommé sans son aveu à une si haute dignité de l'État.

Sokolli, fidèle aux traditions d'alliance avec la France, envoya Ibrahim-Beg à Paris. Cet ambassadeur demanda au roi Charles IX la princesse Marguerite en mariage pour le prince Sigismond de Transylvanie que la Porte voulait élever au trône de Pologne. Le mois de septembre 1569 vit réduire en cendres en une seule nuit vingt mille maisons de Constantinople. Sokolli, entouré de flammes dans un quartier où il était accouru pour combattre l'incendie, faillit périr dans ce vaste foyer. Les soins et l'or de ce ministre effacèrent promptement les traces de ce désastre.

Il fonda en même temps à Andrinople, au nom de Sélim, la merveilleuse mosquée Sélimïeh, sur les dessins de l'architecte Sinan, ce Palladio turc. La coupole de cette mosquée, portée sur des piliers comme celle de Saint-Pierre à Rome, dépasse en hauteur et en largeur la coupole de Sainte-Sophie. Sinan, qui regardait cet édifice comme son chef-d'œuvre, disait lui-même que la mosquée des princes à Constantinople était l'essai d'un apprenti; celle de Soliman, l'œuvre d'un ouvrier consommé; mais que la Sélimïeh d'Andrinople était l'œuvre d'un grand maître. Quatre minarets, obélisques creux, élevaient pardessus la coupole leurs flèches dans le ciel, semblables aux fleurons d'une couronne de marbre blanc détachés sur le bleu du firmament; trois escaliers, dont les spirales superposées et entrelacées les unes aux autres se suivent sans se rencontrer jamais, font monter et descendre à la fois trois muezzins du seuil au faîte et du faîte au seuil de ces minarets; les piliers écartés du centre de ce dôme et dissimulés dans les murailles donnent à la coupole l'apparence d'un prodige aérien.

VII

Mais ces édifices n'étaient que des décorations du règne; Sokolli songeait à la force et à la prospérité durable de sa race. Son génie avait devancé son époque dans la théorie de l'économie politique, cette science de la richesse des nations. Il voyait cette richesse dans l'agriculture, dans le commerce, dans la navigation, ce véhicule des échanges entre les peuples. Il voulait faire de Constantinople, par l'industrie, ce que la nature en a fait par le site, l'entrepôt de l'Asie, de l'Europe et de l'Afrique, la *grande échelle* de l'univers. Le plus grand éloge qu'on puisse adresser à la mémoire de Sélim II, c'est de n'avoir pas contrarié les vues et les plans de son ministre pour la réalisation de ses projets.

Sokolli masqua sa véritable pensée de civilisation, trop avancée pour son temps, sous l'apparence d'une entreprise politique qui flattait le préjugé et la haine populaires des Turcs contre les Persans. Il représenta au divan et il répandit dans le peuple que la seule tactique pour triompher à jamais du schisme d'Ali, en Perse, c'était de tourner par la Crimée les boulevards naturels du Caucase et de la Géorgie qui protégent cet empire du côté de la mer Noire, et de cerner peu à peu la Perse par Bagdad d'un côté, par la mer Caspienne de l'autre. La haine nationale répondit avec enthousiasme aux conceptions de Sokolli. Les regards se portèrent au fond de la mer Noire.

Les Russes, nation encore barbare sortie des marais de la Baltique pour asservir et nationaliser des tribus plus barbares qu'eux dans les forêts de la Moscovie, menaçaient déjà de couper aux Turcs la route de la Perse, de la Tartarie et de la mer Caspienne. Devenus chrétiens au signe d'un de leurs czars, Wladimir, quatrième descendant de Rurik, leur premier chef, ils avaient adopté par imitation et par voisinage le schisme des Grecs. Les empereurs byzantins avaient scellé cette conformité de religion en donnant leurs filles pour épouses aux chefs de ces nouveaux peuples. Ils s'étaient multipliés à l'abri de leurs frimas et de leurs forêts. Ils commençaient à sentir leur force et à se répandre vers l'Orient, du côté du soleil, comme leurs neiges, fondues au printemps, prennent leur courant sur les pentes qui les déversent dans la mer Caspienne. Ivan V, Wasiliéwitz, leur czar, contemporain de Sélim, venait de caractériser cette pente des Russes vers l'Orient en conquérant Cazan et Astrakan sur les Tartares, et en se rapprochant ainsi du bassin de la Crimée.

Le Don, l'ancien Tanaïs, fleuve boréal, se précipite dans la mer Noire, après avoir, dans un cours de trois cents lieues, sillonné la Russie. Le Volga, sorti des mêmes steppes de la Moscovie, se détourne au milieu de sa course de la mer Noire pour s'engouffrer dans la mer Caspienne, par soixante embouchures. Entre ces deux fleuves, longtemps parallèles, règne un isthme de trente mille pas. En coupant cet isthme par un canal navigable aux grands vaisseaux, la mer Noire, et le Palus Méotide qui la prolonge vers Azof, pourraient communiquer avec le Volga, et le Volga porter les flottes et les armées ottomanes dans la mer Caspienne, qui baigne le nord de la Perse. Ce royaume, envahi par mer et par terre du côté où il se croyait inabordable, derrière les vagues de la mer Caspienne, comme du côté de l'Arabie, devenait une enclave des Turcs. La servitude lui arrivait d'où il attendait son indépendance. Le Bosphore aurait envoyé par deux mers, par un canal maritime et par soixante embouchures, ses lois à Ispahan; mais le commerce ottoman aurait imposé plus pacifiquement son monopole au monde oriental et occidental. Les produits de l'Europe, recherchés par les Indes, et les produits mille fois plus riches des Indes revendiqués à tout prix par l'Europe, au lieu d'emprunter le long et périlleux trajet de six mois du cap de Bonne-Espérance, à peine découvert, allaient s'échanger de la main à la main par les caravanes et par les vaisseaux sur le marché ottoman de la mer Caspienne. Les deux mondes étaient condamnés à y trafiquer sous les tentes, sous le pavillon, sous les tarifs tributaires de Sélim II et de ses successeurs; le Gange et l'Indus trouvaient leur confluent commercial avec la Tamise, le Danube, la Seine, le Rhin, le Tibre, le Tage, dans le bassin de la Tartarie turque; la mer Noire devenait le Nil d'une nouvelle Égypte. Nul ne peut mesurer l'opulence que l'exécution d'un tel plan préparait à l'empire, et cette opulence devenait en même temps un gage de paix pour l'univers. Sokolli, dans cette conception gigantesque, se révélait aussi grand économiste que grand patriote. Les jours où nous vivons démontrent assez combien il importait à la Turquie et à l'Europe de refouler dès le principe le reflux de la Russie vers l'Orient.

Cette pensée était romaine dans son origine : Pline l'historien l'attribue au règne de l'empereur Claude, ce Sélim de Rome. Séleucus Nicator l'avait présentée déjà aux Romains; la géographie la présente à tous les siècles; mais Sokolli l'avait simplifiée et facilitée en se servant du Don et du Volga comme de deux canaux déjà tout creusés pour porter dans la mer Caspienne les flottes de la mer Noire.

Sokolli succomba, non sous la grandeur de l'entreprise, mais sous les préjugés des cinq mille janissaires et des vingt mille pionniers turcs qu'il envoya à Azof pour creuser le canal. Le khan des Tartares Dewlet Ghéraï, quoique tributaire et allié des Turcs, craignit pour l'indépendance de la Crimée, si les deux mers réunies ne faisaient plus de ses États qu'une grande route de l'empire. Il craignit de plus que le secours toujours chèrement payé de ses Tartares ne cessât de paraître aussi nécessaire aux sultans contre les Russes, le jour où le Don et le Volga asservis leur permettraient de porter leurs armes au cœur de la Moscovie, comme Timour l'avait fait en partant des mêmes embouchures. Il fit donc secrètement tous ses efforts pour dépopulariser dans le camp des janissaires et des bataillons ottomans la pensée du grand vizir.

Le préjugé religieux seconda de lui-même la malveillance du khan de Crimée. Les musulmans, entendant raconter par les Tartares la longueur des jours de vingt heures et la brièveté des nuits de quatre heures dans ces steppes boréales voisines de la Moscovie, se persuadèrent les uns aux autres qu'un pareil climat était en contradiction avec les préceptes du Coran, qui leur ordonnait de faire la prière du soir deux heures après le coucher du soleil, et celle du matin à l'aube du jour. « Comment, » disaient-ils, « dans des nuits « de quatre heures trouverons-nous le temps de « prier deux fois et de dormir? L'entreprise qui « commande aux musulmans de pareilles viola- « tions du Coran est donc réprouvée de Dieu! « La religion du Prophète n'est faite que pour les « climats où sa loi peut être obéie! » Le murmure et le découragement firent tomber les armes et les outils des mains des soldats et des ouvriers. Une colonne de vingt-cinq mille cavaliers turcs et tartares, qui marchait sur Astrakan pour en expulser les Russes, ayant été refoulée par les troupes d'Ivan, revint en désordre rapporter la panique et la sédition parmi les ouvriers du canal. La désertion favorisée par les Tartares dispersa le camp; les généraux cédèrent aux soldats; ils se rembarquèrent sans ordres pour Constantinople. Les tempêtes de la mer Noire semblèrent se liguer avec le fanatisme des soldats pour décourager à jamais les Ottomans de la plus vaste pensée de leur grand ministre. Les naufrages engloutirent au retour une partie de la flotte; sept mille hommes seulement rentrèrent à Constantinople.

VIII

Mohammed-Sokolli, découragé de son projet d'unir deux mers pour ouvrir aux Ottomans la route de la Perse et des Indes, voulut tenter par l'Arabie ce que l'ignorance de sa nation avait fait échouer par la Perse. Il résolut de couper l'isthme de Suez pour faire passer les flottes de la Méditerranée dans la mer Rouge et de la mer Rouge dans l'océan Indien. Une révolte générale de l'Arabie suspendit fatalement l'exécution de cette œuvre que rêvent encore aujourd'hui les maîtres de l'Égypte et les nations commerciales de l'Occident. L'invention des chemins de fer, cette navigation terrestre, la rend moins urgente sans la rendre moins probable un jour.

Les causes toutes locales de ce soulèvement de l'Arabie Heureuse ou de l'Yémen contre les gouverneurs d'Égypte tiennent à des rivalités de familles parmi les dynasties obscures de ces contrées, trop imperceptibles et trop puériles pour occuper l'histoire. Mais ce soulèvement menaçait de s'étendre au reste de l'Arabie jusqu'en Égypte. Sokolli, pour l'étouffer dans son germe et pour éloigner en même temps un rival dont il redoutait le vieil ascendant sur Sélim, ordonna à Lala-Mustafa, ancien précepteur du sultan, déjà relégué en Anatolie, de lever en Syrie et en Égypte une armée pour aller soumettre l'Arabie.

Quelques milliers de janissaires formaient le noyau de Mustafa. Sinan-Pacha, gouverneur d'Égypte, au lieu de seconder l'enrôlement des soldats pour l'armée d'Arabie, opposa l'inertie calculée aux ordres du sérasker. Sûr de plaire à Sokolli en ruinant la renommée de son rival, il accusa Mustafa de lui tendre des piéges au Caire, d'avoir tenté de l'empoisonner dans une coupe de sorbets, de rêver pour lui-même la souveraineté indépendante d'Égypte et d'Arabie. Sokolli, soit qu'il crût à ces accusations, soit qu'il feignît d'y croire, envoya un tchaousch au Caire pour porter à Mustafa sa destitution et l'ordre de venir se justifier à Constantinople. Sinan-Pacha reçut à sa place le titre de sérasker et le commandement de l'expédition contre l'Yémen.

Othman-Ouzdemir-Pacha, né en Arabie, depuis grand vizir, alors simple général de Sinan, avait précédé le sérasker dans l'Yémen. Dans une campagne heureuse et rapide, Othman avait dissipé les rebelles; il avait emporté d'assaut leurs places fortes. Pour accroître ses ressources et pour se rendre plus nécessaire aux yeux du divan, il avait enrôlé dans son armée des tribus et des cavaliers arabes attirés par la popularité de son nom en Arabie. Sinan, jaloux des triomphes trop complets de son lieutenant, le destitua et nomma au commandement de son armée un esclave russe parvenu nommé Hassan-Pacha. Othman, indigné de l'ingratitude du sérasker, s'enfuit à la Mecque avec une partie de ses alliés arabes, et, traversant les montagnes de la Mésopotamie sous un déguisement, il vint demander justice à Constantinople.

Informé de son approche, le grand vizir, qui craignait ses liaisons avec Lala-Mustafa, disgracié comme lui pour la même cause, lui fit défendre d'entrer dans la ville. Othman dressa ses tentes hors des murs dans un cimetière voisin, à la porte d'Andrinople, que la peste qui sévissait alors couvrait chaque jour de nouvelles tombes. On y venait sans cesse, au milieu des neiges et des pluies de l'hiver, contempler ce grand jouet de l'ingratitude de son maître.

Cependant, un jour que Sélim II rentrait de la chasse par la porte d'Andrinople, Lala-Mustafa, victime de la même intrigue, mais qui approchait encore familièrement de son ancien élève, dirigea, comme par hasard, la marche du sultan du côté du cimetière où Othman languissait sous ses tentes. « Qui donc habite un si misérable abri « contre les rigueurs de l'hiver ? » demanda le sultan. — « C'est le fils d'Ouzdemir, votre fidèle « esclave Othman-Pacha, » répondit le précepteur. » Celui qui, sous le règne du sultan votre « père et sous le vôtre, a agrandi l'empire de « deux vastes provinces, la Nubie et l'Yémen, « après avoir égalé en Arabie les services et les « exploits de son père, est récompensé par l'in- « gratitude de vos vizirs, et subit la pluie et le « froid hors des murs de la ville où il lui est « interdit d'abriter sa tête. » Sélim se tut et rentra pensif au sérail. Le lendemain un khatti-schérif (ordre de la main du souverain qui annule tout ordre contraire des ministres) nomma Othman-Pacha au gouvernement de Bassora sa patrie. Sokolli ayant voulu représenter au sultan le danger de nommer un homme si populaire au gouvernement d'une province limitrophe de l'Arabie : « Garde-toi d'y toucher désormais, » lui dit sévèrement Sélim. Mais Sokolli, plus inquiet d'assurer la sécurité de l'empire que de complaire à son maître tout-puissant, changea le jour même la destination d'Othman, et le nomma à un gouvernement moins important.

L'Arabie entière, vaincue ou pacifiée par Sinan-Pacha, reconnut en 1571 la loi des Turcs. Sinan à la tête de son armée entra à la Mecque, y rétablit la liberté des pèlerinages, et les trois caravanes de Syrie, d'Égypte, d'Yémen, sous la conduite de leurs émirs, y célébrèrent les cérémonies de la Kaaba. Rien ne ralentit plus à Constantinople les préparatifs de Sokolli pour l'expédition contre Chypre. L'ordre rétabli en Arabie, la réconciliation avec les Russes satisfaits de leurs empiétements impunis en Crimée, la paix avec l'empereur d'Allemagne, l'amitié des Polonais, l'alliance de plus en plus intime avec la France, la prospérité du trésor, l'armement de la flotte, l'impatience des troupes longtemps oisives, permettaient enfin au grand vizir de porter tout le poids de sa politique patiente contre les Vénitiens, et de leur arracher le royaume de Chypre. Cette conquête nécessaire à l'empire était de plus, dans l'esprit du grand vizir, une condescendance habile à un vieux caprice de Sélim II.

Pendant que ce prince suspect à son père, relégué à Kutaïah ou à Magnésie, languissait dans l'oisiveté, dans la disgrâce et souvent dans la détresse d'argent, sort ordinaire des princes héritiers ou victimes du trône alors en Turquie, il avait contracté avec un compagnon de sa jeunesse une amitié et une reconnaissance qui devinrent funestes aux chrétiens de Chypre.

Cet homme était un juif portugais nommé alors Joseph Nassy et auparavant don Miguez. C'était un de ces Hébreux jetés par la dispersion de leur nation chez tous les peuples, et à qui la persécution et la crainte des outrages populaires avaient fait adopter une apparence de christianisme qu'ils désavouaient en secret. Le plus grand crime des persécutions n'est pas seulement de faire des proscrits, mais aussi des hypocrites. Joseph Nassy avait le génie insinuant et les grâces habiles que la nécessité de leur situation donne aux hommes qui ne peuvent aspirer à la puissance que par la servilité. Riche déjà par le commerce en quittant le Portugal, il était venu en aventurier hardi chercher à Constantinople à agrandir et à ennoblir sa fortune. Épris jusqu'au délire d'une jeune fille juive dont la beauté et l'opulence ravissaient également ses regards et son ambition, don Miguez n'avait pas hésité à abjurer par amour un christianisme adopté par convenance. Il avait épousé cette fille de sa tribu.

Ses richesses décuplées par ce mariage, les sommes qu'il prêtait avec une politique libéralité aux grands de la cour, les présents en pierreries qu'il prodiguait au sérail, la possession des vignobles les plus renommés de Chio, de Chypre, de Sicile, dont il faisait servir les produits à corrompre la sensualité peu scrupuleuse alors des courtisans et du jeune héritier de Soliman lui-même adonné à l'ivresse, l'avaient introduit dans la familiarité de Sélim. En homme qui savait braver la disgrâce présente pour assurer la faveur future, il avait suivi le prince à Kutaïah. L'intimité du jeune prince musulman et de l'aventurier juif était telle, qu'on disait dans Constantinople que Sélim n'était pas le fils de Soliman et de Roxelane, mais l'enfant d'une juive sœur de don Miguez, qu'une intrigue de sérail avait substitué dans le harem à un fils mort-né de la favorite. Argent, plaisirs, débauches, goût des vins délicieux de l'Archipel, tout était commun entre les deux amis. Le favori, en excitant la convoitise enthousiaste du prince pour les ducats d'or et pour les outres savoureuses de Chypre, ne cessait pas de lui représenter cette île opulente comme le paradis des voluptueux. Un jour où le vin des coteaux de Limasol avait enivré plus que d'habitude les sens et l'imagination de Sélim, le prince se jetant dans les bras de son ami, lui jura que s'il montait jamais sur le trône des Ottomans, il lui donnerait en propriété le royaume de Chypre pour reconnaître les délices qu'il devait à sa bourse et à ses dons.

Don Miguez, qui avait vu dans la promesse du sultan futur une sorte d'investiture, fit peindre et suspendre dans sa maison les armoiries de Chypre avec cet exergue : « Joseph Nassy, roi de Chypre. »

A l'avénement de Sélim au trône, Nassy, qui était accouru à Belgrade pour le féliciter, se jeta à ses pieds. Sélim, en le relevant et en l'embrassant, lui donna comme en prélude d'un don plus royal le titre de duc de Naxos et des douze Cyclades. Pour redevance de ces immenses possessions, le sultan n'exigea de son ami qu'un léger tribut de deux mille ducats sur les vins, qui rapportaient au nouveau possesseur des Cyclades cent cinquante mille ducats. L'ancien prince dépossédé de Naxos et d'Andros vint traîner sa dégradation et son indigence à Constantinople.

Mais tant de dignités et tant de richesses ne paraissaient au favori que des degrés pour s'élever à son rêve, le royaume de Chypre. Il ne cessait d'encourager Sélim II à étendre la main sur cette possession de la république. Les ambassadeurs vénitiens qui connaissaient son crédit, et qui craignaient tout de ses richesses, tremblaient des résolutions du divan. Toute la jeune cour de Sélim, Nassy, Lala-Mustafa, le capitan-pacha et son frère Pialé penchaient pour la déclaration de guerre à Venise. Le grand vizir et le muphti résistaient seuls à cet entraînement du sérail. Ils ne trouvaient ni la cause juste, ni le moment opportun. Venise ne fournissait aucun grief, et ses forces navales à l'ancre dans son port pouvaient couvrir de voiles et de canons les rivages de Chypre.

L'ambitieux Nassy, dont l'opulence pouvait acheter les trahisons et les crimes, corrompit, dit-on, quelques écumeurs de mer, et brûla l'arsenal de Venise par leurs mains. Le 13 septembre une explosion nocturne réveilla les Vénitiens à la lueur de leur arsenal et de leur flotte en feu. Les munitions de la république avaient sauté avec l'arsenal. La darse, couverte la veille de l'armement et de l'équipement de cent cinquante navires, ne voyait plus le lendemain flotter que des cadavres et des débris sur les lagunes.

Ce désastre décida le divan à tout oser. Après une impérieuse sommation inacceptable par une république fière et libre, l'expédition ottomane fit voile pour le royaume de Chypre. Sélim la confia à ceux qui l'avaient inspirée. Son précepteur, Lala-Pacha, fut nommé sérasker ou général de l'armée de débarquement ; le capitan-pacha Pialé commanda la flotte ; Iskender, béglerbeg d'Anatolie, Hassan-Pacha, vainqueur de l'Arabie sous Sinan, Behram-Pacha, gouverneur de Caramanie, et tous les généraux vétérans des guerres de Hongrie, commandaient les troupes de terre ; trois cent soixante voiles en tout partirent successivement, en mars et en avril, de Constantinople pour aller porter cette expédition à Chypre.

Dix mille hommes débarquèrent en passant sur l'île montueuse de Tine, et l'incendièrent d'une extrémité à l'autre, pour la punir de sa liberté qu'elle avait su conserver contre les prétentions de Joseph Nassy, duc de Naxos. Mais les habitants, réfugiés et invincibles dans la citadelle, ne laissèrent conquérir que leurs maisons, leurs arbres et leurs troupeaux. Leurs âmes libres respirèrent de nouveau la liberté après la courte apparition des Turcs.

La flotte, contournant lentement les caps avancés de l'Anatolie, entre Macri et Rhodes, longea la côte de Caramanie, en embarquant à chaque rade de nouveaux renforts. Ces quatre cents voiles formant une colonne continue de Rhodes jusqu'à Satalie, jetèrent l'ancre le premier jour d'août 1570 sur la plage d'Amathonte, à l'extrémité méridionale de l'île. Les habitants, du haut des promontoires et des montagnes de l'île, comptèrent avec terreur le nombre de leurs ennemis.

IX

L'île de Chypre, l'ancienne terre de Chétim, des Phéniciens et des Hébreux, l'ancienne Kypros des Grecs, avait mérité par son site, par son climat et par sa fertilité, d'être divinisée dans la fable comme le séjour des dieux et des déesses qui symbolisaient la beauté et l'amour, ces dieux de nos sens. Elle avait emprunté son nom à un des noms de Vénus même, Cypris. Les jardins, les bois sacrés, les temples de cette déesse dont la volupté était le culte couvraient ses promontoires. Amathonte et Paphos étaient les plus fameux. Leur poussière encore aujourd'hui n'est formée que des débris de sanctuaires, de bains, de fontaines, de statues mutilées de cet Olympe féminin. L'homme qui adore presque par toute la terre ce qu'il redoute, adore aussi ce qui le charme dans son court passage ici-bas et ce qui lui fait rêver les félicités d'un autre. monde. C'est la nature qui avait consacré l'île de Chypre à la sensualité et au bonheur. Cette terre était et elle est encore l'Éden des mers. Les vagues, la terre, le soleil et l'air semblent l'avoir fait surgir comme Aphrodite d'une amoureuse harmonie entre les éléments.

Semblable à un berceau flottant que les vents d'Égypte ont mollement poussé de vague en vague de leur souffle tiède jusqu'au fond oriental du grand lac de la Méditerranée, l'île abritée du nord par la chaîne dentelée du Taurus, et du simoun du désert par les cimes du mont Liban, s'étend sur un espace de près de sept cent milles de circonférence entre la Syrie et la Caramanie. L'ombre alternative de ces hautes montagnes semble se prolonger le soir et le matin jusqu'à ses rives, et peindre d'un azur plus foncé les lames de la mer abritée qui la caressent de leur écume.

Du côté qui regarde la Syrie, l'île prolonge, en s'abaissant au niveau des vagues, son promontoire de Dénarétum, comme si elle voulait s'insinuer dans le golfe profond d'Alexandrette, dans les embouchures de l'Oronte, et tendre un pont aux caravanes d'Alep et de Damas. Du côté qui fait face à la Cilicie, l'île plus relevée de bords se rapproche par le promontoire d'Epiphania du golfe de Satalie, ce lac salé de la Caramanie, encaissé dans les forêts du Taurus. Le cap Crommyon, renflement du noyau de l'île entre ces deux promontoires, semble vouloir rivaliser avec les aspérités des caps du Taurus qu'il regarde. Ce cap n'est séparé du continent d'Anatolie que par un canal de mer que les voiles de pêcheurs traversent en une nuit d'été.

Le cap Crommyon se rattache, par des pentes douces mais continues, au bloc fondamental et central de l'île, l'Olympe de Chypre, le moins élevé mais le plus serein des quatre Olympes de cette terre où l'antiquité semble avoir hésité à placer le séjour de ses dieux. Le poëte Euripide fait des vallées boisées et murmurantes de l'Olympe de Chypre la patrie de Vénus Aphrodite et la demeure des Muses, ces Vénus intellectuelles qui inspirent aux hommes, pour la beauté morale, l'amour que la Vénus corporelle inspire aux sens.

A droite et à gauche de ce mont Olympe deux chaînes de montagnes, moins élevées, courant et déclinant jusqu'aux extrémités des terres, présentent comme un sillon leurs pentes à deux soleils opposés. C'est ce renflement du muscle dorsal de Chypre qui a fait sans doute comparer, par les anciens géographes, l'île à une toison de mouton flottante sur la mer, à un bouclier convexe sur lequel rejaillissent les rayons du jour; enfin au dos d'un dauphin nageant et ruisselant sur les flots. A la place où les Muses, Jupiter, Adonis, pleuré de Vénus, Apollon, Vénus elle-même avaient leurs noms, leurs temples, leurs cultes, leurs pèlerinages, la théogonie chrétienne avait substitué les noms, les autels, les pèlerinages des apôtres, des saints, des martyrs.

Chypre, sous son éternel printemps, avait un sol et une population correspondant à son site, à son climat et à son étendue. Le froment, la vigne, le mûrier qui nourrit l'insecte fileur de la soie, l'olivier d'où suinte le beurre végétal de l'Orient; les ruches d'abeilles donnant un miel aussi renommé que celui de l'Hymète; le platane, le cyprès, le myrthe, dont la fleur allanguit les sens, l'opium qui les enivre, toutes les plantes qui les nourrissent, tous les fruits qui les désaltèrent : le melon, la pêche, la grenade, l'orange, le limon, les pommes, les poires de Cilicie, les dattes de Syrie, les figues de Salamine multipliaient sur ses collines ou au bord de ses ruisseaux. Le navigateur, en approchant de Chypre, et en contemplant les rochers de ses bords verdis par les plantes qui les tapissent en trempant leurs filaments dans l'eau salée, croit voir une corbeille trop pleine débordant de fruits et de feuilles.

Les animaux eux-mêmes semblent participer de l'opulence et de la sérénité de sa terre. Ses bœufs étaient choisis à leur taille, à leurs cornes et à leur blancheur pour les sacrifices; ses colombes innombrables, aux ailes bleuâtres, comme si elles s'étaient trempées dans la mer, consacrées jadis à Vénus, couvrent encore de leurs nuées et attendrissent de leurs roucoulements, les bois et les fontaines de l'île.

La richesse industrielle égalait la richesse végétale. Ses rochers recèlent des pierres précieuses telles que le jaspe, l'amiante, le cristal de roche, l'opale. Des mines de cuivre, métal consacré sans doute, à cause de son origine, à Vénus, reine de Chypre, y étaient exploitées de toute antiquité. Des marais salants, sur lesquels la mer en se retirant laisse une cristallisation blanche semblable à une neige, fournissaient l'île et les continents voisins du sel de Chypre.

X

Son histoire était, comme celle des pays trop enviés par les conquérants et trop amollis par une civilisation précoce, l'Égypte, la Grèce, la Syrie, l'Italie, pleine de vicissitudes et de catastrophes. Neuf tyrans servis par une armée de délateurs se la partageaient dans ses premiers temps historiques. Des femmes esclaves, qui jouaient des instruments et qu'on appelait les *flatteuses*, étaient chargées d'enivrer leurs sens et de leur inspirer des langueurs produites par la musique efféminée répandue dans l'air. Les Égyptiens l'avaient conquise sur les Phéniciens, les Perses sur les Égyptiens, les Grecs sur les Perses; elle avait ensuite appartenu à Alexandre, puis aux Romains représentés par Caton; dévastée par les Juifs sous Trajan, elle était tombée, à la fin du viie siècle de de notre ère, au pouvoir des Arabes ; Baudouin, roi croisé de Jérusalem, et Richard, roi d'Angleterre, l'avaient enlevée aux Arabes ; Richard l'avait donnée en gage aux templiers, moines spoliateurs et tyrans qui ravageaient et asservissaient les peuples au nom du Christ né pour les affranchir, puis il l'avait abandonnée à Guy de Lusignan, en échange de la couronne de Jérusalem ; plus tard les Génois, marchands qui achetaient et vendaient des royaumes, l'avaient trafiquée avec les successeurs de Guy. Les mameluks d'Égypte l'avaient annexée à leur possession précaire; les Vénitiens s'y étaient insinués sous l'ombre du commerce.

Une Vénitienne de leur sang, Catherine Cornara, avait été épousée par le dernier souverain nominal de l'île, héritier des croisés. Les agents de la république de Venise, ayant empoisonné ce roi et le fils qu'il avait eu de Catherine Cornara, cette veuve avait été déclarée fille de la république; à ce titre, elle avait, à son tour, donné son royaume à Venise, sa mère. Pour prix de cette munificence libre ou contrainte, le sénat de Venise avait décerné un magnifique tombeau à Catherine Cornara dans l'église de San Salvator, et proclamé cette veuve patronne de la république.

L'île, quoique bouleversée et dépeuplée par tant de révolutions intérieures et par tant de vicissitudes de conquêtes, avait repris sous les lois, sous la protection et sous le commerce maritime de la république, une prospérité agricole et industrielle qui l'avait rendue la première colonie de l'Occident sur les frontières de l'Asie. Elle était aux Vénitiens ce que Cuba ou Manille sont aujourd'hui aux Espagnols, une patrie plus riche et plus heureuse hors de la patrie. La république y entretenait des armées et des flottes. Sa capitale, Nicosie, au cœur de l'île, ses capitales navales, Famagouste et Larnaca, ses ports fortifiés avec tout l'art des ingénieurs européens et avec toute la prodigalité de la plus riche république militaire de l'Occident étaient des boulevards comparables à ceux de Rhodes, de Malte et de Belgrade, si longtemps inexpugnables aux Ottomans.

Dandolo, sous le titre de provéditeur, gouvernait inhabilement l'île de Chypre. Hector Baglioni, noble vénitien, était général des troupes, Bragadino défendait Famagouste; le nombre de leurs troupes qui ne dépassaient pas sept mille soldats vénitiens, leur commandait de se couvrir de leurs murailles et de leurs vaisseaux.

XI

Le sérasker, dont les quatre cents vaisseaux ne portaient pas moins de cent mille combattants, débarqua sans obstacle cette multitude et ses canons sur la plage nue de Limasol, à la pointe de l'île qui regarde la mer de Rhodes. Le capitan-pacha Pialé, reprenant aussitôt la mer, louvoya pendant toute la saison d'été entre Rhodes, Chypre et Satalie, en vue des trois terres, pour combattre toute escadre vénitienne qui cinglerait de l'Adriatique vers la colonie bloquée.

Lala-Mustafa était novice dans la conduite d'une armée. Pialé l'engageait à attaquer Famagouste avant Nicosie, pour ne pas laisser une ville et une armée ennemie entre la mer et lui pendant qu'il assiégerait la capitale. Le sérasker, fier de son nombre, dédaigna cette prudence et marcha avec ses cent mille hommes sur la capitale. L'île entière, submergée par ce déluge de Turcs indisciplinés, sous un général barbare, reflua dans Nicosie, dans les gorges et sur les plateaux inaccessibles de l'Olympe.

Nicosie, site mal choisi pour être la capitale d'un royaume maritime, était assise sur une colline au centre de l'île.

Son étendue, disproportionnée à sa population, la rendait vulnérable sur une circonférence de trois mille pas. C'était une ville sainte plutôt qu'une ville forte. Trois cent soixante églises ou monastères, aussi nombreux que les jours de l'année, attestaient la superstition plus que la prudence des rois de Jérusalem et des moines grecs maîtres alors de l'Orient. Les Vénitiens, plus prévoyants, avaient détruit quatre-vingts de ces églises et de ces couvents pour construire des bastions avec leurs débris.

Une population de cent mille âmes et dix

mille soldats vénitiens, cypriotes, italiens, albanais, à la solde de Venise, étaient enfermés dans cette capitale. Ils virent avec épouvante, mais sans faiblesse, Lala-Mustafa, parvenu au pied des collines, distribuer ses tentes, ses batteries et ses cent mille soldats autour de leurs murs.

Six semaines de siége et cinq assauts repoussés avaient relevé leurs espérances; ils regardaient chaque matin du haut des clochers si les voiles promises par la république n'apparaissaient pas à l'horizon de Rhodes ou de Candie. Ils ne virent que les quatre cents voiles du capitan-pacha se rapprocher de la plage de Limasol et débarquer un renfort de vingt mille Turcs pour grossir les troupes du sérasker.

L'arrivée de ces vingt mille hommes au camp de Mustafa fut le signal d'un nouvel assaut général. C'était le 9 septembre 1570. L'assaut n'attendit pas l'aube du jour. Avant le crépuscule, trente mille janissaires avaient emporté, à force d'hommes, les principaux bastions de la ville. Les défenseurs blessés ou précipités des créneaux s'étaient repliés dans les rues barricadées au cœur de la ville. Leurs plus braves officiers étaient morts sous le sabre ou sous les boulets des Turcs. Le provéditeur Dandolo, l'archevêque, son clergé, et les principaux magistrats, s'étaient réfugiés dans le palais du gouvernement dont les murailles chancelaient sous les boulets rapprochés des vainqueurs. Les premiers parlementaires cypriotes qui s'étaient avancés en suppliants vers les brèches, pour demander capitulation ou merci, étaient tombés foudroyés sans autre réponse que la mitraille et la mort. Le perfide Dervisch-Pacha avait passé sur leurs corps à la tête d'une colonne de six mille janissaires et de six canons qui enfonçaient les portes du palais. Il s'était saisi d'un moine italien et l'avait chargé d'aller offrir aux assiégés du château la vie et l'honneur, au prix du silence de leur artillerie. Le moine ressortit avec la capitulation signée dans les mains. Dervisch-Pacha et ses soldats, s'élançant par la porte ouverte au moine, et déchirant la capitulation, massacrèrent les Vénitiens; le provéditeur Dandolo lui-même tomba sous le sabre de Dervisch-Pacha. Son sang du moins lava sa honte.

Les femmes, réfugiées sur les terrasses du palais, combattirent jusqu'à la mort, au milieu de la fumée et des flammes qui commençaient à allumer leurs vêtements. Les mères, avant de se précipiter du haut des créneaux, poignardaient

leurs filles pour sauver du moins la liberté et
la chasteté de ces vierges, de la servitude et des
souillures des soldats. L'une d'elles égorgea jusqu'à son fils, enfant d'une merveilleuse beauté.
« Non, » s'écria-t-elle en lui plongeant le couteau
dans la poitrine, « tu n'assouviras pas comme es-
« clave les brutalités de nos bourreaux. » Elle se
frappa ensuite elle-même sur le corps de l'enfant.

Vingt mille cadavres d'hommes, de femmes,
d'enfants précipités des fenêtres et des terrasses des
maisons forcées ou incendiées ensanglantèrent en
quelques heures les rues de Nicosie. Les vaisseaux
des Turcs, qui étaient à l'ancre dans la rade pour
recueillir les dépouilles, s'enfoncèrent sous le
poids des esclaves, des meubles, des trésors entassés par les vainqueurs sur leurs bâtiments. On
évalue à des millions de ducats les richesses en
or accumulées par les Vénitiens dans les églises et
dans les palais de Nicosie.

L'héroïsme d'une femme grecque, embarquée
sur le vaisseau amiral pour être conduite en
esclavage à Constantinople, trompa l'avidité du
vainqueur. Au moment où les bâtiments de l'escadre, surchargés et entassés les uns contre les
autres dans la rade étroite, levaient leurs ancres
lorsque les flammes de la ville en feu éclai-

raient pour la dernière fois les rivages de sa patrie à ses yeux, cette femme s'élançant, une torche à la main, sur le pont, alluma les voiles déjà ouvertes du navire, pour périr au moins en vengeant sa religion et sa race. La flamme, attisée par le vent de terre et redoublée par l'explosion des canons et des poudres, courut comme la foudre d'un navire à l'autre, forçant les matelots à se précipiter des ponts dans la mer pour échapper à cet inextinguible foyer. Le vaisseau du grand vizir et trois autres vaisseaux de guerre volèrent en lambeaux de feu sur la rade sous l'explosion de leurs magasins à poudre ; le reste brûla et sombra lentement dans la nuit, entraînant dans la mer les femmes et les filles nobles de l'île enchaînées sous leurs ponts.

Le trésor de la république embarqué sur ces vaisseaux, en sequins de Venise, fut englouti tout entier avec ces cadavres sous les vagues. Les plongeurs turcs s'efforcèrent en vain de le suivre de l'œil dans les profondeurs de la mer. Les vagues de la mer de Chypre roulent depuis cette nuit tragique sur les carcasses ensablées des navires qui recèlent le prix de tant de crimes perdus. On connaît la place ; on voit de temps en temps remonter à la surface de la rade quelques indices de ce grand naufrage détachés par les tempêtes des quilles des vaisseaux; mais on n'a pas pu sonder jusqu'ici leurs flancs pour leur arracher ces richesses.

De nos jours des aventuriers anglais, sur la renommée de ces trésors, ont offert aux Turcs de les partager avec eux, à la condition de les retirer à leurs frais du lit des vagues; mais la mer semble se refuser à rendre aux hommes le prix de tant de forfaits et de tant de sang.

XII

Lala-Mustafa, enivré de son triomphe, envoya devant lui la tête coupée du provéditeur Dandolo à Bragadino, commandant de Famagouste, seconde capitale de l'île, pour le sommer, par la terreur, d'ouvrir la ville.

Bragadino portait dans son cœur le courage désespéré de tout un peuple, et dans son intrépidité le salut de Chypre, si le sénat de Venise avait dignement secondé son général. Les cent vingt mille soldats de Mustafa et les innombrables voiles de Pialé ne firent qu'exalter son héroïsme au niveau de ses périls. L'automne et l'hiver tout entiers virent les inutiles assauts de

Mustafa échouer contre les remparts pulvérisés, mais toujours relevés, de Famagouste.

Chypre, confiante dans son héros, entendit plusieurs fois du côté de Rhodes les canons des flottes de Venise qui cherchaient à se faire jour à travers les flottes du capitan-pacha. Deux mille défenseurs envoyés de la Dalmatie, et quinze cents hommes partis de Candie, parvinrent à forcer la rade de Famagouste et à introduire des renforts, des vivres et des munitions dans la ville.

Sélim impatient, le grand vizir irrité, gourmandaient la lenteur du siége. Lala-Mustafa, humilié, leur envoyait les têtes des généraux et des amiraux sur lesquels il rejetait sa honte. Quarante mille nouveaux mineurs et soldats passèrent au printemps de la côte de Caramanie à la côte de Chypre. Les rochers de Famagouste, percés par cent mille bras, ouvrirent aux Turcs des tranchées si larges et si profondes que des cavaliers pouvaient passer sous leurs voûtes. Des batteries de quatre-vingts pièces de canon, dont le calibre égalait ceux qui avaient foudroyé Constantinople et Rhodes, vomissaient nuit et jour des blocs de granit contre les remparts.

Bragadino, résolu de s'ensevelir sous les décombres, fit sortir de la ville tous les habitants qui affamaient inutilement la garnison. Ce peuple exténué d'inanition parut un matin en suppliant devant les Turcs; les généraux ottomans, attendris par tant de misères, les laissèrent se répandre, pour chercher leur nourriture, dans les villages grecs de l'île. Bragadino, libre de ses résolutions, vit impunément les mines des Turcs éclater une à une sous ses bastions. Chaque brèche ouverte ainsi dans ses murs devint le tombeau des assaillants; des canons fondus sous ses yeux remplaçaient les pierres; l'enceinte étroite de Famagouste ne présentait partout que des bouches de feu. Le chef avait communiqué à ses dix mille soldats une seule âme. Les signaux lointains des galères de Venise, qu'ils apercevaient de temps en temps sur la mer de Candie, leur promettaient une prochaine délivrance; mais cette espérance s'évanouissait avec les jours. Les murailles étaient écroulées jusqu'aux fondations dans les fossés; les Vénitiens, resserrés dans une seconde enceinte construite en terre, attendaient que de nouvelles mines souterraines, dont ils entendaient le travail sous leurs pieds, les engloutissent dans un sépulcre de feu. Ils n'avaient plus de poudre que pour trois jours. Ils ne rendraient plus aux Ottomans qu'un tertre de poussière détrempé de sang.

Les Ottomans paraissaient compâtir eux-mêmes à tant d'héroïsme inutile. Des négociations s'ouvrirent sur la brèche; le kiaya du sérasker et celui des janissaires entrèrent sous un drapeau blanc dans la place, et y demeurèrent en otages de la sûreté des parlementaires vénitiens. Deux nobles de Venise se rendirent sous ces auspices à la tente de Lala-Mustafa; ils y furent accueillis avec les honneurs dus à leur courage. Le sérasker les fit asseoir sur son divan; le capitan-pacha les invita à un festin de paix. Une capitulation signée assura à Bragadino et à ses troupes leur vie, leurs armes, leurs propriétés, celles des habitants qui voudraient rester dans l'île soumis à la domination du sultan; des vaisseaux pour transporter les autres à Candie.

Trois jours suffirent pour évacuer Famagouste et embarquer les troupes vénitiennes sur les vaisseaux, à l'exception des officiers supérieurs qui présidaient à terre à la remise des postes et à l'embarquement des soldats. Le troisième jour au soir Bragadino se rendit aux tentes du sérasker pour prendre congé du pacha et lui remettre les clefs de la ville déserte. Le général était accompagné de Louis Martinengo, ingénieur consommé, qui avait présidé sous lui à la défense, de Baglioni, de Quirini, nobles vénitiens, et de quarante soldats d'élite, son escorte d'honneur. Monté sur le dernier cheval resté vivant de son armée, vêtu de la robe de pourpre du sénat de Venise, et faisant porter sur sa tête, par un maure, le parasol rouge, insigne de l'autorité suprême d'un gouverneur de place, Bragadino s'avançait avec confiance vers les tentes, objet du respect des vainqueurs. La réception de Lala-Mustafa fut digne et l'entretien amical; mais cette dissimulation couvrait la vengeance. Lala-Mustafa ne pardonnait pas au héros d'avoir retardé de quinze mois son triomphe, et compromis à Constantinople son crédit et peut-être sa tête. Il voulait offrir à Sélim une excuse de sang.

Quelques historiens de la catastrophe de Chypre donnent pour motif de la perfidie de Lala-Mustafa, l'infâme passion qui venait de naître dans son âme à l'aspect du jeune Antonio Quirini, bel adolescent d'une figure féminine, qui accompagnait Bragadino dans cette audience. La brutalité de quelques Ottomans corrompus, depuis la conquête de Constantinople, par les vices dénaturés des Grecs, ne justifie que trop cette odieuse supposition. L'exigence inattendue et obstinée du sérasker la motive.

« Quelle garantie me donneras-tu, » dit-il

à Bragadino prêt à se retirer, « que les vaisseaux
« ottomans que je te prête pour porter à Candie
« toi et tes soldats ne seront pas retenus par ta
« république? — La capitulation, » répond Bragadino étonné, « n'en mentionne aucune que
« ma parole. — Eh bien! répliqua le sérasker,
« j'exige que tu me livres en otage ce jeune
« homme qu'il me plaît de garder, et qui me
« répondra sur sa tête de votre fidélité. »

Bragadino rougit et s'indigna d'une lâcheté
proposée si odieusement à un homme qui préférait
avec tant de gloire depuis deux ans l'honneur à
la vie. La conférence s'envenima en récriminations
et en injures. Lala-Mustafa reprocha avec raison
aux Vénitiens de Famagouste d'avoir immolé
l'année précédente, en pleine paix, cinquante pè-
lerins musulmans, jetés par la tempête dans leur
île et sacrifiés par les chrétiens. Ce souvenir trop
réel et trop sanglant sembla commander à sa
fureur d'atroces représailles; il fit signe aux bourreaux de trancher la tête à Antonio Quirini, cause
innocente de l'altercation, à Martinengo et à
Baglioni. Leurs têtes roulèrent à l'instant sur le
tapis.

Les crimes de Bragadino voulaient de plus
lents supplices. Mustafa lui fit couper le nez et les

oreilles, et ordonna qu'on le conduisît ainsi mutilé sur le vaisseau amiral de Rhodes. Là, par un raffinement de supplice motivé, disent les historiens ottomans, par un supplice de même nature infligé à des prisonniers turcs sous le gouvernement de Bragadino, il fut hissé aux vergues, plongé de cette potence dans la mer, rehissé et replongé encore par une dérision qui prolongeait pour lui le sentiment de l'agonie.

Ramené au rivage six jours après, on attacha sur ses épaules un joug chargé de deux paniers pleins de pierres qu'on lui fit porter sur les bastions de la ville, afin qu'il relevât ainsi au profit des Turcs ces bastions qu'il avait défendus contre eux. Chaque fois qu'il passait devant le sérasker présent à son ignominie, Bragadino était forcé de se prosterner devant son bourreau; enfin conduit sur la place devant la porte de son propre palais, l'infortuné général de Venise fut attaché au poteau sur lequel on fustigeait les esclaves et écorché tout vivant. « Où « donc est ton Christ? » lui disaient en le raillant les bourreaux, « pourquoi ne l'appelles-tu pas « à ton secours? » L'impassible martyr ne détourna pas sa pensée de Dieu pour leur répondre, mais il continua à réciter à haute voix le psaume

Ayez pitié de moi, Seigneur! et quand il fut arrivé au verset où le psalmiste remet son âme à Dieu, il expira.

Ce supplice de huit jours n'assouvit pas encore la férocité de Mustafa. Il fit écarteler le corps de Bragadino, et exposer un de ses quatre membres sur chacun des quatre bastions de Famagouste. La peau de son buste bourrée de foin et attachée par mépris sur le dos d'une vache fut promenée dans la ville et dans le camp, puis rependue à la vergue d'une galère, puis emballée dans une caisse de cyprès avec les têtes de Bragadino lui-même, de Martinengo, de Baglioni et de Quirini, et envoyée en présent à Sélim par son indigne précepteur. Le mannequin recouvert de la peau du champion de Chypre exposé à Constantinople dans le bagne des esclaves chrétiens, fut dérobé aux gardiens par la piété des esclaves vénitiens et restitué, avec ses ossements, au sénat de sa patrie où les restes du héros reposent dans une urne de marbre sous les voûtes du Panthéon vénitien de Saint-Jean et Saint-Paul.

Les crimes contre la loyauté, contre l'humanité, contre la nature du féroce précepteur du sultan se perdirent dans le bruit de tous les crimes d'État et de tous les crimes de religion qui consternaient dans ce siècle sanguinaire l'Europe et l'Asie; c'était le siècle où Ivan le Terrible martyrisait ses sujets en Russie dans des raffinements de torture qui défiaient l'imagination de Néron ; où Charles IX en France ordonnait pieusement la Saint-Barthélemy; où les vainqueurs de la forteresse de Wittenstein vaillamment défendue, embrochaient le commandant, prisonnier de guerre, avec le fer d'une lance, et le rôtissaient à petit feu aux applaudissements de l'armée; où les Espagnols instituaient dans l'inquisition un tribunal de feu pour épurer la foi. Le choc des races, des religions, des schismes, des armes avait assourdi le cœur de l'humanité, et ne laissait à l'histoire pour justice que l'universelle exécration de ces forfaits.

XIII

Lala-Mustafa, ce Torquémada de Chypre, ne laissa vivre de tous les héroïques défenseurs de Famagouste que Henri Martinengo, neveu de l'illustre ingénieur de ce nom. On le mutila au lieu de le tuer, et il fut condamné à servir comme esclave et comme eunuque dans le palais du grand vizir.

Ainsi tomba sous la domination ottomane ce délicieux royaume de Chypre que la nature et les conquérants semblaient se disputer depuis tant de siècles; l'une pour en faire le jardin de l'Orient, les autres pour en faire le sépulcre de sa florissante population. Les Ottomans ne tirèrent de cette conquête que de l'orgueil pour leurs armes et de la haine pour leur cruauté. Cette île, sous leur administration inhabile, ne se releva jamais de ce désastre. Les Vénitiens perdirent en elle la plus prospère de leurs colonies; les Turcs n'y gagnèrent qu'une terre stérilisée et une population tarie par la guerre; ruine pour tout le monde, dont la solitude seule hérita.

Cette conquête avait coûté cinquante mille hommes aux vainqueurs, cinq cent mille aux vaincus. Ce royaume dont les Romains avaient fait hommage aux reines d'Égypte Arsinoé et Cléopâtre, devint une ferme des grands vizirs; ses revenus furent affectés plus tard à la maison des sultanes Validé, mères des souverains régnants. Un empire devint l'apanage d'une esclave privilégiée du sérail.

XIV.

La chute de Chypre et le martyre de ses défenseurs retentirent en Europe. La barbarie de Lala-Mustafa ralluma la haine nationale et religieuse contre les musulmans ; le pape, chef national de la chrétienté, fomenta de tous ses efforts une ligue des marines italienne, espagnole, française, pour venger la honte et le sang de Chypre. Le grand vizir Sokolli la pressentit et la prévint. Il était plus inquiet qu'heureux de l'ascendant que l'expédition de Chypre avait rendu dans le sérail à Lala-Mustafa son ennemi secret. Il avait espéré dans ses revers plus que dans son triomphe. Il s'efforça de rendre Lala-Mustafa moins grand et moins nécessaire, en réconciliant promptement l'empire avec la république de Venise.

La France lui parut la puissance la plus intéressée à dissoudre une coalition chrétienne qui ne pouvait politiquement profiter qu'à la maison d'Autriche. Il chargea l'ambassadeur de France d'aller à Paris proposer au roi d'être l'arbitre de la paix entre les Vénitiens et les Ottomans. Cet ambassadeur fut invité par Sokolli à passer par Venise pour faire indirectement au sénat, en passant, les premières insinuations de paix à la république sous la médiation de sa cour.

Le sénat de Venise redoutait plus l'ascendant d'une coalition navale de l'Occident dans la Méditerranée, qu'il ne détestait les Turcs. Il se hâta d'envoyer un ambassadeur confidentiel à Constantinople pour préluder aux négociations. Cet envoyé, Jacques Ragazzoni, conférait secrètement avec le grand vizir à Constantinople, pendant que le légat du pape, Colonna, conférait à Venise avec le sénat pour faire entrer la république dans la coalition contre les Turcs.

La France et le grand vizir n'eurent pas le temps de prévenir les efforts du pape, de l'Espagne et de l'Autriche à Venise. Le cri populaire contre la dévastation de Chypre l'emporta sur la politique ombrageuse du sénat; la ligue catholique fut signée à la fin de 1571 entre l'Espagne, le pape et Venise, pour abaisser la puissance ottomane dans le Levant. L'armement général fut fixé à cent vaisseaux, à deux cents galères, à cinquante mille hommes de débarquement, à cinq mille hommes de cavalerie. Le roi d'Espagne, comme le plus puissant et le plus zélé, se chargeait de la moitié des frais de la guerre; Venise d'un tiers; le pape d'un sixième; le généralissime devait être nommé par l'Espagne. Messine, en Sicile, était le port de la coalition et le point de départ des confédérés. Une messe solennelle célébrée avec toute la pompe militaire et religieuse de l'époque scella la confédération.

L'ambassadeur de France, qui repassait par Venise, en retournant à Constantinople, essaya vainement de détourner Venise d'une alliance avec des puissances qui avaient moins pour mobile le désir de venger la république, que de la dominer dans ses propres mers. Les politiques comprirent l'ambassadeur, mais le peuple n'écouta que les prédicateurs de la croisade. Pour la treizième fois depuis l'apparition des Turcs en Europe, l'antipathie religieuse souleva contre eux l'Occident.

Le Godefroy de Bouillon de cette dernière croisade semblait avoir été formé par la nature, par la politique et par la gloire pour donner de haut l'âme, le génie et le bras à cette coalition. C'est le dernier des chevaliers de l'Occident qui, par la naissance, les aventures et l'héroïsme, ressemble aux héros de la fable, du roman ou de la poésie. Ce généralissime de la croisade navale était don Juan d'Autriche.

Il y avait un voile transparent sur son origine, que l'histoire vient à peine de soulever aujourd'hui.

XV

Charles-Quint n'avait pas seulement le génie, il avait le cœur d'un grand homme, c'est-à-dire affamé de gloire et altéré d'amour. Six ans après avoir perdu sa femme qu'il avait aimée fidèlement dans sa vie, et qu'il idolâtrait jusque dans sa mémoire, il fut saisi d'une de ces mélancolies que laisse dans les cœurs vides l'absence éternelle de ceux qu'on aima, vides qui ne peuvent être comblés que par la religion et par l'amour, ces deux infinis de l'âme; ce fut plus tard un de ces accès de mélancolie qui lui fit sentir le vide même dans la possession de la monarchie universelle, et qui le fit renoncer au trône pour se nourrir de tristesse pieuse dans le monastère de Saint-Just.

Pendant qu'il résidait en 1545 à Ratisbonne, et qu'il gouvernait de là tant de royaumes depuis Tunis jusqu'aux confins de la Hongrie et jusqu'aux embouchures de l'Escaut, il aima d'un amour mystérieux et chevaleresque Barbe de Blomberg, jeune Allemande de noble race, dont la beauté pure et l'âme tendre lui rappelaient la compagne de ses premières années. Ce fut plutôt la tristesse que la passion, qui fit naître et qui nourrit d'abord l'amour entre ces deux cœurs. Barbe de Blomberg avait une de ces voix qui remuent jusqu'aux larmes les souvenirs muets dans le tombeau du cœur. Charles, qui avait eu l'occasion de l'entendre dans les fêtes de Ratisbonne, s'était senti enlevé à ses langueurs par une émotion plus forte que ses langueurs. Barbe de Blomberg fut appelée honorablement à sa cour et admise à la familiarité du roi pour distraire (disent les Mémoires du temps) la mélancolie du prince par son chant.

Don Juan était né le 24 février 1546 de ces amours. L'ombre la plus épaisse avait caché cette naissance. Charles-Quint avait trop de scrupules pour sa renommée, et surtout pour la renommée de son amante, et l'aimait trop pour la déshonorer de son amour. L'enfant dérobé par une confidente à la mère, nourri en Allemagne sous un nom d'emprunt, puis transporté en Espagne par sa nourrice, fut élevé jusqu'à son adolescence loin des yeux, mais près du cœur de Charles-Quint.

Quand ce prince, par une de ces lassitudes qui

saisissent quelquefois les plus heureux des hommes sous le poids même de leur bonheur, résolut d'abdiquer l'empire pour aspirer uniquement au royaume céleste, et s'enferma dans la solitude de Saint-Just en 1556, l'enfant était auprès de l'écuyer Quexada auquel Charles V avait avoué qu'il était son père. Quexada avait été chargé d'élever et de former le jeune don Juan avec tous les soins que comportait le sang qui coulait dans ses veines, mais sans laisser jamais entrevoir à son élève qu'il était le fils du maître de l'Europe.

Le fidèle serviteur avait confié d'abord l'enfant mystérieux à un pauvre joueur de viole du village de Léganès près de Madrid. Il s'était fortifié le corps dans la vie sobre et laborieuse des paysans de Castille, et le curé du village lui avait donné les enseignements communs à tous les autres enfants du pays. Quand don Juan eut atteint sa neuvième année, Quexada vint le reprendre à Léganès et le présenta à sa femme, Madeleine d'Ulloa, en lui disant pour toute explication de cet hôte introduit dans la maison : « Voici un page que je « vous amène; il est le fils d'un ami illustre dont « j'ai juré de ne pas révéler le nom. »

L'épouse de Quexada, qui n'avait pas d'enfants et qui fut séduite par les grâces naïves du prétendu page, crut qu'il était le fruit d'une faute de jeunesse de son mari avant son mariage, et s'y attacha d'autant plus qu'elle n'espérait plus elle-même avoir un héritier de son nom. Elle se fit donner par l'enfant le nom le plus tendre après le nom de mère, celui de tante, et Quexada appela don Juan son neveu. Un hasard révéla cependant à demi la vérité à l'épouse du chevalier.

Pendant les loisirs que la guerre et la cour laissaient rarement à Quexada, l'écuyer de Charles-Quint revenait habiter Villa-Garcias. Réveillé une nuit par les flammes d'un incendie qui dévorait sa maison, il se précipita pour sauver l'enfant endormi, avant même de voler à la chambre de sa femme. Madeleine d'Ulloa comprit à cette prédilection du devoir sur la nature, que don Juan était un dépôt sacré dont son mari devait compte à l'empereur. Quexada, sans rien avouer, laissa courir les suppositions.

La résidence de Charles-Quint au monastère de Saint-Just acheva de déchirer le voile pour Madeleine d'Ulloa. Ce prince avait gardé auprès de lui quelques-uns de ses anciens serviteurs ; Quexada était le plus cher et le plus familier. Les règles du couvent interdisant l'accès de Saint-Just aux femmes, Quexada avait établi sa femme et son page au village voisin de Cuacos. L'empereur se donna ainsi la joie de contempler, sans en être connu comme père, le page de Madeleine d'Ulloa. Il recevait fréquemment dans le monastère la femme de son écuyer accompagnée de l'enfant. Bien qu'il ne voulût pas encore révéler au page sa naissance, les regards dont il caressait son visage, et le charme qu'il éprouvait à contempler ses jeux révélaient à demi aux serviteurs et aux moines que cet enfant était quelque chose de plus qu'une diversion au désœuvrement du grand solitaire. Don Juan se perfectionnait sous ses yeux dans tous les exercices de l'esprit, des armes, de l'équitation qui formaient alors le page ou le chevalier accompli. L'histoire offre peu de scènes plus majestueuses et plus intimes à la fois, que celle de ce maître dégoûté du monde, assis à la fenêtre de sa cellule dans un couvent de moines entre son fidèle écuyer et la mère adoptive de son enfant, regardant son fils, image d'une mère trop aimée, jouer ou lutter dans le jardin du monastère, brûlant de le serrer sur son cœur, et n'osant lui dire son nom ni son rang, de peur d'offenser Dieu et de scandaliser la monarchie.

XVI

Après que Charles-Quint, comme pour mieux se déraciner lui-même de l'empire et de la terre, eut fait célébrer devant lui et devant son fils ses propres obsèques, il mourut, et l'enfant assista avec Quexada aux véritables funérailles. Il pleura l'empereur, sans être encore certain qu'il pleurait son père. Quexada ferma les yeux de son maître après sa mort. Il ramena sa femme et son page dans sa maison de Villa-Garcias, ne révélant son secret qu'à Philippe II, fils et héritier légitime du royaume d'Espagne.

« On discute beaucoup, » écrivait-il au nouvel empereur, « sur le véritable père de don
« Juan; mais j'ai toujours nié et je garderai tou-
« jours le silence. Votre Majesté peut être assurée
« que le secret est en sûreté, quoique je donne à
« l'enfant une éducation conforme à son auguste
« origine. » L'âme héroïque de Quexada passa tout entière dans son élève.

Quand Philippe II revint en Espagne en 1559, il fit prévenir Quexada de se trouver sur son chemin avec son page près du monastère de la Spina. Quexada, en arrachant l'enfant à sa femme, lui confessa pour la première fois la vérité tout entière sur les amours de son maître et de Barbe. Philippe II, sous prétexte de chasse, rencontra, comme par hasard, Quexada et le page au détour solitaire de la forêt de Tonozos. Il prolongea longtemps l'entretien avec Quexada en regardant avec une complaisance visible le jeune page. Le visage ovale, le front élevé, le nez aquilin, la bouche relevée, la physionomie pensive et martiale à la fois du jeune homme retraçaient aux yeux de Philippe II le portrait rajeuni de Charles-Quint. Il n'avait pas encore le cœur endurci par le fanatisme du trône qui tua don Carlos. Ses yeux se mouillèrent de larmes, il embrassa le page, et lui nomma tout bas son père ; puis remontant à cheval et se rapprochant de sa suite qui s'était écartée pendant cette entrevue : « La chasse est termi« née, » dit-il en regardant encore don Juan ; « je « n'ai jamais fait de plus belle rencontre. »

Don Juan suivit de ce jour-là Philippe II, et acheva son éducation sous les maîtres qui élevaient le fils du roi, don Carlos. On lui donna le nom significatif de don Juan d'Autriche. Dix ans après, il signala son courage contre les Maures révoltés des Alpuxarras. Quexada, nommé gouverneur du prince, président du conseil des Indes, général de l'infanterie espagnole, l'accompagna pour lui enseigner la guerre. Don Juan et Quexada allèrent, avant la campagne, à Villa-Garcia saluer, l'un sa mère adoptive, l'autre son épouse bien-aimée. Elle les recommanda l'un à l'autre, et tous deux à la protection de Dieu, et les vit partir avec larmes. Ces larmes étaient un pressentiment. Dans une rencontre avec les Maures, don Juan trop engagé allait tomber sous les balles qui avaient déjà brisé son casque, quand son brave tuteur se jetant entre les Maures et lui reçut dans la poitrine la décharge du groupe ennemi. Il expira au milieu de la mêlée, dans les bras de son élève devenu déjà un héros, mais resté toujours un fils pour lui. Don Juan l'ensevelit après la victoire dans l'église des Hiéronymites de Baza, en attendant qu'il pût reporter son corps à sa veuve.

« Quexada n'est plus, » écrivit-il à doña Magdalena, en lui racontant et en lui adoucissant lui-même sa perte; « il est mort comme il devait mou-
« rir, combattant pour la gloire, pour la patrie, et
« en se dévouant volontairement lui-même pour
« sauver celui qu'il aima comme son fils; il est
« mort couronné d'un honneur immortel. Quel-
« que chose que je sois, quelque chose que je

« puisse être destiné à devenir un jour, c'est à lui
« que je dois et que je devrai tout; c'est lui qui
« m'a mis au monde par une seconde naissance
« de l'esprit et du cœur peut-être plus noble que
« la première. Pauvre veuve désolée! mère à ja-
« mais chérie! je vous reste seul sur la terre, et
« je vous appartiens à double titre, moi pour qui
« votre mari est mort! moi qui cause involontai-
« rement votre malheur! Retenez votre désespoir
« avec votre force ordinaire de sagesse; que ne
« suis-je près de vous pour sécher vos larmes ou
« pour mêler les miennes avec les vôtres! Adieu,
« chère et honorée mère! priez Dieu de vous lais-
« ser revenir votre fils pour être serré sur votre
« cœur. »

Le jeune homme qui écrivait ainsi à l'ombre du trône à une pauvre veuve de Villa-Garcia présageait le véritable héros de son siècle. Il accomplit, avec toute la ferveur de la jeunesse, de la gloire et de l'amour, les piétés de fils qu'il avait vouées à sa mère adoptive. Au retour de ses campagnes, sa première visite était pour elle; ses premiers trophées maritimes, un fanal enlevé à la proue d'un vaisseau amiral des Turcs fut envoyé par lui à doña Magdalena. Après la victoire de Lépante, ce fut encore à son intention qu'il demanda pour toute récompense une faveur au pape.

Tel était le jeune héros à qui la naissance, l'autorité de Philippe II et sa réputation précoce avaient valu le commandement général de l'armée combinée.

XVII

La gloire était le seul héritage de ces enfants de l'amour, comme don Juan ou Dunois. Leurs pères, ne pouvant leur léguer ni leur nom ni leur trône, voulaient leur léguer au moins des victoires remportées pour leurs peuples par ces héritiers de leur sang. N'osant en faire des rois, ils en faisaient des héros. La nature conspirait souvent avec les pères pour venger les bâtards de la supériorité de rang des princes légitimes. Enfants de la jeunesse et de l'amour, ces fils désavoués avaient le privilége des êtres déshérités, plus de ressemblance avec leur père, une mère plus belle, une tendresse plus chère, parce qu'elle est plus cachée, une éducation plus mâle. Ces hommes qui reçoivent moins de la fortune, tendent davantage les ressorts de leur caractère pour se faire à eux-mêmes une destinée digne de leur sang. Tel était don Juan, déjà le premier des chevaliers, avant d'être le premier des amiraux de l'Europe. André Doria, le héros de Gênes, déjà vieux, s'honorait à la fois de l'inspirer et de le servir dans ces mers qu'il avait remplies de son nom.

XVIII

La flotte combinée sortit de Messine pour chercher la flotte ottomane le 25 septembre 1571. Don Juan commandait personnellement soixante-douze vaisseaux d'Espagne, six de l'ordre de Malte, trois de la maison de Savoie; Marc-Antoine Colonna, amiral du pape, commandait les douze galères de Rome; l'amiral Sébastien Veniero, le premier homme de mer de la république, cent douze galères ou vaisseaux dont plusieurs *galéasses* d'une dimension égale à des forteresses flottantes. Jean de Cordoue, amiral de Sicile, éclairait la route avec huit vaisseaux légers. André Doria voguait à l'avant-garde avec ses cinquante-quatre galères. La flotte vénitienne divisée en deux escadres formait le centre; l'amiral de Naples avec trente-deux vaisseaux louvoyait à l'avant-garde. Don Juan avait donné l'ordre aux Siciliens de la tête et aux Napolitains de la réserve de flanquer la flotte comme deux ailes au moment où elle se développerait en ligne à la vue de l'ennemi.

Don Juan ignorait la station et le nombre des vaisseaux de la flotte turque. Après avoir, comme Nelson de nos jours, flotté pendant seize jours d'un bord à l'autre de la Méditerranée pour chercher les flottes turques sans les découvrir, son instinct le fit rentrer à pleines voiles, le 7 octobre avant le jour, dans l'Adriatique. Les premières lueurs de l'aube lui laissèrent apercevoir un immense nuage de voiles derrière les petites îles Échinades, ou les Sangsues, qui ferment comme autant de balises le profond golfe de Lépante, à l'embouchure du petit fleuve Achéloüs. C'étaient les deux cent vingt vaisseaux ou galères de la flotte ottomane qui longeaient la côte d'Albanie, pour y chercher de leur côté la flotte confédérée et le champ de bataille qui leur avait été si souvent heureux sous Barberousse; mais Barberousse n'était plus. Pialé lui-même, lassé de la mer, avait été fait vizir; un amiral intrépide mais inexpérimenté, Ali-Muezzinzadé (fils du Muézzin), commandait la flotte comme capitan-pacha. Ses lieutenants étaient l'Algérien

Ouloudj, le Tripolitain Djafar-Pacha, enfin le jeune Hassan-Pacha, fils de Barberousse. Pertew-Pacha, commandait les troupes de terre embarquées sur les vaisseaux, plus embarrassantes qu'utiles dans une mêlée de cinq cents vaisseaux sur un élément inconnu.

A l'aspect de l'avant-garde de don Juan qui se repliait derrière les îles Échinades pour aller avertir la flotte combinée, Pertew-Pacha et Hassan-Pacha, appelés au conseil sur le vaisseau amiral, conseillèrent au capitan-pacha de rester sur la défensive dans le golfe de Lépante et d'ajourner la bataille jusqu'au moment où ses équipages novices plus familiarisés avec la mer, donneraient plus de soldats à son armée et plus de mobilité à ses vaisseaux. Mais, toute prudence paraît lâcheté aux téméraires et infidélité aux fanatiques. Muezzinzadé déploya plus de voiles pour voguer plus vite à la rencontre des chrétiens.

XIX

Don Juan, à l'aspect de cette manœuvre, hissa à son mât d'artimon un petit étendard vert de forme carrée, signal convenu avec ses amiraux pour former la ligne de bataille. Chacune de ses divisions fut disposée, dirigée et animée par un de ces marins consommés qui avaient un nom à perdre par la défaite ou à illustrer par sa participation à une mémorable victoire. André Doria, le vétéran et l'exemple de tous, forma l'aile droite, et s'élança le premier entre les écueils des *Sangsues* pour se déployer dans le golfe. Le provéditeur de Venise Barbarigo longea à gauche l'île centrale de Petalia ou *Villa-di-marmo*, et couvrant ses voiles de l'ombre de cette île, déboucha tout à coup dans le golfe par le bras de mer où se décharge l'Achéloüs.

Don Juan avec le corps de la flotte se forma en vaste croissant, et suivit lentement ses deux ailes. Il trouva les Turcs trompés par l'apparition isolée d'André Doria, rangés en colonne sur la côte de Morée pour combattre l'amiral génois, au lieu de faire face dans toute la largeur du golfe à ses vaisseaux. Le prince de Parme, Farnèse, amiral de Savoie; le duc d'Urbin, amiral de Gênes; le commandant de Castille, amiral de Naples; Marc-Antoine Colonna, amiral du pape; le marquis de Santa Croce, Espagnol qui guidait l'arrière-garde, flanquaient le vaisseau de don Juan. En quelques bordées, les deux flottes, séparées par un court espace entre elles, s'arrêtèrent comme pour se mesurer un moment du regard.

Les Turcs avaient eu le temps de changer leur marche en colonne sur la côte de Morée, en une ligne de bataille aussi profonde et plus prolongée que celle des chrétiens. Le soleil resplendissait sur les vagues et rejaillissait des rochers de l'Albanie sur la mer. A moitié de sa course il brillait derrière la flotte de don Juan, et il éblouissait les regards des Turcs, en se répercutant sur les voiles, sur les casques, sur les canons et sur les cuirasses des confédérés. Des milliers de rames, en ce moment immobiles, se tenaient suspendues sur les flancs des galères couvertes de combattants. Par une étrange dérision de la fortune, des esclaves musulmans formant l'équipage des chrétiens faisaient des vœux pour les Turcs, en ramant pour les chrétiens, pendant que des esclaves chrétiens formant la chiourme des vaisseaux turcs, imploraient secrètement la victoire pour leurs frères dans le Christ, en ramant pour les musulmans. Le vent était tombé avec la brise du matin qui souffle des embouchures de l'Achéloüs à l'aurore; les rames seules allaient faire mouvoir ces six cents vaisseaux endormis.

La bataille s'engagea comme d'elle-même, et

par le rétrécissement du bassin qui forçait l'aile gauche des chrétiens et l'aile droite des Ottomans de se toucher au fond du golfe. La supériorité du nombre et des troupes de terre sur les galères des Turcs y fut fatale au provéditeur de Venise Barbarigo ; il tomba sous les piques d'abordage des soldats d'Hassan. Les étendards de Venise disparurent un moment dans cette mêlée au fond du golfe.

Muezzinzadé crut qu'il n'avait qu'à compléter la victoire par l'abordage du vaisseau amiral qui portait l'étendard vert de don Juan. Il se réserva à lui seul ce duel à mort au milieu des flots. Confiant dans la masse de son vaisseau et dans les cinq cents janissaires qui couvraient son pont, il fondit, sans regarder s'il était suivi, sur la galère du généralissime. Les deux vaisseaux, comme s'ils eussent été animés dans leurs agrès et dans leurs membrures de la fureur de deux lutteurs, se heurtèrent, s'enlacèrent, s'étouffèrent, se quittèrent et se reprirent pendant un abordage mutuel qui changea leurs deux ponts, leurs mâts et leurs vergues en un champ de carnage tantôt envahi, tantôt perdu par les Turcs et les chrétiens. Les blessés et les mourants tombés des deux proues, se combattaient jusque dans les flots. La mer était empourprée; le sang ruisselait au lieu d'eau, du gouvernail et des rames; un nuage de fumée et de flèches dérobait aux flottes la victoire ou la défaite de leurs deux amiraux.

Don Juan et Muezzinzadé se cherchaient dans la mêlée, et allaient enfin se joindre sur le monceau de cadavres qui les séparait, quand un coup de feu parti des vergues du vaisseau espagnol, renversa le capitan-pacha au pied de son grand mât. Le cri de victoire des Espagnols et le gémissement de l'équipage turc se confondirent en une immense clameur dans les airs. Don Juan franchit le corps de son ennemi expirant pour exterminer les derniers groupes des janissaires sur la poupe, pendant que les Espagnols, aussi féroces que les Africains, tranchaient la tête derrière lui au capitan-pacha encore vivant. A l'aspect de cette tête sanglante dont le turban dégouttait de sang sur leurs fronts, les janissaires terrifiés se précipitèrent dans les flots ou se rendirent. Don Juan abattit le pavillon ottoman du mât, et fit hisser les couleurs d'Espagne. La fumée emportée par le vent laissa voir aux deux flottes le sort du duel. Don Juan repoussa avec horreur la tête coupée du capitan-pacha que ses soldats lui rapportaient; il la fit jeter à la mer comme un trophée qui souillait sa gloire. Mais ses soldats, moins généreux que lui, repêchèrent la tête de Muezzinzadé soutenue sur les flots par son turban de mousseline, et la clouèrent à la cime du grand mât pour épouvanter les Ottomans.

L'exploit de don Juan et la témérité du capitan-pacha décidèrent, presque sans combat, du sort de la bataille au centre. André Doria, moins heureux à droite, s'était laissé couper du corps de la flotte et affaler à la côte de Morée avec ses soixante vaisseaux perdus pour l'action. Ouloudj, avec vingt galères d'Alger, s'était précipité hardiment dans les intervalles que l'absence de vent et l'inégalité de marche laissaient entre les vaisseaux de l'escadre de Doria. Déjà il avait abordé lui-même la galère amirale de Malte, terrassé des centaines de chevaliers et tranché de sa propre main la tête du commandeur de Messine, leur chef d'escadre, quand la chute du pavillon ottoman, sur le vaisseau de Muezzinzadé lui révéla le sort du combat principal au corps de bataille.

Désespérant alors de la victoire, et prévoyant le sort de ses vaisseaux, quand les trois cents navires chrétiens, libres d'ennemis à gauche et au centre, se replieraient comme un vaste filet sur la droite, il avait percé, avec quarante vaisseaux turcs, la ligne à moitié rompue d'André Doria, rangé de près les écueils Échinades, et cinglé en pleine mer, sauvant au moins ce lambeau de flotte aux Ottomans. La disparition inexpliquée de leur aile gauche fit croire aux Turcs qu'elle fuyait vaincue devant les canons d'André Doria; l'âme des vaisseaux ottomans s'évanouit avec elle; tous ceux qui n'étaient pas absorbés par les Espagnols et les Vénitiens, s'abandonnèrent à la dérive du vent et des flots, et allèrent s'échouer volontairement sur les rochers ou sur les bas-fonds des embouchures de l'Achéloüs. Les chaloupes chrétiennes allèrent brûler leurs coques vides; quatre-vingt-douze de ces bûchers éclairèrent la nuit de leurs flammes la côte d'Albanie. Cent quarante vaisseaux abordés avec leurs centaines de canons et leurs milliers de prisonniers furent partagés le lendemain entre les confédérés sur le champ de bataille.

Les flots de Lépante avaient englouti en quelques heures trente mille cadavres turcs et dix mille cadavres chrétiens. La bataille navale d'Actium, livrée quinze siècles avant sur ces mêmes flots, entre Antoine et Auguste, compétiteurs du monde romain, n'avait pas rejeté plus de victimes sur les grèves funèbres de l'Achéloüs. Si don Juan et Muézzinzadé n'avaient été que deux ambitieux rivaux, se disputant l'univers, cette victoire aurait donné à l'un la domination, à l'autre la servitude ; mais les religions et les races humaines ne périssent pas dans une bataille. La victoire de Lépante, trois fois plus sanglante que celle d'Actium, ne donna à don Juan que de la gloire et des dépouilles. Les armes précieuses, les étendards de pourpre, les croissants d'argent, les queues de chevaux des pachas, les fanaux d'or qui marquaient le grade des amiraux ottomans sur leurs poupes, et douze mille captifs furent les seuls résultats de la bataille de Lépante. Rome, Naples, Venise élevèrent dans leurs églises des monuments votifs en commémoration de la victoire de la croix.

Les Turcs, à peine atteints dans leur force vitale, qui reposait sur le sol et non sur les flots, dissimulèrent même leur désastre aux yeux de leur capitale. Pialé, qui administrait la marine, et Ouloudj-Pacha, qui avait sauvé soixante vaisseaux, s'entendirent pour reconstruire, armer et équiper trois cents autres vaisseaux de guerre dans tous les ports de l'Afrique, de la Morée, de la Caramanie, de Rhodes et de l'Archipel avant de faire rentrer, selon l'usage national, la flotte dans le port de Constantinople. Les trésors, les matériaux, les canons, les agrès, les arsenaux réservés par Soliman et par le grand vizir Sokolli pouvaient suffire à trois désastres de Lépante. Quand la flotte nouvelle de trois cent soixante voiles rentra avant l'hiver à Constantinople, le peuple put prendre la défaite pour un triomphe.

Ouloudj-Pacha, pour n'avoir pas désespéré de la flotte, et pour avoir conservé soixante vaisseaux à l'empire, fut nommé capitan-pacha ou amiralissime, à la place du brave et malheureux Muézzinzadé. Sélim II changea son nom d'Ouloudj en celui de *Kilidj*, c'est-à-dire *le glaive*. Il trouva dans le grand vizir un homme aussi capable de se relever de la défaite que de préparer la victoire. Quelques jours après sa nomination au poste de capitan-pacha, et pendant qu'il s'occupait nuit et jour à construire et à armer une flotte supérieure à celle des confédérés, Kilidj représenta au grand vizir que tout abondait dans l'arsenal, bois, cordages, canons, ouvriers, salaires, et qu'avec de telles ressources il s'engagerait à construire cinq cents navires avant le printemps, si ce n'étaient les ancres que les forges de la Turquie ne pouvaient fondre aussi vite que les constructeurs leur créaient des vaisseaux.

« Ne craignez rien, pacha, » lui répondit avec une souriante assurance Sokolli, « les ri-
« chesses de l'empire sont telles en ce moment,
« que s'il y avait impossibilité à faire des ancres
« de fer et des voiles de chanvre, nous fabrique-
« rions des ancres d'argent, des cordages de soie
« et des voilures de satin à nos navires. »

Sokolli ayant reçu en même temps un envoyé de Venise, Barbaro, chargé par la république de sonder les dispositions de la Porte : « Tu
« viens voir, » lui dit avec enjouement le grand vizir, » où en est notre courage ou notre abatte-
« ment après le malheur que nous avons subi à Lé-
« pante? Mais apprends qu'il y a une grande diffé-
« rence entre notre perte et la vôtre; en vous
« arrachant le royaume de Chypre, c'est un bras
« que nous vous avons coupé, et vous, en détrui-
« sant notre flotte, vous n'avez fait que nous
« couper les poils de la barbe ; votre bras ne
« repoussera pas, et notre barbe repoussera plus
« forte et plus épaisse. »

Kilidj sortit en effet au printemps avec trois cent vingt voiles, et brava la flotte des confédérés déjà dissoute par les ambitions divergentes qui dissolvent toutes les confédérations après une victoire. La France était inquiète de l'alliance de la république de Venise avec l'Espagne et l'Autriche confondues en une seule puissance aspirant à la monarchie universelle de Cadix à Amsterdam. Le sénat de Venise lui-même enclavé déjà dans les États de l'Autriche et tremblant d'agrandir encore l'ascendant de l'Espagne, de Naples et de Gênes dominés par la maison d'Autriche sur les mers, s'entendait avec la France pour détacher la république de la coalition catholique, et pour réconcilier Venise et Constantinople. L'habile ambassadeur français, M. de Noailles, évêque d'Aix en Provence, subordonnant le préjugé religieux à la raison d'État, négociait secrètement avec Sokolli cette réconciliation utile aux trois États et surtout à l'équilibre de l'Europe.

Les négociations patientes et médiatrices de M. de Noailles réunirent enfin la main du grand vizir et des envoyés vénitiens sur un texte de traité de paix rédigé par l'éloquent secrétaire d'État Féridoun. La paix fut signée entre la république et la Porte le 7 mars 1573. Elle était nécessaire, mais cruelle pour les Vénitiens. Le sang inutilement versé par eux à Lépante était perdu ; ils consentaient de plus à indemniser les Turcs des sommes que Sélim II avait dépensées pour leur arracher le royaume de Chypre ; enfin ils se reconnaissaient tributaires pour l'île de Zante et pour les places qu'on leur laissait sur la côte d'Albanie.

Cette paix glorieuse à la Turquie, intéressée pour la France, honteuse pour Venise, funeste à la maison d'Autriche, déjoua tous les plans de l'Espagne et du pape contre l'islamisme. Don Juan, le vainqueur de Lépante, se vengea en conquérant Tunis. Kilidj le capitan-pacha courut avec deux cents vaisseaux et trente mille janissaires restaurer sur la côte d'Afrique le patronage des Ottomans. Tunis, reconquis au mépris des Espagnols, redevint une colonie militaire des Turcs, et bientôt un avant-poste de pirates indépendants, ayant pour patrimoine le pillage des mers.

L'Autriche, déconcertée par ce succès du négociateur français, ne tarda pas à revendiquer humblement elle-même la continuation de la trêve qu'elle avait signée avec Soliman II, et à payer à la Porte le tribut humiliant par lequel elle achetait sa sécurité en Hongrie. Soliman semblait régner encore.

XX

Le règne de Sélim II jusque-là n'était en effet que la prolongation de celui de Soliman par le génie et par la main de son ministre Sokolli. Sélim n'avait qu'une vertu, il laissait régner à sa place un grand homme. Longtemps plongé dans les délices du harem et dans les ivresses du vin de Chypre, il n'avait paru qu'un voluptueux assoupi sur le trône. Les années, les dégoûts, les infirmités précoces et les réflexions que le soir de la vie amène avec son ombre, l'avaient tout à coup transformé en un homme nouveau. Les réprimandes tendres et respectueuses du vertueux muphti de Constantinople, Abou-Sooud, avaient rappelé son âme au repentir et à la vertu. La sobriété, la prière, les exercices les plus sévères de la piété musulmane avaient remplacé les désordres de sa première vie. Il n'était plus occupé qu'à se sanctifier pour la mort qu'il sentait prochaine.

La mort de son conseiller Abou-Sooud, qui le privait de l'entretien de ce sage, lui parut un avertissement du ciel; il pleura ce sévère muphti comme il aurait pleuré son père spirituel. Sa mélancolie ne trouvait de charmes que dans la solitude de ses jardins et dans la méditation du Coran au bord de la mer. Il ne voyait dans les bonheurs et dans les gloires de son règne que la prospérité de l'islamisme dont il était devenu le derviche plus que le sultan.

Cette mélancolie religieuse, habituelle aux fils d'Othman au déclin de leur vie, rappelle celle de Dioclétien, de Charles-Quint, de Louis XIV dans une autre foi. La foi des Ottomans demande peu d'efforts à la raison; l'athéisme n'y pervertit pas leurs vices jusqu'au défi de la Providence. Ils sont faibles, souvent féroces, jamais impies. On l'a vu dans Amurat II, dans Bajazet II. Un avertissement de l'adversité, de la maladie, de la religion par la bouche d'un derviche ou d'un sage ravive leur conscience jusqu'au remords et jusqu'à la correction de leurs dérèglements passés.

Tel avait été sur Sélim l'effet des réprimandes du muphti Abou-Sooud. Le favori de son cœur et le compagnon de ses débauches Djélal-Beg, ayant proféré quelques railleries contre l'austérité des conseils d'Abou-Sooud, Sélim écarta sans pitié son ancien ami de sa présence, et le relégua dans un gouvernement lointain.

Un tremblement de terre à Constantinople, et un incendie qui dévora les cuisines et les bains du sérail lui parurent des châtiments et des présages qui assombrirent encore son esprit. Il fit reconstruire ces édifices. Son seul délassement était d'aller contempler le travail des ouvriers qui les décoraient. Un jour qu'il visitait ainsi la vaste salle de bains réédifiée entre le sérail et le harem, son pied glissa sur les dalles de marbre polies et humides de l'étuve. Cet accident, aggravé par l'obésité de son corps et par l'abattement de son esprit, lui parut un signe si funeste qu'il rentra frappé de stupeur dans ses appartements, et qu'il ne survécut que peu de jours à sa chute.

L'empire ne s'aperçut de sa mort qu'à ses funérailles. Sokolli soutenait seul le poids d'un gouvernement dont Sélim II n'était que la muette et invisible consécration. Jamais souverain plus incapable de gouverner ne régna avec plus de bonheur et de gloire sur son peuple, précisément parce qu'il ne régnait pas. Son inertie profita plus à sa nation que ne l'eût fait une turbulente activité, et l'on peut dire qu'il servit les musulmans même par ses vices. Un successeur incapable, mais qui sent son incapacité, est souvent plus utile au développement des plans d'un grand homme, qu'un héritier médiocre et remuant : l'un trouble les pensées de son prédécesseur par les siennes, l'autre laisse durer une même pensée pendant deux règnes.

Tel fut Sélim II, conquérant de Chypre, négociateur consommé avec l'Europe, restaurateur de la marine des Ottomans, continuateur d'un système d'alliance avec la France, qui créait en sa faveur une balance de l'Europe contre la maison d'Autriche, promoteur de la jonction des quatre mers par le percement de l'isthme de Crimée et de Suez; vainqueur, puis protecteur des Vénitiens qu'il subordonna au système de la politique ottomane en Orient pour les détacher de l'Allemagne et pour les tourner dans son intérêt contre le pape, son ennemi naturel; vaincu un jour par don Juan, mais vainqueur le lendemain de ce héros et triomphateur de la ligue catholique qu'il décomposa membre à membre par la politique, après l'avoir brisée par les armes; pacificateur de la Crimée, de la Pologne, de la Transylvanie et de l'Arabie; économe enfin du trésor public largement vidé dans les années de guerre, plus largement rempli dans les années de paix, et ayant le premier entrevu pour les Ottomans une économie politique nouvelle dans l'entrepôt du commerce de l'Europe et des Indes, dans la liberté de la navigation, dans la sûreté du commerce et dans les conquêtes des seules richesses permanentes pour un empire, les conquêtes de l'agriculture, du travail et de la paix.

Voilà le règne de Sélim II, ou plutôt voilà le règne auquel la reconnaissance des Turcs devait donner le nom de Sokolli. Sélim ne fut que le nom, Sokolli fut l'âme et la main de l'empire; mais c'est à Sélim que l'empire dut Sokolli. La postérité, pour être juste, doit donc partager inégalement, mais équitablement entre le sultan et le ministre la gloire et la prospérité des Ottomans.

LIVRE VINGT-DEUXIÈME.

I

Sélim II avait laissé en mourant six fils et trois filles. Les fils étaient Mourad, Mohammed, Soliman, Moustafa, Djéhanghir et Abdallah ; les filles Esma-Sultane, Gewher-Sultane et Schah-Sultane. Esma-Sultane avait été donnée pour épouse à Sokolli, Gewher-Sultane à Pialé le capitan-pacha, Schah-Sultane à l'aga ou général des janissaires, Hassan. Cette consanguinité des femmes avait contribué, sous le règne de Sélim, à relier en faisceau ce triumvirat du grand vizir, du grand amiral et du grand général de l'empire devenus ainsi la famille adoptive du souverain.

La mère de Mourad ou d'Amurat III, l'aîné de ces fils, était Nour-Banou, Persane dont le nom signifie *femme de splendeur*. Elle avait cherché dans sa tendresse pour ce fils la compensation aux vices et aux inconstances du père. Amurat III avait pour unique vertu une pieuse déférence pour sa mère. Quoiqu'à peine âgé de vingt-huit ans, son âme et son corps également efféminés se ressentaient des mauvais exemples de Sélim et des complaisances intéressées de Nour-Banou. Il rappelait par sa stature petite et grêle et par l'ovale allongé de son visage quelque image de son aïeul Soliman II dans sa première jeunesse; mais ce n'était qu'une de ces ressemblances lointaines et illusoires que dissipait le second coup d'œil. Sa pâleur révélait l'épuisement des plaisirs précoces, plus que la réflexion. Ses yeux étaient doux, mais aucune flamme n'en allumait la langueur.

Ses sourcils étaient noirs; ils dessinaient l'arc féminin des Persans sur son front; ses cils longs comme ceux d'une femme avaient la finesse de la soie; mais sa barbe rare et rousse contrastait avec cette couleur de ses cheveux, et imprimait à sa physionomie une teinte maladive et sordide qui rappelait l'ombre des cachots, plus que la splendeur des sérails. Adonné dès l'enfance à des excès de vin et à l'usage de l'opium, sa tête semblait chanceler sur son buste; son regard oblique et indécis était couvert d'un léger brouillard; quelques accès d'épilepsie, infirmité du corps qui touche de plus près à l'intelligence, laissaient des traces dans quelques rides du front et dans quelques palpitations convulsives des lèvres. Son esprit n'était cependant pas sans délicatesse, ni sans culture; il aimait à entendre les poëtes réciter leurs vers à ses festins; la musique, cette poésie des sens, et la danse, cette poésie des mouvements, charmaient ses oreilles et ses yeux. Les arts mécaniques éveillaient sa curiosité et son intérêt. Des peintres vénitiens et des horlogers de Vienne lui donnaient des leçons de peinture et d'horlogerie. Mais ses deux passions dominantes étaient l'amitié et l'amour. Sa mère lui avait enseigné surtout à aimer.

L'éducation n'avait fait que développer en lui la nature. On peut dire que mère, sœur, femmes et amis, il aima jusqu'au délire, et que cette flamme de son cœur, en se communiquant à la fin jusqu'à ses sens, consuma son règne, sa raison et sa vie. L'histoire de ses attachements devint l'histoire de l'empire sous son règne.

Ces attachements avaient commencé en lui presque avec la vie. Deux jeunes enfants, nobles hongrois, l'un nommé Djafar, l'autre Ghaznéfer, faits prisonniers sous Sélim, avaient été circoncis, privés sur leur demande des signes de la virilité et attachés au harem à l'éducation et aux divertissements du jeune sultan. Amurat III les eut pour favoris, avant de les avoir pour ministres; ils en étaient dignes par leur vertu autant que par leurs talents. Ghaznéfer surtout, dont le nom signifiait le *Lion hardi*, et qui cultivait avec génie les lettres et l'histoire, contribua à inspirer à son ami le goût de la poésie et de la munificence, qui enfante les talents dans les pays monarchiques. L'historien Séadeddin, homme d'État et annaliste à la fois, avait été introduit par Ghaznéfer dans la familiarité du jeune Mourad, pendant qu'il résidait encore à Magnésie, séjour des princes héréditaires. Ce prince en avait fait son *lala* ou gouverneur honoraire après sa majorité. Cadizadé, autre ami de ces deux favoris, homme aussi ambitieux de dignités que de science, était son conseiller politique et son ministre en expectative. Le poëte Schemsi-Pacha, justement célèbre par ses poésies philosophiques qui sanctifiaient par la sainteté du sujet le charme de ses vers, lui enseignait les élégances de la langue et les mystères de la contemplation. Mais le favori qui possédait son cœur entre tous était un jeune Turcoman d'une noble race nommé Ouwéis.

Un jour que Mourad, pendant sa résidence forcée à Magnésie, était venu chasser les cygnes dans la sauvage vallée du Caïstre que le mont Tmolus sépare de la plaine de Magnésie, il s'arrêta quelque temps dans la ville pastorale de Tyré (l'ancienne Thyatire des Grecs), capitale de cette vallée. Le site pittoresque de cette ville dont les maisons et les minarets, semblables à des rochers de marbre, blanchissent sur la pente rapide d'une colline boisée à travers les feuillages des platanes, l'ombre du Taurus qui l'abrite, le murmure et la fraîcheur des eaux qui écument dans ses cascades, les vertes prairies qui serpentent à ses pieds, l'abondance des bêtes fauves qui peuplent ses forêts, séduisirent Mourad. Il y prolongea son séjour. Le jeune Ouwéis, qui y occupait un rang élevé et que la familiarité de la chasse lui permit d'entretenir, le frappa par la mâle franchise de son visage et de ses paroles. Il crut avoir rencontré en lui un second Ibrahim pour son règne futur, comme le joueur de flûte rencontré presque au même lieu par son aïeul le grand Soliman. Il demanda à Sélim son père l'autorisation de s'attacher le fier Turcoman et de le nommer intendant général de sa petite cour de Magnésie. Sélim accorda Ouwéis à son fils.

L'ascendant de ce defterdar s'accrut de jour en jour dans cette familiarité domestique de l'exil. Cet ascendant n'était fondé ni sur la culture d'esprit, ni sur l'élégance des mœurs qui caractérisait les autres amis de Mourad. Ouwéis illettré et rustique n'avait que les rudes vertus de ses déserts. Il plaisait à son maître, comme le lion dompté que les princes d'Orient aiment à apprivoiser dans leur divan pour inspirer la crainte à ceux qui les visitent.

II

Une belle esclave vénitienne nommée Safiyé (la pure), première épouse donnée à Mourad dans son adolescence par la sultane Nour-Banou sa mère, possédait les yeux et le cœur du jeune sultan. Safiyé était fille d'une noble maison sénatoriale de Venise, les Baffo. Dans une courte navigation entre Venise et Corfou où elle allait, encore enfant, rejoindre son père provéditeur de l'île, des pirates de l'escadre de Barberousse enlevèrent le vaisseau qui la portait et l'offrirent en présent à la sultane Nour-Banou, mère de Mourad. Sa patrie, sa beauté, sa naissance, son éducation la firent juger digne des amours du prince. Mourad s'attacha longtemps à Safiyé avec l'ardeur de son âge et avec la constance d'un époux. Elle lui donna un fils, et devint ainsi sultane Khasséki ou mère de prince.

Pendant longtemps la passion de Mourad pour Safiyé ferma ses yeux à toutes les autres beautés dont la jalousie peuplait le harem de sa mère. Nour-Banou commença à craindre que l'empire exclusif de la Vénitienne sur le cœur de son fils n'empiétât sur le sien; Sélim II lui-même craignit que l'hérédité du trône ne fût pas suffisamment assurée par un seul fils d'une seule femme. La sœur de Mourad, la sultane Esma, épouse du grand vizir, conspira avec Nour-Banou, avec son mari Sokolli et avec son père pour introduire des beautés rivales de Safiyé dans le harem de son frère. La mère et la sœur firent rechercher partout avec obstination les jeunes esclaves les plus renommées dont les charmes de visage et les séductions d'esprit pourraient ravir à la sultane Khasséki le cœur de son époux. Une esclave persane et une esclave hongroise entrèrent malgré sa répugnance dans le harem de Mourad. La jeune Hongroise plus animée et plus rusée encore que belle, dit l'historien de cet amour, le Vénitien Sagredo, parvint à rivaliser un moment Safiyé. Mais la fidélité de Mourad trompa pendant longtemps les espérances de sa sœur et de sa mère; son cœur se refusait à l'inconstance des amours, à laquelle on avait fait consentir son esprit.

La sultane Nour-Banou, raconte le chroniqueur du sérail Ali, dans ses annales en vers, accusa Safiyé de maléfices magiques contre la fécondité des deux esclaves ses rivales. Soupçonnant quelques femmes juives et quelques esclaves de service du harem d'avoir participé aux conjurations imaginaires de la Vénitienne, elle en fit torturer quelques-unes par les eunuques, et jeter les autres dans la mer par les muets; d'autres réputées moins coupables ou excusées par leur enfance, furent reléguées dans l'île de Rhodes et rappelées plus tard pour épouser des favoris du sultan.

Cependant ces intrigues longtemps poursuivies autour du jeune prince finirent par insinuer dans son âme d'injustes soupçons contre la vertu de

Safiyé. Il la relégua un moment de sa couche et se livra avec l'impétuosité de la jeunesse aux excès d'une passion artificiellement allumée par ses corrupteurs dans ses veines. Le débordement et la frénésie de ses caprices firent enchérir, avant même son avénement au trône, le prix des belles esclaves de toute nation dans les bazars de Brousse et de Trébizonde. Le nombre des sultanes Khasséki ou mères de garçons s'éleva, dit son historien Ali, jusqu'à quarante. Celui des filles esclaves de son harem, objets passagers de ses caprices, jusqu'à cinq cents. Plus de cent enfants fils ou filles de ces esclaves naquirent en quelques années de ces déréglements. Les chambres de son harem lui donnaient plus de soucis à gouverner, que ses provinces. Sa mère lui conseillait d'en attribuer après elle le gouvernement à une favorite de son père reléguée au vieux sérail, nommée Djanféda. Djanféda elle-même était consommée dans les intrigues et dans l'administration du sérail. Nous verrons bientôt l'ascendant, l'élévation et la destinée tragique de cette femme, véritable vizir d'un prince dont la seule affaire sérieuse était une maladive sensualité.

Mais ces vices mêmes n'avaient pu éteindre dans le cœur de Mourad le souvenir de la première et pure félicité qu'il avait goûtée dans sa chaste union avec Safiyé. La mémoire et le repentir avaient rendu à la Vénitienne tout son empire moral sur son époux. Les autres avaient ses débauches; elle seule avait sa tendresse. Il l'adorait comme le souvenir vivant de son bonheur, et comme la mère de son fils de prédilection. Il s'inspirait auprès d'elle de toutes ses résolutions dans le divan. Une esclave de Venise était la véritable impératrice future des Ottomans.

Telle était la cour exilée de Mourad à Magnésie quand le grand vizir Sokolli lui fit parvenir secrètement la nouvelle de la mort de Sélim II. Mourad partit la nuit même pour Constantinople, suivi seulement de ses quatre favoris. Arrivé inopinément à Moudania, petit port de la mer de Marmara sur la rive opposée de Constantinople, l'impatience de saisir l'empire ne lui laissa pas attendre la galère impériale que Sokolli lui envoyait pour traverser la Propontide. Il se jeta sans se nommer dans une galère de neuf rameurs qui était par hasard à l'ancre dans la rade, et qui appartenait au secrétaire d'État, le célèbre Féridoun dont ces matelots étaient les esclaves. Une mer orageuse le porta en quelques heures de nuit sur la plage déserte du sérail, près des batteries de canons qui bordent le mur d'enceinte et non loin du kiosk de Bajazet. C'était le 21 décembre 1574 à minuit. Les raffales d'hiver couvraient d'écume la plage du sérail, et gémissaient dans les cyprès des jardins. Les portes étaient fermées et ne s'ouvraient à cette heure qu'au grand vizir lui-même. Mourad, souillé d'écume et épuisé de malaise par une laborieuse navigation sur une barque ouverte aux lames, demanda à ses compagnons un peu d'eau pure pour se laver le visage et les mains. On n'en trouva point sur ce sable; il fut obligé de se laver le visage et les mains dans de l'eau de mer. Il s'assit ensuite sous un arbre pour s'abriter de la pluie et du vent, pendant qu'on éveillait le grand vizir et le sérail, attendant comme un hôte étranger aux portes de son propre palais. On éleva depuis une fontaine sous cet arbre où le sultan avait eu soif sans trouver de l'eau pour se désaltérer.

Cependant le grand vizir, éveillé par Hassan, esclave de Féridoun, et par le pilote de la galère, accourut avec ses chiaoux portant des lanternes à la plage désignée par les deux esclaves de Féridoun. N'ayant jamais vu le visage de Mourad, et craignant quelque piége des partisans de ses frères, le grand vizir, avant de lui baiser la main et de le reconnaître pour son maître, voulut avoir le témoignage de sa propre mère. Il conduisit Mourad à pied par le jardin au kiosk habité par Nour-Banou, maintenant sultane Validé. Entré le premier dans la chambre de la sultane, il lui montra celui qui disait être son fils, et lui demanda si elle était sa mère. Nour-Banou fondit en pleurs à l'aspect de son lion, nom que les Validés donnent à leurs fils, et attesta à Sokolli que Mourad était leur maître à tous. A ces mots, le vizir tomba aux pieds du sultan, et invoqua à haute voix le ciel pour la longue vie et la prospérité de l'empereur. Après les premières effusions de tendresse entre le fils et la mère, « J'ai faim, » dit Mourad aux officiers du palais accourus pour saluer leur nouveau maître ; « apportez-moi à manger. » Ces paroles, les premières prononcées sans préméditation par un sultan après son avénement au trône, firent pâlir les assistants. La superstition orientale attribua à ces paroles une signification prophétique qu'on interpréta pour ou contre les événements du règne. On les interpréta comme un cri de famine poussé par le peuple, et annonçant des stérilités ou des disettes. Le hasard les vérifia dans l'année suivante.

Cependant un présage plus sinistre et plus certain appelait à l'instant même la réprobation du ciel sur l'empire. La loi du sérail ou le canon dynastique de Mahomet II ordonnait l'immolation pour crime de péril public, de tous les frères du sultan montant au trône. On assure que Mourad, influencé par la sultane vénitienne Safiyé son épouse, et par sa propre répugnance au sang innocent, avait juré à Safiyé de révoquer cette atroce boucherie d'État par son exemple, et de laisser vivre ses frères; mais le muphti interprète de la loi, plus implacable dans son interprétation politique que le prince lui-même dans son intérêt de prince, s'obstina à lancer un fetwa ou jugement qui interdisait l'humanité ou la pitié au sultan. Les ministres et les bourreaux, armés de ce bref de l'oracle de la religion et de la justice, se hâterent de faire violence aux scrupules d'humanité du sultan en faisant étrangler les cinq princes, d'âges différents fils de Sélim II, et en jetant avant le jour les cinq cadavres sur le tapis du divan, sous les yeux de Mourad.

Ce marchepied de cadavres devait tôt ou tard engloutir un trône que la raison d'État pervertie par un patriotisme contre nature faisait porter sur de tels forfaits.

Le lendemain Mourad ou Amurat III, reconnu

avec toutes les solennités d'usage par la religion, le peuple, l'armée, mena le deuil de son père, et alla pleurer au bord de leurs sépulcres les cinq frères qu'on venait d'assassiner en son nom. Il distribua, le troisième jour après ces sépultures, une gratification impériale d'un million cinq cent mille ducats d'or aux troupes et aux grands officiers de l'empire. Les janissaires reçurent à eux seuls près d'un million de ducats d'or ou dix millions de francs.

Sokolli qui avait ménagé deux fois avec autant d'autorité que de bonheur le passage d'un règne à l'autre, fut maintenu au poste de grand vizir par la politique plus que par l'affection du sultan. La nouvelle cour voyait en lui trop de services rendus pour demander sa tête, trop de puissance pour ne pas envier sa situation. Les favoris d'Amurat III résolurent, de concert avec les sultanes, de souffrir quelque temps Sokolli par nécessité, mais de le saper sourdement dans l'esprit du maître, et de le faire descendre par degrés de sa suprématie au rang des simples vizirs. Sokolli, en homme trop sûr de la fortune, ne rabattit rien de sa rigueur et de son devoir devant les favoris auteurs de cette ligue. Il poursuivit hardiment le defterdar Ouwéis, confident intime d'Amurat, pour cause de malversation présumée dans le trésor de son maître. Ouwéis triompha de l'accusation, et humilia par son triomphe Sokolli. Les janissaires et le peuple, spectateurs de cette lutte entre le grand vizir et le favori, commencèrent à pressentir l'affaiblissement de l'autorité dans l'homme qui portait depuis dix-huit ans le poids de l'empire, et à braver insolemment un sultan qui s'abandonnait lui-même dans son ministre.

Les séditions si longtemps comprimées éclatèrent à l'occasion des lois de police contre la vente du vin dans les tavernes, lois renouvelées presque au début de chaque règne. Un jour qu'Amurat passait en caïque sur le Bosphore devant une taverne grecque pleine de soldats ivres, les janissaires qui reconnurent le sultan, élevèrent leurs tasses dans leurs mains comme pour défier la peine portée contre les buveurs de vin, et les vidèrent à la santé du sultan. Le grand vizir, informé de cet outrage, se rendit avec le sultan aux casernes pour punir les coupables; mais les séditieux encouragés au crime par la connivence des favoris, couvrirent de leurs vociférations la voix du grand vizir et le nom même du sultan. L'impunité forcée du corps fut palliée faiblement par la destitution de l'aga des janissaires.

Cette fonction, la seconde en importance de l'empire, fut donnée à un renégat génois nommé Cicala-Pacha, tandis qu'un renégat calabrais, Ochiali-Pacha, Kilidj-Ali, le sauveur des débris de la flotte à Lépante, était nommé capitan-pacha. Pialé-Pacha, Hongrois de naissance, était vizir de la coupole; Ahmed-Pacha, deuxième vizir, était Styrien; Mohammed-Pacha, troisième vizir, Autrichien; le chef des eunuques du harem, Welzer, Transylvain; Sokolli lui-même, le grand vizir, était Bosniaque. La religion seule était une patrie commune entre tous ces hommes de patries diverses; dans la Constantinople des sultans, comme dans la Rome des papes, tout étranger qui voulait combattre pour le dogme était réputé citoyen et nationalisé par le culte. C'est à cette naturalisation universelle des serviteurs de toute race que l'empire a dû longtemps et aujourd'hui encore d'être si bien servi par ses adeptes.

III

La paix maintenue par Sokolli fut renouvelée pour huit ans avec l'empereur d'Allemagne. Le duc de Transylvanie, Étienne Bathory, protégé des Turcs, fut porté par le grand vizir au trône

de Pologne. « Tu ne dois pas inquiéter Bathory
« élevé par moi sur le trône des Polonais, »
écrivit le grand vizir au nom d'Amurat à l'empereur; « je veux que tu traites les Polonais
« comme mes autres sujets. La Pologne est sous
« ma protection; j'ai ordonné aux magnats de
« ce pays de choisir Bathory pour leur roi. Les
« Tartares ont fait autrefois prisonnier un roi
« de Pologne; c'est pour cela que les Polonais
« payent encore le tribut au Khan des Tartares. »
Conformément à cette tradition et à cette investiture, l'ambassadeur de Pologne, Siéniensky, signa un traité d'alliance offensive et défensive entre
la Turquie et la Pologne, traité qui consacrait
dans un de ses articles le tribut des Polonais aux
Tartares.

La république de Venise servie par l'influence
de la sultane vénitienne Safiyé, obtint d'Amurat
et du grand vizir les interprétations les plus favorables de ses traités et de ses fixations de limites avec la Porte.

Florence conclut également avec Sokolli un
traité de libre navigation et de commerce réciproques.

L'Espagne elle-même sollicita par les ambassadeurs de Philippe II, un traité de paix et d'amitié avec les Turcs. Ce traité réduit à une trêve de trois ans, fut signé avec répugnance et avec dédain par Sokolli.

L'Angleterre, jusque-là étrangère par sa situation à toute diplomatie avec les Ottomans, noua pour la première fois, par ses commerçants, des relations de négoce qui devinrent bientôt politiques avec Sokolli; des lettres furent échangées entre la reine Élisabeth et le sultan.

La Suisse entretint également pour la première fois un agent juif pour les intérêts de son commerce à Constantinople.

Sokolli voulait naturaliser les sciences et les arts autant que la paix et le commerce dans sa patrie. Le savant Séadeddin Lala, précepteur d'Amurat III, secondait le grand vizir dans ses heureuses innovations. Ils firent de concert construire un observatoire en face des jardins du sérail à Tophana, et appelèrent d'Égypte l'illustre astronome Takieddin pour perfectionner et vulgariser la connaissance des phénomènes célestes parmi les Turcs; mais les antipathies du clergé contre les sciences qui expliquaient la nature autrement que par des oracles et des prodiges forcèrent le grand vizir, le précepteur et l'astronome à renverser leur observatoire comme un attentat aux mystères du ciel. Takieddin, à Constantinople, eut le sort de Galilée à Rome. Le même siècle dans deux religions opposées, voyait la lutte toujours inégale du préjugé et de la science.

Les ennemis de Sokolli dans le divan et dans le harem fomentèrent ces accusations populaires d'impiété contre le grand novateur. Ils l'attaquèrent d'abord dans ses créatures avant de porter leurs coups sur lui. Le secrétaire d'État Féridoun, son collaborateur dévoué depuis trois règnes, fut relégué à Belgrade. L'aga des janissaires Cicala fut également disgracié. La mort enleva en même temps à Sokolli deux de ses plus fidèles soutiens dans l'État, Pialé-Pacha et le muphti Hamid; enfin, un nègre Arab-Pacha, qu'il avait marié à une esclave favorite de son harem et qui gouvernait sous sa main le royaume de Chypre, fut massacré par ses propres troupes. On rapporta à Sokolli les habits du nègre déchirés de cent coups de sabre. Il pleura de pitié, en se représentant l'agonie qu'avait dû subir son favori.

Le duc de Naxos et des Cyclades, Joseph Nassy, enrichi au delà des rêves d'un ambitieux par l'amitié de Sélim II, mourut à cette époque à Constantinople. Sokolli, dont cet aventurier avait été toujours jaloux, ordonna que son opulent héritage fût dévolu au trésor public. Mais les trois defterdars ou trésoriers nommés par Sokolli pour séquestrer la succession furent accusés de dilapidation de l'héritage par les ennemis du grand vizir, et torturés pour leur faire confesser leur prétendue spoliation. Un autre de ses clients, Michel Cantacuzène, Grec de la famille impériale de Byzance et rival d'un autre Grec nommé Paléologue, autre débris des dynasties des Byzantins, fut pendu pour malversation présumée devant la porte de Sokolli, comme pour faire rejaillir sur le protecteur le crime et l'infâme supplice du protégé. Enfin, le neveu chéri de Sokolli, Mustafa-Pacha, gouverneur d'Ofen et de la Hongrie turque, fut égorgé à Ofen par Ferhad-Pacha grand écuyer du sultan, au milieu de son escorte de cinquante cavaliers qui n'osèrent pas tirer leurs sabres pour sa défense.

Ces présages attristaient Sokolli sans le détourner des soins du gouvernement; il s'attendait à périr, mais il voulait que la mort le surprît au timon de l'empire. Un des derniers jours du mois d'octobre 1578, il se faisait lire par Hassan-Aga son bibliothécaire l'histoire des premiers règnes

de la monarchie. Le lecteur lui ayant lu le récit de la bataille de Cossova contre les Serviens et la mort tragique et soudaine d'Amurat Ier, assassiné sur le champ de bataille après la victoire par le patriote servien Milosch Kabilowitch, Sokolli arrêta d'un geste Hassan à ce passage de l'histoire, récita pieusement la première Soura du Coran pour l'âme du sultan assassiné, et s'écria avec une ferveur de pressentiment semblable à une révélation intérieure : « Puisse le Tout-Puissant m'ac-
« corder une telle mort. »

Le jour suivant, après avoir tenu son audience accoutumée au palais de la Porte, et employé le reste du jour aux affaires d'État, Sokolli, rentré dans sa demeure, ouvrit encore, comme il en avait l'habitude, son divan à tous les Ottomans sans distinction qui avaient justice ou faveur à demander au grand vizir. Au moment où il tendait la main à un inconnu vêtu du costume de derviche qui lui présentait une supplique à lire, le faux derviche tirant un poignard de son manteau, le plongea jusqu'à la garde dans la poitrine du grand vizir. Sokolli portant instinctivement la la main à son propre yatagan pour se défendre, n'eut pas la force de le saisir et tomba mort de la mort qu'il avait souhaitée, comme César, sans proférer une parole. Le prétendu derviche était un Dalmate compatriote de Sokolli, race féroce qui donne vie pour vie sans pitié et sans crainte. Il allégua pour motif de son crime la vengeance d'une injustice du grand vizir qui avait jugé contre lui un procès de propriété féodale relatif à son fief en Bosnie. L'opinion publique soupçonna, mais sans preuve, l'instigation du cruel Mustafa-Pacha, le bourreau de Chypre, dans ce crime. Amurat III en fut peut-être heureux, mais non complice. L'assassin n'avoua rien que sa haine. Il fut démembré le lendemain par quatre chevaux emportant chacun un des membres de son buste attaché à un pilier.

Ainsi disparut l'homme qui avait été pendant trois règnes la lumière, la politique et la force de l'empire. L'histoire le loue mieux que de vaines paroles. Il avait élevé l'empire à son apogée, et sa mort marque le premier jour de sa décadence.

Mohammed-Sokolli n'avait point eu d'enfants de la sultane Esma, sœur de Sélim, que son maître lui avait donnée pour épouse. La première femme qu'il avait épousée lui avait laissé deux fils qui n'héritèrent pas de son immense fortune. Forcé de répudier cette femme qu'il aimait, en recevant dans sa maison une princesse du sang impérial, il avait regretté toute sa vie que son mérite et sa gloire eussent attiré sur lui les regards et la préférence d'Esma-Sultane dont la laideur et la difformité ne lui présageaient point d'héritiers. Ses richesses démesurées, non pas en raison de ses services, mais en raison de la modicité de son origine, rentrèrent à sa mort dans le trésor du sultan.

Il laissait l'empire en paix avec toute la terre, excepté avec la Perse.

Remontons de quelques années le cours incessant de l'anarchie persane, pour comprendre les motifs, les occasions et les péripéties de cette guerre. L'histoire de Perse est tellement parallèle à l'histoire de Turquie qu'on ne peut peindre une de ces nations sans retracer l'autre.

IV

Les trois guerres de Sélim et de Soliman le Grand contre la Perse avaient popularisé la dynastie des Sophis dont nous avons raconté l'origine religieuse. En Asie, comme en Europe, les peuples cessent de combattre pour la cause des rivalités dynastiques, pendant qu'ils combattent pour la religion ou pour la nationalité. Le schah (ou le roi)

Tahmasp avait dû une longue domination aux efforts de Soliman II pour le détrôner. Ce n'était pas un grand homme, mais le bonheur de son règne avait été d'être le champion de la Perse menacée.

A sa mort il désigna parmi ses cinq fils Hyder Mirza pour son successeur. Hyder, favori de son père, avait été gardé près de lui à Ispahan pour être prêt à saisir le trône, pendant que ses frères, selon l'usage de l'Orient, étaient relégués, exilés de la cour, dans des provinces éloignées.

La politique à la fois ombrageuse et imprudente des Schahs donnait ces princes enfants en garde et en tutelle aux grands chefs des tribus qui composaient la nation persane. Ces chefs de tribus à la mort des Schahs devenaient fréquemment ainsi les promoteurs et les soutiens de ces compétiteurs rivaux au trône de leur père.

Le jeune Hyder, maître du palais, de la garde, des ministres et des trésors de Tahmasp n'eut pas de peine à se faire proclamer roi dans la capitale. Mais la haine d'une femme lui coûta peu de jours après le trône et la vie. Cette femme de race circassienne dont la beauté, le courage et l'ambition exercèrent un ascendant presque absolu sur le gouvernement de la Perse, était la célèbre

Péridjankhan, fille du schah qui venait de mourir. Elle était nièce de Schemkhal chef d'une tribu circassienne au service de Perse. Schemkhal et Péridjan avaient épousé les prétentions d'un autre fils de Tahmasp nommé Ismaël-Mirza, qui languissait en prison depuis plus de vingt ans.

Au moment où la mort de Tahmasp livrait la princesse sans appui dans le palais, à la merci et peut-être à la vengeance du jeune Hyder, elle demanda une audience à ce prince, et se jetant en deuil et en larmes à ses pieds, elle le salua roi de Perse. « Jusqu'ici, » lui dit cette femme astucieuse dont les charmes relevaient l'éloquence, « vous m'avez crue opposée à votre élévation au « trône; c'était pour moi le moyen de connaître « les projets de vos rivaux pour les déjouer; re- « gardez-moi aujourd'hui comme la plus sûre et « la plus dévouée de vos esclaves. »

Hyder qui connaissait le génie et l'habileté de cette femme se crut heureux de l'acheter à sa cause par le pardon et par la promesse d'un crédit qui survivrait à la vie de son père. « Si vous voulez seulement, » lui répondit-il, « nous gagner votre « oncle Schemkhal et les partisans de mon frère « Ismaël, le trône de Perse est à nous sans con- « testation, et vous régnerez avec moi dans le

« palais d'Ispahan. — Il suffit, » lui répliqua Péridjan, « laissez-moi prévenir et flatter mon « oncle, et je vous réponds de l'empire. »

V

Hyder, trompé par le langage de sa sœur, lui permet de partir pour le camp des Circassiens. Elle feignit de négocier avec Schemkhal et les amis d'Ismaël, revint avec eux à Ispahan, accompagnée d'un corps de cavaliers circassiens dévoués, écrivait-elle, à la cause du nouveau Schah.

Cependant Hyder se défiant de Schemkhal refusait de lui ouvrir la capitale et le palais. Les Circassiens y pénétrèrent la nuit par une porte du jardin livrée à Péridjan, par ses affidés du sérail. Hyder, au bruit de l'invasion des Circassiens dans le jardin, tenta de s'évader sous un déguisement de femme pour courir se jeter dans la caserne de ses gardes. Mais Schemkhal qui l'épiait, le reconnut, lui arracha son voile et le fit poignarder sous ses yeux par un de ses esclaves. Les Géorgiens qui formaient la garde du roi de Perse accouraient au secours de leur souverain ; Schemkhal s'avançant au-devant d'eux, leur jeta la tête du roi. A cet aspect, ils baissèrent leurs armes. Ismaël, enfermé jusque-là dans le château d'Al-Mout, monta sur le trône que lui avait préparé la perfidie d'une femme.

Il n'y resta que le temps de le souiller par ses vices, et de l'ensanglanter par le massacre de tous ses frères enfermés ensemble au château de Cazwin. Un seul fut excepté du massacre par mépris plutôt que par pitié; c'était Mohammed-Mirza, fils aîné de Tahmasp, aveugle de naissance, et que cette infirmité faisait considérer comme incapable d'aspirer jamais au trône.

Mais cet aveugle avait deux fils dont l'un, Hamza-Mirza était gouverneur nominal de la ville et de la province de Schiraz; l'autre, Abbas-Mirza, encore enfant, était confié au chef de tribu Ali-Kouli-Khan, un des plus puissants guerriers de la Perse. Ismaël envoya ordre au commandant militaire de Schiraz et à Ali-Kouli-Khan de massacrer immédiatement ces deux princes. Un hasard les sauva; le courrier qui portait leur arrêt de mort ayant été retardé par une chute de cheval, un autre courrier, quoique parti un jour plus tard d'Ispahan, arriva une heure avant le messager de mort. Ce second courrier apportait à Schiraz et à Ali-Kouli-Khan la nouvelle de la mort du schah

Ismaël. Cette mort était digne de sa vie. Elle reste un mystère de débauches ou de crime.

Une nuit qu'il parcourait déguisé les rues d'Ispahan pour se livrer de taverne en taverne à ses goûts dépravés pour le vin et pour d'autres orgies avec des compagnons de vices, on attendit environ jusqu'à midi son retour au palais. Quelques serviteurs affidés, chargés de surveiller à distance sa vie souvent compromise dans des rixes nocturnes, révélèrent qu'ils l'avaient vu entrer avant l'aurore dans la maison de son favori. Ce favori était un jeune marchand d'Ispahan qui vendait des liqueurs et des sucreries. Sur cet indice, la sœur d'Ismaël sortit du palais, fit entourer respectueusement la maison fermée à clef pour envelopper le Schah de ses gardes à son réveil; mais inquiète à la fin du jour du silence et de l'immobilité des habitants de la maison, elle ordonna d'enlever les gonds et de visiter les appartements. On découvrit le roi dans une chambre haute du dernier étage fermée au verrou. La porte enfoncée laissa voir le roi mort sur un lit où son compagnon gisait à côté de lui dans l'insensibilité de l'ivresse. Rappelé à la vie par les médecins, le favori d'Ismaël raconta qu'après avoir bu toute la nuit du vin et des liqueurs, le roi, selon son habitude, avait complété l'ivresse en avalant des pilules d'opium. La boîte dans laquelle il portait ces pilules, ordinairement fermée d'un sceau que lui seul rompait, n'était pas scellée ce jour-là. Le compagnon de débauches du prince révéla qu'il lui en avait fait l'observation en lui disant de se défier du poison; mais le prince lui avait répondu qu'il l'avait vu ouvrir devant lui par une femme de son harem chargée de veiller à ses aliments. On en conclut avec ou sans fondement que le poison avait abrégé la vie du roi; mais l'infamie de sa vie et de sa mort, et la joie d'être délivré de sa tyrannie, ne laissèrent pas rechercher le crime dans une fin qui paraissait à tous une délivrance.

L'aveugle Mohammed-Mirza remplaça Ismaël II par droit de seul survivant des fils de Schah Tahmasp. Son premier acte fut une ingratitude et une justice : il fit étrangler sa sœur Péridjan, qui avait trahi Hyder pour couronner Ismaël. Son vizir Mirza-Souleïman gouvernait la Perse sous son nom. Objet de l'envie et de la haine des chefs de tribus qui entouraient le prince et se partageaient le royaume, ce vizir avait déjà repoussé glorieusement l'invasion des Turcs sous Sinan-Pacha. Le grand vizir Sokolli, mécontent des lenteurs de la guerre de Perse et pressé surtout d'éloigner de Constantinople Mustafa-Pacha le vainqueur de Chypre, avait nommé ce rival de crédit sérasker ou généralissime de l'armée. Mustafa-Pacha, exercé désormais aux grandes guerres par dix ans de commandement, attaqua les Persans par le plateau de la Géorgie, province assujettie mais mal assimilée à la Perse. Les Ottomans étaient sûrs d'y trouver, comme en Crimée et en Circassie, plus d'auxiliaires que d'ennemis.

La Géorgie est l'ancienne Ibérie des Grecs et des Romains. L'âpreté de ses montagnes, la profondeur de ses forêts, l'abondance de ses eaux, le charme de ses vallées, l'énergie de ses habitants, mais surtout la beauté incomparable de ses femmes en font la force, le malheur et la célébrité dans l'Orient. Une reine presque fabuleuse nommée Nino, introduisit le christianisme naissant dans son royaume par ses prodiges, pendant que Constantin l'imposait par les armes à tous les pays tributaires des Grecs et des Romains autour de la mer Noire. Deux ceps de vigne reliés entre eux de manière à former une croix, étaient à la fois le sceptre et la baguette miraculeuse de cette princesse magicienne. Une autre reine de Géorgie, Tamar, surprise pendant son sommeil par son écuyer David Bagration, avait voulu se venger de l'amour de ce serviteur par mille épreuves et par mille supplices. Le coupable ayant triomphé de tous les dangers, la reine avait fini par l'épouser. Ces enfants de la violence pardonnée, régnèrent de génération en génération sur la Géorgie. La fille de Tamar, la princesse Roussoudan, plus belle encore que sa mère, avait soutenu trois guerres contre les souverains du Khorasan, qui voulaient y annexer la Géorgie en épousant l'héritière du royaume.

Les Persans placent en Géorgie la patrie de la belle et sensible *Schirin*, l'héroïne de toutes leurs poésies épiques ou élégiaques. Le pouvoir et la séduction se confondaient presque toujours dans ces reines; c'était le royaume romanesque de la beauté, gouverné par la passion et servi par l'héroïsme.

VI

Le roi David, au temps d'Amurat III, régnait sur Tiflis et sur les profondes vallées de la Géorgie qui servent d'avenues à la Perse. Sa fille, quoique chrétienne, avait été donnée pour épouse au schah Tahmasp, en gage d'intime alliance contre les Turcs. David, après une bataille inégale contre le sérasker Mustafa-Pacha, s'enfuit de sa capitale. Le prince souverain d'Imirette, autre moitié de la Géorgie, s'unit aux vainqueurs pour en obtenir la possession de Tiflis. Mustafa ne s'y fiait pas assez pour satisfaire complétement son ambition ; il adjoignit seulement quelques provinces au royaume d'Imirette et donna Tiflis en fief à Mohammed-Pacha un de ses généraux, fils du fameux Ferhad-Pacha le manchot. Il y laissa une garnison turque de dix mille hommes pour garder contre les Géorgiens insoumis cette clef de la Perse, pendant qu'il se répandrait au loin dans ses provinces.

Tiflis, aujourd'hui usurpée par les Russes, ville pittoresque, guerrière, commerciale, opulente, fut, ainsi que l'ancienne Bidlis, bâtie par Alexandre le Grand. Le paganisme, le christianisme, l'islamisme, couvrirent tour à tour ses collines et les rives de son fleuve de ruines et de monuments qui attestent la grandeur et la décadence d'une capitale construite sur la grande route de tous les conquérants.

Mustafa, appuyé sur Tiflis, lança ses deux cent mille combattants dans la Géorgie et dans le Caucase, et annexa par la victoire à l'empire turc ces provinces de la Perse. Tous les chefs de tribus se reconnurent alliés ou tributaires des Ottomans. Mais quatre armées s'avançaient à la fois de l'intérieur de la Perse pour disputer aux Turcs leurs conquêtes ; l'une sur Bagdad, l'autre sur Erzeroum, deux sur Tiflis. L'une de ces deux dernières était commandée, à l'exemple des armées géorgiennes et circassiennes par une femme, favorite du schah de Perse, élevée comme la fameuse Péridjan au métier des armes, et inspirant, par son courage et par sa beauté, l'héroïsme aux Persans. Elle défit l'aile droite des Turcs vers Erzeroum, tua le général qui la commandait, et refoula l'ennemi jusque dans les neiges du haut Caucase. Pendant ce triomphe, soixante mille Persans succombaient dans une bataille de trois jours contre Othman-Pacha dans la province de Schirwan. Dix mille têtes coupées étaient envoyées par Othman-Pacha, en témoignage de sa victoire, au sérasker à Tiflis. Le roi aveugle, Mohammed-Schah s'enfuyait devant lui de province en province. L'hiver et la famine le secoururent par deux fléaux qui combattaient pour les vaincus.

Tiflis, abandonnée à elle-même faute de vivres, fut bloquée par les Persans. Mustafa-Pacha se retira à Kars et employa l'hiver et le printemps à reconstruire et à fortifier cette ville devenue depuis un boulevard inexpugnable de l'empire sur la Géorgie. Au printemps, Hassan-Pacha, fils de l'illustre vizir, secourut et approvisionna Tiflis. Ouzdemir-Othman-Pacha, qui venait d'être fiancé avec la fille du chef circassien Schemkhal, le meurtrier d'Hyder et l'oncle de la célèbre Péridjan, fit trancher dans un festin la tête de son beau-père. Schemkhal, habitué aux trahisons ordinaires à sa race, commençait à conspirer contre les Turcs auxquels il avait vendu les Persans.

Les Turcs cependant venaient de se renforcer d'une armée auxiliaire de quarante mille Tartares de Crimée commandée par un prince de leur maison royale, Aadil-Ghéraï. Aadil, prince jeune, beau, héroïque et séduisant, fut fait prisonnier par les Persans dans une sortie au siége de Schirwan. Le roi aveugle, Mohammed-Schah, dont l'intérêt était de flatter les Tartares pour les détacher des Turcs, reçut le prisonnier à sa cour comme un hôte plus que comme un ennemi. L'esprit d'Aadil-Khan séduisit la mère du Schah, femme d'une intelligence supérieure qui était l'âme du gouvernement cachée dans le harem; sa beauté séduisit la plus jeune sœur du roi. Les amours du prince tartare et de la sultane éclatèrent. La Perse indignée y vit l'avilissement de son roi, la complicité de sa mère, la trahison de sa sœur, le danger de la patrie vendue par la passion de deux femmes à un ennemi. Les kouroudjis, sorte de janissaires persans, s'ameutèrent, violèrent le harem, en arrachèrent Aadil-Khan et la princesse, et les étranglèrent en présence du Schah qui leur demandait en vain la vie de sa sœur et de son captif. La mère du roi, qu'ils avaient épargnée, ne leur fit pas attendre longtemps sa vengeance. Les kouroudjis, quelques jours après leur révolte, appelés un à un dans une cour du palais pour recevoir une gratification, furent égorgés jusqu'au dernier par des bourreaux sous les yeux du roi et de sa mère, cachés derrière des rideaux de tentes.

Le cœur de la Perse se décomposait dans ces intrigues de sérail et dans ces séditions de prétoriens, pendant que les Turcs et les Tartares détachaient lentement ses membres du corps de l'empire. Le grand vizir Sokolli, mécontent des lenteurs de Mustafa qui prolongeait cette éternelle campagne de Perse, venait d'envoyer peu de jours avant sa mort une nouvelle armée en Géorgie sous le commandement de Sinan-Pacha, un des premiers hommes de guerre de l'empire. A peine Sinan touchait-il aux frontières de Perse qu'il fut rappelé comme grand vizir à Constantinople à la place d'Ahmed qui avait succédé pour peu de jours à Sokolli. Le sérasker, Mustafa-Pacha, s'était flatté toujours de remplacer son rival Sokolli dans le poste de grand vizir. Son ambition déçue ou le poison qu'il avait pris, dit-on, par désespoir de ne pas atteindre le but de sa vie, l'enleva soudainement à son armée. Il mourut couvert du sang de Chypre et déshonoré par le supplice des défenseurs de Famagouste. Ses richesses, ses caravansérails et ses mosquées ne justifièrent jamais sa mémoire et ne servirent qu'à perpétuer sa honte avec son nom.

VII

Sinan, nommé grand vizir, voulut en vain marcher sur Tauris; l'armée lasse de son inertie refusa de le suivre. Il fut forcé de fléchir sous les dégoûts de ses généraux, de cantonner les troupes dans les vallées de Tiflis, d'Erzeroum, de Kars, et de revenir à Constantinople sans autre résultat que des négociations entamées avec la Perse. Un ambassadeur du Schah aveugle, accompagné d'autant de serviteurs qu'il y a de jours dans l'année, suivit Sinan à Constantinople.

Pendant ces négociations, l'armée était commandée par Mohammed-Pacha, neveu de Mustafa-Pacha, le sérasker mort. Mohammed fut vaincu dans la plaine de Gori non loin de Tiflis, par quatre-vingt mille Persans. Imputant sa défaite à son collègue Mustafa-Minotschir qui commandait un des corps de l'armée, il voulut le faire assassiner en plein divan. Pressentant son meurtre, au premier geste du kyaya pour s'emparer de lui, Mustafa lui fendit la tête d'un coup de sabre, blessa d'un autre coup le pacha du Diarbékir qui assistait au conseil, et plongea cinq fois son poignard dans le corps du sérasker. Sortant alors le sabre à la main de la tente et appelant son corps de troupes à la vengeance, il se sépara de l'armée, se replia sur Amasie et s'en remit à la justice du sultan. Mohammed, qui survivait à ses blessures, continua sa retraite sur Kars.

VIII

Ces revers et ces lenteurs humiliaient le jeune Amurat III. Sinan, en arrivant à Constantinople, le convainquit que la présence du sultan à l'armée pouvait seule rétablir la discipline, et relever l'ascendant des armes sur les frontières de Perse. La sultane Nour-Banou, mère d'Amurat, et la Vénitienne Safiyé, tremblantes de perdre leur empire sur leur fils et leur époux pendant une campagne qui l'arracherait aux influences du harem, s'indignèrent contre le grand vizir. Elles communiquèrent leurs préventions au sultan, que les langueurs du sérail avaient mal préparé aux vicissitudes des camps. L'empire pour lui, c'était la nuée de femmes et d'eunuques qui peuplait ses kiosks et ses jardins. Il s'aigrit contre un vizir qui lui parlait de gloire. Il déguisa les vrais motifs de sa colère sous le reproche d'avoir ouvert des négociations avec la Perse au lieu de vaincre. Il accusa Sinan d'avoir écouté les propositions de restituer la Géorgie à la Perse : « Tout « pays qu'a foulé le pied du cheval du sultan ap- « partient à jamais au sultan, » disaient les ennemis de Sinan. Amurat l'exila à Malghara, pour le punir d'un conseil qui alarmait sa mollesse.

Le Croate Siawousch-Pacha fut nommé grand vizir. Férhad, ancien cuisinier du sérail devenu soldat par instinct et général par intrigue, partit pour violenter la fortune en Perse, à la tête de soixante mille janissaires, de dix mille mineurs et de trois cents pièces de canon, pour faire écrouler les murailles. Il commença par fortifier Erivan, porte de la Perse de ce côté. Erivan avait reçu son origine et son nom d'un marchand qui suivait l'armée de Timour, et qui avait obtenu de ce conquérant le privilége de cultiver le riz dans la plaine arrosée et fertile qui alimente aujourd'hui deux frontières d'empires. Il en fit une citadelle avancée de la Turquie, et poursuivit l'envahissement complet de la Géorgie.

Une expédition parallèle par mer et par terre sur les rivages de la mer Noire, sous Othman-Pacha, s'avança sur Caffa dans la presqu'île de Crimée. Une marche de quatre-vingts jours conduisit à travers le Don et les steppes de la Tartarie l'expédition jusqu'à Derbend. L'armée combinée de Turcs, de Circassiens, de Tartares, y passa l'hiver abritée des neiges sous des cabanes de roseaux. Au printemps, Othman-Pacha sortit de Derbend, afin de livrer une bataille décisive aux Persans. Ils accouraient en masse pour garder ce flanc menacé de leur nation, ouvert par les steppes de la mer Caspienne. Le nombre des Turcs, des Circassiens, des Géorgiens, des Tartares d'Othman sortant de leurs casernes de roseaux ou de leurs cantonnements de terre était tel, qu'Othman employa trois jours entiers à les voir défiler devant la porte de Derbend. Quatre jours après, son armée arriva aux bords du fleuve Amour.

Les Persans, commandés par leur vieux général Iman-Kouli-Khan, l'attendaient aussi nombreux sur l'autre rive. Othman, sur un cheval noir, célèbre par son âge et par son élan à la vue des armes et qu'il montait depuis trente ans, s'élança le premier à la nage dans le fleuve, suivi d'une armée entière de cavaliers. Les Persans, maîtres des collines rapprochées qui entouraient comme deux promontoires la plaine au delà du fleuve, ne s'opposèrent pas au passage des Turcs. Ils se croyaient vainqueurs par la seule force de la situation. Ils attendaient avec confiance l'aurore du lendemain pour éclairer leur victoire.

Othman ne leur en donna pas le temps, ce premier enjeu des batailles. A la chute du jour, deux cent mille torches allumées tout à coup dans la main de ses cavaliers illuminèrent la plaine, et montrèrent aux Persans ses colonnes d'attaque prêtes à monter à l'assaut de leurs positions. Les Persans allumèrent également leurs milliers de torches pour le combat. Le hennissement du cheval noir d'Othman, entendu de toute son armée, parut aux Turcs le signal et le présage certain de la victoire. Elle ne fut qu'une charge de deux cent mille cavaliers heurtés dans la fumée des torches au milieu de la nuit les uns contre les autres. Trente mille Persans morts, vingt mille prisonniers, une pyramide de dix mille têtes élevée par Othman sur les bords du fleuve, furent les monuments de cette bataille des Torches.

Après avoir poursuivi l'ennemi jusqu'à Bakou et fortifié cette ville, bastion avancé du Caucase sur la Perse, Othman replia ses troupes à travers les vallées de ces Alpes jusqu'au Kanlü, c'est-à-dire le fleuve de sang. Là, les Russes qui surveillaient la Perse comme une proie à dévorer plus tard, attaquèrent l'armée en retraite d'Othman au passage de ce fleuve, et incendièrent devant lui les steppes pour priver d'herbe ses chevaux. Mille chevaux périssaient par jour d'inanition par cette manœuvre des Russes. Enfin, les eaux du Kouban traversées sur la glace qui couvrait ce fleuve et les forêts de Tamar abritèrent et ranimèrent l'armée. Othman rentra, après sept mois de combats et de marches, à Caffa d'où il était parti.

Les Tartares de Crimée qui l'avaient secondé.

ne le voyaient pas tous sans effroi, au cœur de leur presqu'île. Elle était déchirée par les dissensions intestines des différents princes de la dynastie de Ghéraï qui se disputaient la souveraineté de leur race. Dewlet-Ghéraï, leur dernier khan, venait de mourir. C'était un ennemi invétéré et heureux des Russes Il avait porté ses hordes jusqu'à Moscou et brûlé cette capitale qui doit sa renommée à ses incendies, et qui renaît plus jeune et plus vaste de ses cendres. Il avait voulu s'ouvrir sur cette ville une route plus large et plus facile, en creusant le canal du Volga au Don, menace éternelle au cœur de la Russie. Il laissait en mourant dix-huit fils.

Les Tartares, pour prévenir les inconvénients inhérents au gouvernement patriarcal, qui sont l'incapacité accidentelle du prince héréditaire, ou ses infirmités d'esprit, ou sa vieillesse, et pour assurer en même temps la continuité de leur politique au dedans et au dehors, ont une institution à peu près analogue à celle du grand vizir en Turquie. Le prince régnant est obligé, en montant sur le trône, de choisir pour vizir (kalgha) l'aîné de ses frères, ou son héritier présomptif, désigné par la constitution de Gengis-Khan. Le nouveau khan Mohammed-Ghéraï, l'aîné des dix-huit princes, contraint par l'État de nommer son frère aîné vizir, mais incliné par la préférence à donner la rivalité du pouvoir au dernier de ses frères, Séadet-Ghéraï, nomma ce jeune prince favori Noureddin (lumière de la foi), et lui assigna à ce titre des fonctions et des revenus qui étaient une périlleuse innovation dans l'État.

Le jeune Noureddin était du parti qui voulait ménager la Perse, et qui dissuadait le khan des Tartares de renvoyer des renforts de cavaliers à Othman-Pacha. Il en promettait trois cent mille, mais il éludait sans cesse sous de nouveaux prétextes de les fournir au général ottoman. Le sultan Amurat III et le grand vizir Siawousch-Pacha s'offensaient de cette lenteur et protestaient contre l'institution nouvelle et illégale de Noureddin, au nom de la constitution de Gengis-Khan dont les Turcs étaient les surveillants et les vengeurs.

Othman-Pacha, revenu en Crimée après son court voyage à Constantinople, où il avait pris les ordres du grand vizir, déposa du trône, au nom de son souverain, le khan régnant, Mohammed-Ghéraï. D'après l'ordre naturel de succession, Alp-Ghéraï, le second des fils, aurait dû succéder à Mohammed; mais les Turcs donnèrent l'investiture à un autre de ses frères nommé Islam-Ghéraï, qui vivait alors à Constantinople dans un couvent et sous l'habit des derviches. Islam-Ghéraï, soutenu par les Turcs, débarqua en Crimée au milieu d'une armée entière de Tartares avides de changement, qui entrèrent avec leurs chevaux jusque dans la mer, pour entourer de leurs acclamations le navire qui le rapportait en Crimée. Mohammed-Ghéraï, abandonné ainsi de son peuple, répudié par les Turcs, s'enfuit dans les déserts avec sa famille et soixante cavaliers fidèles à ses malheurs. Le derviche Islam-Ghéraï donna le titre de kalgha à Alp-Ghéraï, qui poursuivit de steppe en steppe son frère fugitif, l'atteignit et le tua de sa main ainsi que ses enfants. La Crimée entière, purgée des princes favorables aux Persans, tomba de plus en plus dans la dépendance de la Porte. Othman-Pacha, par cette révolution sur le trône, l'avait conquise une seconde fois à sa nation.

L'Arménie, la Circassie, la Géorgie, la Tartarie Caspienne avaient démantelé la Perse, par la main d'Othman, des boulevards et des alliés naturels qui la protégeaient immémorialement contre les Ottomans. Jamais depuis Bélisaire, sous Justinien, un lieutenant de l'empire n'avait en trois campagnes rapporté de telles dépouilles à son maître.

IX

La réception d'Othman à son retour avec l'armée à Constantinople fut digne de ses services ; Amurat III avait vaincu du sein des plaisirs ; il s'appropriait avec orgueil les victoires de son général. Le caractère aussi modeste qu'intrépide du vainqueur de la Perse et de la Géorgie n'inspirait point de jalousie à Siawousch-Pacha. Le grand vizir savait qu'Othman était un soldat sans autre ambition que la gloire. Les sultanes Nour-Banou et Safiyé se félicitaient d'un triomphe contre les schismatiques, qui relevait leur influence sur l'esprit des fidèles croyants. Aucune guerre lointaine désormais ne menacerait le harem de l'absence de son souverain asservi à leur tendresse. Elles présidèrent elles-mêmes aux honneurs que le sultan voulait rendre à son lieutenant, quand Othman rentrerait solennellement à Constantinople. Cette entrée fut un triomphe comparable aux triomphes romains.

X

Le 10 juillet 1584 Amurat III s'était avancé avec toute sa cour, ses vizirs et ses guerriers, à la rencontre d'Othman jusqu'à un kiosk impérial nommé Yali Kœschk sur la rive du Bosphore. « Assieds-toi, Othman, » lui dit le sultan à son apparition dans la salle, « et sois le bienvenu de « ton maître et de ta patrie en ma présence. »

Othman, sans paraître avoir entendu ces paroles inusitées dans la bouche d'un padischah, se prosterna, baisa la terre, et porta à ses lèvres le pan du manteau impérial. « Assieds-toi, Othman, » reprit Amurat. Othman fit par obéissance le geste d'un homme qui s'assoit, mais se releva aussitôt sans avoir touché le tapis du sultan. Trois fois Amurat lui renouvela l'ordre de prendre place sur le divan; trois fois Othman feignit d'obéir par déférence et se releva par modestie. A la quatrième injonction de s'asseoir, le vainqueur des Persans obéit et resta assis par l'ordre réitéré de son maître.

« Maintenant raconte-moi à loisir tes longues « campagnes, Othman, » lui dit le sultan en congédiant de la main la foule des courtisans, pour écouter le récit de son général. Othman raconta les fatigues, les revers et les victoires de l'armée en Géorgie, en Circassie et sa marche de quatre-vingts jours dans les steppes de la Tartarie pour arriver à Derbend. Quand il eut retracé la *bataille des Torches*, la fuite des Persans et les pyramides de têtes élevées sur les rives de l'Amour : « Tu t'es conduit en général aussi prudent que « brave, » s'écria l'empereur ; et détachant de son propre turban la plume de héron enchâssée dans une agrafe de diamants, il l'attacha lui-même au turban d'Othman.

Le général, interrompu par cette faveur dont l'enthousiasme de son padischah relevait le prix, continua l'histoire de ses campagnes. Au récit de sa victoire sur Hamza-Mirza, frère du roi aveugle de Perse : « Il faut que tu en reçoives « aussi le prix de la main de celui pour qui tu « combattais, » dit Amurat. Il tira de sa ceinture son poignard au manche enrichi de pierres précieuses, et le passa à la ceinture d'Othman.

Au tableau de la défaite d'Iman-Kouli-Khan, le vétéran des généraux du Schah de Perse, le sultan détacha la seconde plume de héron qui flottait sur son turban dans un nœud de saphirs, et en décora le turban du vainqueur d'Iman-Kouli-Khan; enfin, quand Othman eut raconté les trahisons des Tartares contre son armée en Crimée, à sa troisième campagne, le détrônement et la mort du khan, l'inauguration du derviche sur le trône et l'indissoluble assujettissement de la Tartarie aux fils d'Othman : « C'en est trop, » s'écria Amurat en élevant ses deux mains au-dessus de sa tête, comme pour porter sa reconnaissance au ciel, auteur de tant de bénédictions sur son règne; « que « ton visage, Othman, soit blanc et éblouissant « à jamais dans les deux mondes d'Europe et « d'Asie! Que le Dieu qui assiste et qui venge « te soit toujours propice! Que la victoire te « suive partout où ton cheval noir te portera! « Puisses-tu, dans le paradis, t'asseoir dans le « même kiosk et à la même table que celui de nos « aïeux dont tu portes le nom, le khalife Othman, « fils d'Affan! et puisses-tu, en attendant la vie « immortelle, grandir sans cesse dans cette vie « terrestre en puissance et en gloire pendant de « longues années! »

A ces mots et sur un geste du sultan, le grand chambellan emmena Othman dans un appartement du kiosk où des esclaves le dépouillèrent jusqu'à la chemise de tous les vêtements qu'il portait en entrant dans le palais, et le revêtirent des habits et des armes du sultan lui-même. Dans ce nouveau costume, qui l'égalait extérieurement au padischah, Othman rentra pour rendre grâces à son maître.

L'entretien et le récit des campagnes de Perse avaient duré la moitié d'un jour d'été. Le sultan l'avait prolongé à dessein par ses interrogations, au delà de la longueur ordinaire des plus longs récits, pour éprouver son général. « On « avait accusé Othman auprès de moi, » dit-il en sortant du kiosk, « de s'enivrer d'opium, et « d'abrutir ainsi son intelligence; je ne le soup« çonne plus de ce vice, puisqu'il a pu supporter « sans fatigue et sans interruption un entretien et « un récit qui ont duré six heures. »

Othman en effet relevait ses forces épuisées pendant ses campagnes par l'usage quelquefois excessif du vin. Après avoir vidé quelques coupes de cette liqueur avec ses favoris sous sa tente, il s'endormait la tête sur son coussin à la voix des chanteurs; puis se réveillant de lui-même à l'heure prescrite (deux heures après le soleil couché), il faisait ses ablutions religieuses et ses prières, versait des larmes de contrition sur ses fautes et reprenait le travail ou le sommeil selon le loisir ou les affaires. La conviction de la sobriété d'Othman qui résulta pour le sultan de cette épreuve, décida Amurat à remettre le gouvernement à l'homme prédestiné qui avait si heureusement conduit la guerre. Siawousch-Pacha fut congédié sans disgrâce. Othman fut nommé grand vizir. Son installation à cette dignité, accompagnée d'honneurs sans exemple jusqu'à lui, ne fut qu'une continuation de son triomphe le jour de son entrée à Constantinople.

Amurat III, malgré sa mollesse, savait régner puisqu'il savait récompenser ainsi le héros de sa nation. Mais au sein de ses prospérités extérieures, ce prince n'était pas heureux. Ses infirmités d'esprit croissaient avec ses déréglements; sa mère et l'intendante de ses plaisirs Djanféda ne cessaient de lui présenter dans son harem de nouvelles victimes à ses caprices. Il changeait plus souvent de femmes que le muezzin ne criait d'heures. Ses enfants se multipliaient. Ses joies mêmes de la naissance de ses fils étaient tristes. Un jour qu'il s'entretenait avec une de ses odalisques qui allait devenir mère : « De quoi te sert-il d'être père, « ô sultan? » lui dit cette esclave, en faisant allusion au meurtre inévitable des enfants mâles du harem; « tes fils ne sont pas destinés

« à vivre sur la terre, mais à peupler les tom-
« beaux. »

XI

Les rivalités de crédit et de faveur qui agitaient son harem se répercutaient jusque dans son divan. La mère d'Amurat III et son épouse la sultane Khasséki Safiyé ne s'entendaient pas toujours pour appuyer auprès de lui les mêmes favoris. Sa mère et sa sœur protégeaient Siawousch-Pacha ; Safiyé accusait Siawousch de travailler à enlever le trône à son fils Mohammed afin de préparer l'empire aux fils qu'il avait eus lui-même de la sultane son épouse, sœur chérie du sultan.

La mort de la sultane mère Nour-Banou à l'époque du retour d'Othman de Perse, ébranla le crédit de Siawousch. La Vénitienne Safiyé, quoique soupçonnée d'avoir hâté par le poison la mort de sa belle-mère, régna désormais sans rivale sur l'esprit d'Amurat. Un autre favori du prince, Ibrahim, encore éloigné du sommet des honneurs publics, était le rival secret et souvent l'obstacle des grands vizirs.

Le harem avait ses factions ; elles exigeaient des sommes immenses du grand vizir. La sultane Validé avait deux mille ducats d'or indépendamment des prodigalités des favorites du jour. Trois femmes étrangères au harem d'Amurat se partageaient la domination de son esprit faible. L'une était cette Djanféda-Kadoun dont nous avons déjà parlé et que Nour-Banou, mère du sultan, lui avait recommandée en mourant comme seule capable de la remplacer elle-même dans l'administration de sa maison féminine ; la seconde était une prétendue prophétesse nommée Raziyé, femme astucieuse et belle, dont le hasard avait quelquefois vérifié les paroles et les philtres. Éprise d'un jardinier du sérail nommé Schoudschaa, elle l'avait élevé par ses intrigues aux dignités domestiques de la cour ; la troisième était la juive Kira, marchande du bazar, que son commerce d'étoffes et de bijoux pour les sultanes introduisait librement dans l'intérieur du harem, et qui s'entremettait ainsi dans toutes les intrigues d'amour ou d'ambition du sérail.

Trois filles de Sélim II, sœurs du sultan régnant, disputaient à la sultane Safiyé la faveur de leur frère. C'étaient la veuve du grand vizir Sokolli, celle du capitan-pacha Pialé et la princesse leur sœur qui avait épousé Siawousch. Une autre sultane retirée dans le vieux sérail, Mihrmah, fille de

Soliman, élevait deux nièces d'Amurat. Elle avait marié la première de ces petites-filles de Soliman au renégat génois Cicala, transfuge de la grande maison des Doria de Gênes, et qui, en abjurant leur foi et leur patrie, avait transporté en Orient leur héroïsme. La mort ayant enlevé à Cicala la première de ses épouses du sang de Soliman, la sultane Mihrmah lui avait donné la seconde.

Ces princesses que leur parenté avec le sultan introduisait sans cesse au palais le remplissaient de leurs brigues et de leurs passions. Esma, veuve de Sokolli, quoique disgraciée de la nature, avait voulu épouser en secondes noces un des pachas les plus accomplis de corps et de cœur, nommé Ali-Pacha, gouverneur de la Hongrie turque. Il eut par ambition ou par peur la lâcheté de consentir à répudier sa femme qu'il aimait, pour grandir en richesses et en dignités par un mariage avec une sœur de son maître. L'historien Petschéwi, témoin de ces noces cruelles, dit que les larmes et les imprécations de l'épouse répudiée d'Ali, en sortant de sa maison, auraient ému les rochers du Balkan.

Hassan-Pacha et Féridoun, le premier pour ses richesses, le second pour ses talents, furent jugés dignes de ces alliances avec des sultanes parentes du souverain. Féridoun disgracié, comme on l'a vu, dut son retour à la faveur de ce mariage tardif. La vie du sultan au sein de ces mollesses et de ces intrigues féminines s'écoulait dans les somptuosités de ses jardins et dans les puérilités des spectacles dont il amusait les esclaves et les enfants de son harem. Après avoir usé les heures dans ses kiosks dont les terrasses parfumées de roses sont rafraîchies par le courant du Bosphore, il prolongeait le jour par les feux d'artifice qu'on tirait sur les collines en face de ses jardins pour l'amusement de son fils Mohammed.

Quelques constructions de dévotion ou d'utilité publique qu'il aimait à voir s'élever sous ses yeux pour distraire son oisiveté par le spectacle de l'activité des ouvriers diversifiaient ses heures. Il envoya pour cet usage des sommes considérables à la Mecque, afin de défendre la Kaaba sacrée et la pierre noire incrustée dans les murs du temple des inondations qui les avaient souillées. Cette pierre noire d'Abraham est, dans les traditions arabes et mahométanes, un rubis tombé du ciel à l'origine du monde, dont l'éclat illuminait la terre d'une lueur égale à celle de l'aurore, et que les péchés multipliés de l'espèce humaine finirent par obscurcir totalement à mesure que l'humanité se déprava en vieillissant. Les profanes n'y voient qu'un aérolithe tombé en Arabie au siècle des patriarches, qui brillait comme un météore igné en tombant, qui s'éteignit après sa chute et dont l'allégorie et la superstition orientales firent le rubis sympathique de la sainte Kaaba.

XII

Le crédit de ces princesses et des esclaves du sérail sur l'esprit d'Amurat III n'égalait pas celui du jardinier dont la prophétesse Raziyé avait fait le complice de ses ruses, et qu'Amurat, en récompense de ses divinations magiques, avait élevé au rang de prédicateur de la cour. Ce fanatique ayant reçu du ciel, disait-il, l'ordre de faire convertir en mosquées toutes les églises chrétiennes de Constantinople, inspira son intolérance au sultan. Amurat commença cette transformation des temples chrétiens, sous prétexte que le nombre accru des musulmans de la capitale dépassait le nombre et l'enceinte des mosquées bâties pour leur culte; mais les réclamations des ambassadeurs et les sommes dont les Grecs et les catholiques rachetèrent leurs autels, conservèrent leurs églises aux chrétiens.

L'ambassadeur de France, M. de Germigny, protesta avec audace contre la suppression des chapelles de Galata, et marcha avec sa suite armée pour en défendre les portes. La crainte de perdre un allié si constant de la Turquie fit pardonner à l'ambassadeur cette témérité, pendant que le grand vizir menaçait les envoyés de l'empereur de les enfermer au château des Sept-Tours.

Les capitulations pour la protection du christianisme dans l'empire et pour les priviléges de la navigation furent renouvelées et amplifiées à cette époque.

La Hongrie et l'Allemagne troublaient seules la complète sécurité du divan du côté de l'Europe. Les Hongrois indépendants avaient élu pour roi l'empereur Rodolphe. Cette union de la Hongrie et de l'Autriche sous un même empereur mécontentait la Porte. Le grand vizir témoignait brutalement sa colère à l'ambassadeur autrichien.

« N'est-il pas vrai, » lui dit-il un jour en pleine audience, « que l'empereur Rodolphe est
« un prince infirme et maladif? Pourquoi les
« Hongrois ont-ils choisi un roi qui n'est pas de
« leur sang ? Les Allemands, d'après notre

« proverbe, sont des chevaux châtrés, mais les
« Hongrois sont de vigoureux étalons. Tu pousses
« les Hongrois à se détacher de la protection des
« sultans; mais s'ils choisissent un autre roi
« parmi eux, nous ne tarderons pas à nous porter
« en Hongrie pour confirmer par les armes le
« roi qu'ils se seront donné contre votre empe-
« reur. » Il les menaça du pilori.

Les ambassadeurs de l'empereur subirent sans murmurer ces outrages, et continuèrent à payer le tribut et à solliciter l'amitié des Turcs.

XIII

Les envoyés extraordinaires de toutes les puissances de l'Asie, de l'Europe et de l'Afrique, arrivèrent à Constantinople pour assister aux fêtes de la circoncision du fils d'Amurat III et de la Vénitienne Safiyé. La mémoire de ces fêtes, dans l'esprit d'Amurat, devait être un des événements de son règne. Elles sont restées, en effet, un témoignage de l'opulence et des mœurs de la cour des sultans à cette époque. Leur magnificence et leur durée marquent l'apogée de luxe auquel une tribu de pasteurs conquérants avait élevé en deux siècles le trône de ses sultans. Leur description remplit des volumes entiers des mémoires du temps et des dépêches des ambassadeurs à leurs cours. Nous en empruntons quelques pages aux historiens allemands, relevées par Hammer dans les archives des cours d'Allemagne.

« Plus d'une année, » disent-ils, « avait été consacrée aux préparatifs de ces fêtes. L'époque de 1582 fut notifiée aux monarques de l'Asie, de l'Europe et de l'Afrique ; des tschaouschs furent aussi expédiés avec des invitations à tous les gouverneurs de l'empire ; ceux que leurs affaires empêchèrent de s'y rendre ne purent excuser leur absence que par l'envoi de présents considérables. L'ancien intendant des cuisines impériales, Karabalibeg, fut nommé intendant (émir) et l'ancien nischandji, Hamzabeg, inspecteur (nazir) de ces fêtes ; ce dernier reçut sur le trésor public un demi-million d'aspres, pour les divers frais auxquels il avait à subvenir dans ses attributions. Des cuisines s'élevèrent de toutes parts, et l'hippodrome où Soliman avait déjà célébré les noces de sa sœur, celles d'Ibrahim et la circoncision de ses fils, fut le théâtre de magnificences qui devraient faire pâlir les souvenirs des plus grandes somptuosités des siècles passés. L'effet répondit aux immenses préparatifs qu'on avait faits, et les fêtes d'Amurat III en l'honneur de la circoncision de son fils Mohammed sont restées sans exemple dans l'histoire de l'empire ottoman, par leur splendeur et leur durée.

« L'hippodrome, qui a quatre cents pas de long sur cent de large, fut disposé d'après les besoins de la fête et des spectateurs : dans la partie supérieure où se trouve aujourd'hui l'hôpital des fous, on avait tracé un carré de cent pas fermé par des planches et destiné aux cuisines. Des kœschks et des loges couvertes pour le sultan, l'héritier présomptif et les sultanes, avaient été établis dans l'enceinte du palais d'Ibrahim-Pacha, favori d'Amurat. Au-dessous du palais et sur la même ligne, s'élevait un édifice dont la base, haute de six pieds, était construite en pierres, et sur laquelle se superposaient trois étages en bois : le premier fut assigné aux ambassadeurs des puissances étrangères, le second aux agas de la cour intérieure et extérieure, le troisième aux begs, béglerbegs et vizirs de l'empire. A cette construction faisait suite une galerie longue de douze pieds et haute de sept, dans laquelle furent placés le capitan-pacha et les begs de la mer.

« En face du palais d'Ibrahim-Pacha, à l'endroit même où l'on remarquait autrefois celui du dernier grand vizir Ahmed et où fut bâtie la mosquée du sultan Achmet, on voyait la musique de la chapelle impériale et les palmes des noces ; plus bas, du même côté, on avait établi pour l'ambassade persane une tribune, à la voûte de laquelle était suspendu un lustre répandant la lumière par plusieurs centaines de becs ; auprès de la tribune de l'ambassadeur persan était celle de l'ambassadeur français. Celui-ci avait d'abord demandé qu'on lui donnât la préséance sur l'envoyé d'Autriche ; mais cette demande lui ayant été refusée, il ne parut pas aux fêtes, sous prétexte qu'il ne convenait pas au représentant du roi très-chrétien d'assister à des cérémonies d'idolâtres. Cette tribune fut occupée par les ambassades tatare et polonaise. A la suite venait la galerie du capitan-pacha, en face de laquelle avait été dressée une grande tente pour la préparation des sorbets et des autres rafraîchissements. Au milieu de la place s'élevaient deux mâts, dont l'un était peint en rouge et l'autre frotté d'huile ; ce dernier était couronné par un vaste cercle auquel étaient suspendus plusieurs milliers de lampes, et qu'on abaissait pendant la nuit, afin d'éclairer l'hippodrome.

« Le béglerbeg de Roumélie, Ibrahim-Pacha, avait été chargé, en qualité de maître des noces (*dougoundjibaschi*), de l'ordonnance et de la police des fêtes; au béglerbeg d'Anatolie, Djâfar-Aga, gendre de Sokolli, avait été confiée la surintendance des sorbets (*scherbetdjibaschi*); au capitan-pascha, Ouloudj-Ali, la direction des travaux des galeries et des estrades (*mimarbaschi*); l'aga des janissaires, Férhad-Pacha, avait été nommé chef des gardes. Cinq cents hommes revêtus de grotesques habits de cuir parcouraient la place en portant chacun une outre enflée de vent, avec laquelle ils frappaient les perturbateurs de l'ordre. Leur capitaine, monté sur un âne que couvrait une housse en paille, cumulait avec ses importantes fonctions celles de bouffon du peuple.

« Le 1er juin, le sultan se rendit en grande pompe du sérail impérial à celui d'Ibrahim-Pacha sur l'hippodrome. La marche était ouverte par les tschaouschs et les mouteferrikas revêtus d'habits de drap d'or, les agas de la cour et des troupes; puis venaient les palmes de noces, dont quatre, hautes de vingt aunes et plus, étaient escortées chacune de quatre-vingts janissaires. A la suite marchait le prince héréditaire, avec un habit de satin écarlate brodé d'or, et un turban surmonté de deux plumes noires de héron ; à son oreille droite pendait un rubis du plus grand prix ; à sa main droite brillait une émeraude ; à sa ceinture était attaché un sabre enrichi de pierres précieuses, et il portait une masse d'armes d'acier, dont la tête était formée d'un morceau de cristal taillé à facettes et garni d'or. A son arrivée, le prince baisa la main de son père, tandis que les palmes des noces furent dressées en face du palais, et que la musique fit entendre de joyeuses fanfares.

« Trois jours après, les sultanes, accompagnées de tout un arsenal de sucreries, se rendirent à l'hippodrome. Elles étaient suivies de dix à douze prisonniers des frontières de Hongrie ou de Bosnie, dont les tours de force devaient être donnés en spectacle au peuple assemblé ; ils se hachèrent à coups de sabre, se percèrent avec leurs lances ; un d'eux même planta dans sa chair un fer de pique ; d'autres avaient les bras hérissés de flèches ; d'autres encore portaient des fers à cheval cloués sur le dos, et leur sang ruisselait à flots. Le sultan les récompensa de leur bravoure par des dons d'argent proportionnés à leur rang. Le principal d'entre eux reçut un timar du revenu de quatre mille aspres. Mais deux de ces malheureux prisonniers ayant succombé à leurs blessures, ce spectacle inhumain fut défendu pour la suite des fêtes.

« Parmi les ouvrages en sucrerie, on remarquait neuf éléphants, dix-sept lions, dix-neuf léopards, vingt-deux chevaux, vingt et un chameaux, quatre girafes, neuf sirènes, vingt-cinq faucons, onze cigognes, huit grues, huit canards, et une foule d'autres objets; les confitures étaient portées par quinze chevaux de somme, dont huit avaient des housses de damas rouge, et sept de damas d'argent. Pendant la distribution des sucreries, des Arabes et des saltimbanques égayèrent le peuple par leurs tours sur les mâts de cocagne, l'obélisque et le pilier de l'hippodrome.

« A la suite des ouvrages en sucrerie venaient les grandes palmes des noces, qui, surpassant de beaucoup par leurs énormes proportions les palmes du premier cortége, étaient hautes de vingt à trente aunes et divisées en sept compartiments; elles étaient formées de sept boules en cire de diverses couleurs, montant en pyramide, dont la plus basse avait un circuit de quatre à cinq aunes; chacune de ces palmes, auxquelles étaient appendues des figures représentant des oiseaux, des animaux, des fruits, des miroirs, toutes sortes d'autres objets, était un symbole de force virile et de fécondité. Pour qu'il fût possible de faire circuler ces palmes, on dut élargir les rues, découvrir des maisons et en démolir d'autres.

« Le jour suivant, les vizirs furent admis à déposer leurs présents au pied du trône. Le grand vizir Sinan offrit au sultan cinq chevaux richement enharnachés, et au prince de magnifiques habits, trois chevaux tout étincelants d'or et couverts de housses brodées de perles ; le tout était estimé quarante mille ducats. Le second vizir, Siawousch-Pacha, donna huit chevaux et trois habits de drap d'or valant vingt mille ducats ; le troisième vizir, l'eunuque Mesih-Pacha, quatre chevaux, dont deux avec l'enharnachement complet, et cent cinquante vêtements d'une valeur de trente mille ducats ; Mohammed-Pacha-Djerrah (*le chirurgien*), ainsi appelé parce qu'il s'était élevé des fonctions de barbier du sultan à celles de vizir, offrit des chevaux, des habits, des joyaux d'argent s'élevant à quinze mille ducats ; Othman, le kiayabeg ou ministre de l'intérieur, de la vaisselle d'argent et de jeunes garçons géorgiens et tscherkesses, représentant une valeur de dix mille ducats.

« Chacun de ces jours et des jours suivants, plus de cent Grecs, Albanais et Raizes demandèrent à embrasser l'islamisme : il suffisait de se découvrir la tête et de lever un doigt en l'air pour être conduit au seraï et y être circoncis.

« Pendant la durée des fêtes, on exposa tous les soirs sur la place plus de dix mille plats de riz bouilli couverts chacun d'un pain, et seize à vingt bœufs rôtis tout entiers avec leurs cornes et leurs sabots; le peuple se précipitait à l'envi sur cette pâture, de sorte qu'en un clin d'œil la place était jonchée de plats brisés et de riz répandu. Deux cents esclaves de l'arsenal étaient préposés au nettoyage, et cinquante porteurs d'outres à l'arrosement de la place. A la nuit tombante, on allumait cent cinquante grandes lampes, ainsi que celles du grand mât dont nous avons déjà parlé, et des feux d'artifice faisaient renaître, non-seulement pour l'hippodrome, mais encore pour toute la ville, la clarté du jour.

« Le 6 juin, les cinq cents porteurs d'outres parcoururent les rues sous les déguisements les plus grotesques. Le soir, un simulacre de siége fut donné à une redoute hongroise; les combattants avaient des bâtons au lieu de lances, et des coussins au lieu de boucliers.

« Le 7 juin, l'ambassadeur impérial, baron de Preyner, fut invité par douze tschaouschs à assister aux fêtes; l'ambassadeur persan avait déjà occupé deux jours auparavant la place qui lui avait été désignée, ainsi que l'envoyé de Pologne, Philippowsky, qui présenta au grand vizir les deux frères du khan des Tatares antérieurement réclamés avec tant d'instances. Philippowsky avait apporté pour présents quatre dogues et six charges de fourrures de zibeline, dont chacune comprenait quarante peaux, et était estimée mille ducats; l'envoyé de Transylvanie, Ladislas Szalanczy, offrit sept coupes d'argent à double fond, sept plats du même métal artistement travaillés, deux bassins et quatre candélabres, dont deux étaient dorés. Les présents des Ragusains et des voïévodes de Moldavie et de Valachie consistaient en coupes d'argent, châles et pendules; ceux du khan des Tatares en dix charges de fourrures de zibeline et autant de pelisses, cinq charges de fourrures de martre, six pelisses d'hermine pour femmes, dix dents de morse et vingt jeunes chrétiens.

« Les envoyés du souverian de Fez et de Maroc apportèrent un précieux chapelet de perles renfermé dans une boîte de nacre, deux tapis brodés d'or, quatre en soie sur lesquels étaient représentés des fleurs et des arbres, un harnais brillant d'or et de pierreries, un panache de plumes noires de héron réunies par une agrafe de diamant, des étriers enrichis de perles et de diamants, une grande quantité de ballots d'étoffe de soie, quatre de drap d'or, des perles montées sur or, et une somme de quarante mille couronnes comme tribut.

« La nuit, au milieu des feux d'artifice, on lança dans la foule des ours, des chiens et des renards, aux queues desquels étaient attachés des torches allumées et des pétards, pour le plus grand plaisir des grands qui se réjouissaient de l'effroi causé au peuple par ces nouveaux acteurs. Pendant ce temps, les poëtes lurent au grand vizir les poésies qu'ils avaient composées pour célébrer la circoncision du jeune prince. Des danses mauresques et des comédies juives prolongèrent les réjouissances de cette journée jusqu'au milieu de la nuit.

« Le 8 juin, le sultan donna un festin splendide aux officiers des janissaires, pour lesquels avaient été dressées des tables de soixante-dix couverts chacune. Le grand vizir et l'aga des janissaires firent les honneurs du repas; les armuriers servirent à table. Les solaks et les peïks, ou gardes du corps, archers et hallebardiers du sultan rivalisèrent d'adresse au tir à l'arc, et s'exercèrent à percer à coups de lances des armures et des casques d'acier. L'ambassadeur impérial vint avec toute sa suite prendre possession de sa loge, pour assister aux fêtes.

« Le 9 juin, les légistes, le muphti, les cadiaskers, les cadis, les naïbs, les mouderris, les khodjas, les scheïkhs et les imans furent invités à un festin pour lequel on avait dressé soixante-dix tables. Un grand nombre de pages du sultan, qui étaient sortis récemment du seraï d'Andrinople et étaient entrés dans les rangs des spahis, vinrent, traînés dans soixante-deux chars, pour baiser la main d'Amurat III. Deux châteaux avaient été élevés en face de la loge du sultan : le plus grand, surmonté d'étendards rouges et jaunes, figurait un château musulman, et le second, sur lequel flottaient des drapeaux représentant des croix rouges et bleues sur des champs d'argent, était nécessairement un château chrétien. Après une vive canonnade de part et d'autre, les hommes postés dans la tranchée du premier castel s'avancèrent avec leur artillerie sous les remparts du second; lorsque les quatre murs de ce dernier s'écroulèrent, on en vit sortir quatre porcs, par une fine allusion aux puissances chrétiennes, dont les ambassadeurs assistaient à la fête; on crut devoir renchérir encore sur cette ingénieuse plaisanterie, en faisant déchirer par trois lions un cinquième porc qu'on avait été chercher au palais de l'ambassadeur impérial. Sur d'autres points, des juifs et des Maures exécutèrent des danses burlesques (mattesina), et la danse pyrrhique (moresca).

« Le 10 juin, l'ambassadeur impérial voulut remettre au sultan ses présents consistant en trois colliers précieux, cinq autres joyaux d'un grand prix et deux magnifiques médaillons, le tout estimé quarante mille ducats. Mais, ayant appris que l'ambassadeur vénitien l'avait prévenu et devait offrir ce même jour des bijoux et des étoffes d'or d'une valeur de huit mille ducats, il ajourna sa démarche jusqu'après les fêtes, où il fut reçu en audience par le sultan.

« Le 11 juin, jour auquel les spahis furent splendidement traités par le sultan, commencèrent les processions solennelles des divers corps de métiers; pendant vingt et un jours, ils se succédèrent devant le sultan, en lui souhaitant toutes sortes de bonheur avec les formules de bénédictions ordinaires, et lui offrant chacun un échantillon de leur art; en retour, Amurat leur fit remettre quelques poignées d'aspres nouvellement frappés. Les divers corps de métiers rivalisèrent entre eux de magnificence; lorsque les confréries de derviches, auxquelles chacun d'eux appartenait, eurent présenté leurs félicitations au sultan, le khodja leur adressa un discours qui fut terminé aux cris mille fois répétés d'Amen.

« Ces processions furent ouvertes par les cordonniers et les bonnetiers pour femmes, ordre qui avait été probablement adopté dans la vue de flatter les sultanes ; ces deux corps de métiers avaient des bannières d'étoffe d'or et d'argent et des dais ou baldaquins étincelants de mille couleurs; ils présentèrent au sultan, dans un énorme soulier de maroquin brodé d'or, un jeune apprenti aux joues rosées et aux vêtements de drap d'or. Ils étaient escortés de joueurs d'ombres chinoises et de marionnettes, de juifs déguisés en soldats allemands et espagnols ; la nuit, on alluma un faisceau de lampes formant le pentagone de Pythagore, que les musulmans appellent le sceau de Salomon.

« Le 12 juin, les filateurs de coton apportèrent des figures de lion et de monstres marins en coton, ainsi que des masses d'armes faites de même matière.

« Le 13 juin, un banquet fut donné aux cordonniers pour hommes et aux selliers; les premiers défilèrent devant la loge impériale avec des thyrses couverts de feuillages, sur l'un desquels était figuré le sceau de Salomon, et ils firent don au sultan d'une botte monstrueuse en maroquin et de babouches jaunes; les seconds conduisaient avec eux un atelier ambulant porté sur six roues, dans lequel plusieurs personnes s'occupaient de toutes sortes de travaux de sellerie. Les ouvriers employés au plissement des caftans et des étoffes de soie vinrent à leur tour sous une bannière de satin rouge et jaune. Au milieu d'un cortége de cent jeunes garçons en habits de soie, s'avançait un char dans lequel l'un d'eux plissait des étoffes sur la tête rasée de son maître, faisant fonction de la table de marbre dont on se servait ordinairement pour cet objet. La nuit, le capitan-pacha Kilidj-Ali tira un feu d'artifice, qui surpassa tous ceux des nuits précédentes par la beauté et la variété de ses dessins, représentant des vaisseaux, des tours, des châteaux et des éléphants enflammés. Ce jour-là, comme les autres, les joueurs de gobelets et les danseurs de corde contribuèrent pour leur part à l'amusement du peuple.

« Le 14 juin, eut lieu le tournoi des spahis.

Les esclaves chrétiens de la veuve de Sokolli, au nombre de neuf cents, simulèrent au milieu de danses pyrrhiques la lutte de saint Georges avec le dragon; deux galères donnèrent sur l'hippodrome le spectacle de l'abordage, comme si elles eussent été en pleine mer, et celle qui fut prise fut conduite en triomphe avec son pavillon traînant derrière elle dans la poussière. Les musiciens de la chapelle de la sultane, veuve de Sokolli, jouèrent une espèce de pantomime mythologique; au milieu de l'harmonie des cymbales, des luths et des violons, un bravo italien s'approcha d'un jeune enfant déguisé en Cupidon, et voulut s'emparer de lui, en employant d'abord la flatterie, puis la force; mais une jeune fille, armée d'un javelot comme une nymphe de Diane ou une amazone, intervint en ce moment, repoussa l'audacieux agresseur et délivra le jeune enfant.

« Le 15 juin, les tréfileurs d'or et d'argent et les confiseurs vinrent rendre à leur tour hommage au sultan. Des quadrilles de spahis et de silihdars s'assaillirent les uns les autres, puis ils se retirèrent, après s'être exercés au tir sur une pomme d'or fixée au bout d'une longue perche; deux d'entre eux, revêtus d'armes grecques tout incrustées d'or, se livrèrent à des exercices d'équitation.

« Le 16 juin, les derviches des différents ordres se rendirent devant le sultan; chemin faisant, pris d'une louable émulation, ils firent concurrence avec les saltimbanques; les uns tournaient sur eux-mêmes avec une effrayante rapidité, en ne cessant de vociférer les cris de : *Allah!* et de *Hou!* les autres prenaient du fer rouge dans la bouche, d'autres encore avalaient des couteaux ou faisaient mille tours semblables; de sorte que les femmes, assises aux fenêtres sous lesquelles passait cet étrange cortége, ne pouvaient retenir leur effroi ou leur pitié à la vue de si effrayantes contorsions. Un derviche se plaça dans un tonneau rempli de serpents en affectant la plus grande tranquillité; un second se fit poser sur la poitrine une pierre d'un poids à ne pouvoir être soulevée que par huit hommes, et la fit ainsi briser en morceaux; un troisième sauta, au péril de sa vie, au-dessus de couteaux et de lames de sabres fichés à terre. La journée se termina par un feu d'artifice de l'invention d'un papas grec, et représentant une forêt et un jardin plantés de cyprès.

« Le 17 juin, les fileurs de soie, les fabricants de cordes et de lacets se rendirent sur l'hippodrome avec des bonnets, des capes et des chaperons de formes étranges. Les pâtissiers et les marchands de sorbets, suivis de tout l'attirail de leur métier, faisaient des pâtisseries en passant, et versaient au peuple des sorbets de toutes couleurs ; les tisserands offrirent au sultan leurs pièces de toiles les plus fines, et les corroyeurs de grands surtouts de table en cuir brodé d'or et des coupes en cuir sans couture.

« Le 18 juin, le béglerbeg de Roumélie fut invité à un grand festin en sa qualité de dougoundji ou directeur des fêtes. Les fruitiers, les marchands de fil et de tabliers défilèrent devant le sultan, suivis des bijoutiers qui avaient amené avec eux plus de trois cents jeunes gens revêtus d'habits de drap d'or.

« Le 19, les fabricants de housses et de cierges se présentèrent devant Amurat, et lui offrirent des ouvrages de leur profession, remarquables par leur beauté.

« Le 20, jour consacré au banquet du capitan-pacha et des capitaines de la flotte, eut lieu la procession des potiers et des marchands de tapis, que suivaient les Grecs de Péra et de Galata.

portant des drapeaux à carreaux alternativement rouges, jaunes, bleus et blancs. Cent Grecs marchant deux à deux étaient revêtus de jaquettes rouges à taillades, et avaient des bonnets phrygiens, des sonnettes aux jambes et des lames nues à la main. Une noce grecque formait un cortége particulier : trente jeunes garçons grecs portant des habits d'or et des barrettes de velours ornées de perles et de pierres précieuses, trente autres déguisés en jeunes filles, précédaient le dais sous lequel étaient les deux fiancés, et que suivaient encore d'autres jeunes garçons sous le même costume que les précédents. Les cent Grecs dont nous avons parlé en premier lieu commencèrent à danser la danse lascive d'Alexandrie, dans laquelle survivent les coutumes orgiaques des prêtres italiens ; le cortége de la noce exécuta la descente romaïka, dont les entrelacements figurent les mille détours du labyrinthe de Crète. Vinrent ensuite les djebedjis ou armuriers forgeant et polissant des armes ; cent d'entre eux étaient revêtus de vieilles armures dorées. Les relieurs et les marchands de papiers peints leur succédèrent avec des drapeaux de papier, et cent trente jeunes gens habillés de papier de diverses couleurs ; ils avaient avec eux une boutique ambulante, dans la partie inférieure de laquelle un jeune garçon préparait du papier, tandis que, dans la partie supérieure, trois autres lisaient le Coran. Les matelassiers conduisaient cent cinquante jeunes garçons revêtus d'habits de drap d'or, et assis sur des matelas et des coussins de même étoffe. Les miroitiers et les peintres sur porcelaine avaient avec eux cent cinquante jeunes garçons tout couverts de morceaux de glaces, qui renvoyaient aux spectateurs les ardents reflets du soleil. Les fabricants de peignes fermèrent les processions qui avaient duré vingt et un jours; celles des corps de métiers d'un ordre supérieur remplirent les dix-sept jours suivants.

« Le 7 juillet, Mohammed-Sultan fut circoncis dans le seraï de l'hippodrome, par le vizir Djerrah-Mohammed-Pacha. La petite particule de chair enlevée par l'opérateur fut envoyée dans une coupe d'or à la sultane Khasseki, mère du sultan Mohammed, et le couteau sanglant à la sultane Validé, mère du sultan Amurat; des distributions de monnaies d'or et d'argent, et une course de chevaux, pour laquelle avait été institué un prix de mille ducats, ajoutèrent à la solennité de cette journée. Djerrah-Mohammed fut récompensé de son heureuse opération par un présent s'élevant à près de huit mille ducats.

« Le 8 juillet, on remarqua parmi les curiosités de la fête une girafe et un éléphant apprivoisés. Le douzième jour après la circoncision, se manifesta parmi les janissaires et les spahis un mouvement qui avait été provoqué par des hommes ivres et une femme de mauvaise vie. Le préfet de police qui avait voulu punir avec ses janissaires quelques-uns des spahis et en avait tué un dans le tumulte, fut maltraité par les spahis, et traîné pieds et poings liés sur l'hippodrome devant le sultan. Les janissaires et les spahis vomirent les uns contre les autres des imprécations et des menaces, et ce ne fut qu'avec peine que le grand vizir, l'aga des janissaires et le béglerbeg de Roumélie purent calmer l'effervescence générale. Les janissaires étaient d'autant plus irrités, que le sultan leur avait refusé, à l'occasion de la circoncision, le présent d'usage, en prétextant la pénurie de son trésor ; mais ils n'avaient pu accepter cette défaite, parce qu'Amurat, quelques jours encore avant son refus, n'avait pas craint de faire des dépenses folles. Les janissaires qui pendant les fêtes avaient occupé les postes de l'hippodrome, reçurent seuls une bourse d'or par tête, et dix caftans furent donnés à chacun de leurs officiers.

« Le lendemain des troubles, le 19 juillet, les sultanes se rendirent en litières couvertes du seraï de l'hippodrome au seraï impérial, et furent suivies par les pages à un jour de distance.

« Le 20 juillet, le sultan passa les tschaouschs en revue, et les congédia au milieu d'acclamations universelles; la même cérémonie eut lieu le lendemain pour les porteurs d'outres, qui avaient été destinés à maintenir l'ordre et à nettoyer l'hippodrome. Le cinquante-deuxième jour après sa sortie du seraï (22 juillet), le sultan retourna avec son fils dans son palais, de grand matin et sans la pompe accoutumée, de peur que le déploiement du cérémonial ordinaire ne fût une occasion de querelles entre les spahis et les janissaires dont la mésintelligence était à peine apaisée.

« La mort d'un prince descendu au tombeau deux jours après sa naissance et un incendie troublèrent la fin de ces fêtes, qui éclipsèrent toutes celles qui avaient précédé, et qui ne peuvent souffrir de comparaison avec toutes celles qui suivirent. Cet incendie fut considéré comme d'un mauvais présage pour cet autre incendie moral qu'avaient allumé les querelles des spahis et des janissaires, et qui menaça de mettre tout l'empire en combustion. »

Nous avons dû donner quelques détails sur ces fêtes, parce qu'elles furent pendant plusieurs années le but vers lequel tendirent toutes les idées et toutes les négociations d'Amurat, et parce qu'elles jettent la plus vive lumière sur l'état de l'Empire, alors encore redouté par les puissances européennes, sur le luxe de la cour et des grands, la somptuosité des vêtements, l'espèce de point d'honneur qu'on mettait à entretenir richement un grand nombre de jeunes garçons, le goût et les amusements du peuple, et la répartition en catégories de diverses industries, telles que nous les ont montrées les processions des différents corps de métiers.

XIV

Ce tableau du luxe complète les portraits des hommes : les fêtes sont l'histoire des mœurs d'un peuple. Le grand vizir Othman les attrista par une justice tragique accomplie, malgré les intrigues du harem, sur Hassan-Pacha, beau-frère d'Amurat III. Hassan, qui dilapidait les trésors de l'Égypte dont il était gouverneur, pour accroître son propre trésor, fut rappelé et jeté à son arrivée à Constantinople au château des Sept-Tours. Le sultan ne lui accorda la vie qu'aux prières et aux larmes de sa sœur.

Le favori Ibrahim fut envoyé en Égypte pour réparer l'administration dilapidatrice d'Hassan. Ibrahim employa en vain dix-huit mois et des millions de bras à fouiller le mont Mokattam au Caire, et la pente des Émeraudes sur la plage de la mer Rouge, pour découvrir les trésors enfouis par Hassan.

Une guerre civile entre les Druzes, tribu guerrière qui partage avec les Maronites les hautes vallées du mont Liban, rappela Ibrahim en Syrie. L'un des chefs des Druzes, Ebn-Maan, qui régnait entre Beïrout et Tripoli de Syrie, se soumit à Ibrahim, et lui envoya sa mère avec des présents de chevaux arabes, de chèvres et de soie, produits de ces sauvages et pittoresques contrées. Ibrahim reçut la mère du scheik druze avec bonté. Prenant deux voiles de soie que cette femme lui présentait, il en déploya un sur la tête de la mère du rebelle; il se couvrit la tête de l'autre, pour signifier que le passé était à jamais voilé entre les Druzes et les Ottomans. Mais cette promesse était une perfidie. A peine la mère d'Ebn-

Maan avait-elle rejoint son fils, qu'Ibrahim l'enveloppant dans ses montagnes, le surprit et le fit écorcher vivant à Antara. Les malédictions du chef trahi et martyrisé soulevèrent toute sa race dans le Liban. Ibrahim, avec six mille janissaires débarqués d'Égypte à Saïdé, l'ancienne Sidon, ravagea le plateau entier du Liban, exterminant les chefs druzes divisés les uns par les autres. Quatre cents têtes coupées de ces rebelles le précédèrent à Constantinople.

Les trésors en argent, en bijoux, en merveilles d'art, qu'il rapportait d'Égypte et de Syrie sur sa flotte, lui répondaient ds l'accueil du sultan. La plus précieuse de ces dépouilles était un trône d'or, qui avait été ciselé par un artiste égyptien, rival des artistes florentins leurs maîtres. Ce trône, indépendamment du travail et des pierreries dont il était incrusté, contenait une masse d'or égale à dix millions. C'est le siége impérial qui servit depuis à l'inauguration des sultans à la cérémonie de leur avénement. Deux cent mille ducats d'or en monnaie, deux Corans dont les reliures éclataient de diamants et de rubis; un rideau brodé en pierres précieuses de la porte du temple de la Mecque; trois sabres, trois yatagans et trois poignards persans à manches de pierreries fines; trois boucliers éblouissant de rubis ; une toilette de femme composée de soixante et dix-neuf pièces en or pur, des rouleaux innombrables de velours, de brocart et de mousseline des Indes; cent jeunes garçons blancs, dix-sept eunuques noirs, dix nègres éthiopiens aux traits africains, sept Éthiopiens blancs; soixante et dix chevaux arabes du désert, dont les dix premiers portaient des selles d'or, des housses brodées de perles ; un éléphant portant un trône, une girafe, une gazelle gigantesque inconnue jusque-là des Ottomans, composaient le présent d'Ibrahim. Amurat III, qui l'aimait et qui lui destinait la place de grand vizir, lui donna sa fille, la sultane Aïsché pour épouse. La splendeur de ces noces égala les fêtes de la circoncision.

Ibrahim, envoyé en Hongrie pour y réprimer les rébellions armées des magnats Nadasdy et Palfy, que l'appui secret de l'Autriche encourageait contre les Turcs, rentra à Constantinople avec une foule de prisonniers hongrois enchaînés, qui portaient chacun deux têtes de leurs compatriotes tués sur le champ de bataille. L'envoyé de l'empereur Rodolphe, ayant voulu intercéder pour quelques-uns de ces captifs : « Chien, » lui répon-

dit le vizir, « pourquoi avez-vous soutenu Na-
« dasdy? Pourquoi votre tribut annuel n'est-il pas
« encore payé au sultan? » On arracha au page
de l'ambassadeur le sabre et la hache d'armes de
son maître, et on les brisa en sa présence.

Les magnats hongrois Zriny, Nadasdy, Bathiany
vengèrent ces outrages par la défaite du pacha
Schehzvar et par le massacre de trois mille Turcs
à Kanischa. Le pacha n'échappa lui-même à la
mort que par la fuite. Son cheval mourut de fatigue sous lui. Il erra seul dans les marais des
bords du Danube, obligé d'envelopper ses pieds
déchirés avec la fourrure de peau de tigre de son
caftan. Rentré obscurément et couvert de honte
à Constantinople, il racheta quelques jours de
vie par l'abandon de tous ses trésors au sultan,
et s'empoisonna enfin lui-même de honte et de
douleur d'avoir perdu ses soldats.

XV

L'ambassadeur du roi de Pologne Étienne Bathory, fut congédié de Constantinople avec des
reproches sévères contre sa république, qui avait
donné asile et impunité aux cosaques ennemis
des Tartares de Crimée et des Turcs. Cet ambas-

sadeur, Jean Podladowsky, n'ayant pas promis les satisfactions suffisantes à la Porte, fut massacré avec toute sa suite dans une forêt voisine d'Andrinople en retournant en Pologne. Le roi de Pologne, pour toute vengeance, obéit aux injonctions du divan, et fit supplicier trente-trois Cosaques pour complaire aux ambassadeurs d'Amurat III.

Peu de temps après, la mort de Bathory rouvrit les compétitions et les intrigues ordinaires pour l'élection de ce roi viager des Sarmates. Sigismond, prince de Suède, fut élu sans opposition du divan; il se hâta d'envoyer le comte Zamoisky, son secrétaire, à Constantinople, pour demander la continuation des rapports de patronage et de déférence entre la république de Pologne et l'empire.

La reine Catherine de Médicis entretint une correspondance directe avec la sultane vénitienne Safiyé, pour obtenir d'Amurat le secours de la flotte ottomane contre la flotte espagnole de Philippe II, en guerre avec la France. La juive Kira confidente de la sultane, obtint communication d'une des lettres de Catherine de Médicis, et révéla la correspondance à l'ambassadeur de Venise, compatriote de la sultane.

L'Angleterre sollicita la même alliance offensive et défensive contre Philippe II. Le grand vizir éluda l'alliance, sous prétexte de la guerre de Perse qui absorbait toutes les forces militaires de la Turquie.

Les Vénitiens, quoique en paix avec la Porte, continuaient de combattre sur les mers d'Afrique les marines barbaresques alliées et tributaires des Turcs. Le pacha de Tripoli Ramazan, ayant été tué dans son palais par ses janissaires révoltés, sa veuve réfugiée sur une de ses galères fit voile vers Constantinople avec un trésor de cent mille pièces d'or amassé par son mari. Quatre cents esclaves et quarante jeunes filles de sa suite accompagnaient la veuve du pacha dans sa fuite. Le vent contraire poussa la galère dans l'Adriatique. Elle y jeta l'ancre dans le port de Zante, île vénitienne. Le gouverneur de Zante respecta dans la fugitive les droits de la paix, du malheur et de l'hospitalité. Mais le célèbre amiral vénitien Emmo, informé des richesses que portait le vaisseau, l'attendit en mer à la hauteur de Céphalonie, et s'en saisit comme d'une dépouille de guerre. Les trois cents janissaires fidèles à la veuve de leur pacha furent immolés en la défendant sur le pont de la galère turque. Les Vénitiens, sans pitié pour une femme innocente et désarmée, tuèrent l'enfant du pacha à la mamelle sur le sein de sa mère égorgée ; les quarante jeunes filles furent jetées à la mer après avoir assouvi la brutalité des équipages ; on les mutila avant de les noyer ; le jeune frère de l'amiral Emmo lui-même se souilla de cette débauche mêlée de sang sous les yeux du commandant de l'escadre. Il s'était emparé de la plus belle de ces victimes. Elle se jeta à ses pieds en implorant l'honneur et la vie, certifiant qu'elle était chrétienne et vénitienne, qu'elle avait été enlevée de Chypre encore enfant par les conquérants de l'île, et emmenée en esclavage à Tripoli par les barbaresques. Ni sa race, ni sa religion, ni ses larmes, ni sa beauté n'amollirent le cœur du féroce Vénitien.

Ces crimes des Vénitiens en paix avec les musulmans soulevèrent sur tous les rivages de l'Adriatique et de la Méditerranée les cris d'horreur et les représailles des Turcs. La sultane vénitienne Safiyé, toujours dévouée à sa première patrie, sauva avec peine l'ambassadeur de Venise à Constantinople de la vengeance du peuple. Ses lettres confidentielles au sénat de Venise firent sentir à la République la nécessité d'une réparation proportionnée au forfait, ou le danger d'une guerre implacable aux possessions vénitiennes. Emmo et son frère furent désavoués et décapités sur le pont de leur galère; les trésors et les esclaves du pacha de Tripoli restitués à sa famille. Les Vénitiens, pour mieux effacer le souvenir de ce crime commis sous leur drapeau, unirent leurs vaisseaux aux vaisseaux turcs contre les galères de Philippe II. L'Espagne elle-même demanda une trêve au divan. L'ambassadeur de la reine Élisabeth d'Angleterre ne put prévenir la trêve avec l'Espagne.

Le pape Sixte-Quint, dont la politique à grande vue dépassait l'horizon de l'Europe, s'efforça, par des ménagements envers les Turcs et par des légats négociateurs envoyés aux communions chrétiennes dissidentes de l'empire, de rattacher au centre catholique romain les Grecs, les Arméniens, les Jacobites de Mésopotamie. L'esprit de secte, plus obstiné que les antipathies nationales, déjoua toutes ces tentatives. La Porte ne s'immisça pas dans ces négociations religieuses entre les chrétiens soumis à sa domination; mais les Maronites du Liban seuls persévérèrent dans un catholicisme romain qui tolérait cependant dans cette communion le mariage des prêtres.

XVI

Le vieux capitan-pacha Kilidj mourut âgé de quatre-vingt-dix ans dans les bras d'une esclave favorite de son harem. Ses trésors évalués en espèces monnayées et en pierres précieuses furent dérobés 'au trésor public. Ibrahim-Pacha, le favori dAmurat III, lui succéda pour peu de temps. Le gouverneur d'Alger, Hassan-Pacha, renégat vénitien, fut élevé par son talent à ce poste. Hassan, ancien gouverneur d'Égypte et emprisonné aux Sept-Tours pour ses concussions au Caire, avait été dénoncé par un autre renégat milanais comme dilapidateur des richesses d'Égypte. Le sultan, qui lui avait confisqué alors deux cent mille ducats, ne lui rendit pas sa fortune en lui rendant sa faveur. Hassan, pour témoigner sa reconnaissance à Amurat, lui amena d'Alger dix galères armées, et lui offrit en présent trois cent mille ducats, trente jeunes eunuques et cinquante jeunes filles d'une beauté d'élite.

La guerre de Perse occupait exclusivement le grand vizir Othman. Seul il était capable à la fois de la préparer et de la conduire. Deux cent mille hommes aguerris par lui dans ses longues campagnes l'attendaient à Castémouni, sur la route d'Erzeroum. Arrivé à Erzeroum, Othman congédia Ferhad-Pacha, qui avait commandé mollement jusque-là les forces ottomanes en observation sur la frontière de Perse. Othman marcha directement sur Tauris et incendia cette capitale de l'Aderbidjan, située, pour son malheur, au milieu d'une plaine comptée au nombre des quatre *paradis* des Ottomans. En quarante jours il la rebâtit et la fortifia pour en faire une pierre d'attente des futures expéditions des Turcs. Mais une défaite de son lieutenant Cicala-Pacha et le murmure de l'armée, qui refusait de s'avancer plus loin dans une contrée déserte, le forcèrent à la retraite.

Attaqué par le prince Hamza, fils du Schah aveugle et déjà vainqueur de Cicala, Othman, malade mais non découragé, mourut de lassitude sur son cheval au milieu de la bataille. Sa mort entraîna la déroute des Turcs. Trente mille d'entre eux tombèrent sous le sabre des Persans; le reste se réfugia dans Erzeroum. Ferhad-Pacha et Cicala prirent ensemble le commandement des débris de l'armée.

Amurat III remplaça le grand vizir mort sur le champ de bataille par Mesih-Pacha, vieillard de quatre-vingt-dix ans, dont l'esprit chancelait sous le poids des années. Le motif de ce choix inexplicable au moment où l'empire réclamait une tête et une main actives, était de laisser régner le favori Ibrahim sous le nom d'un vizir nominal.

Cependant le prince persan Hamza poursuivait le cours de ses victoires sur les restes de l'armée ottomane. L'hiver le retint à Caswin. Le sauveur de la Perse s'y préparait à une troisième campagne. Les intrigues des partis qui déchiraient sa patrie le menaçaient jusque sur cette brèche de l'empire.

Un barbier étranger nommé Djoudi, introduit dans son appartement pour raser le prince, lui coupa la gorge et s'évada sans être soupçonné par ses gardes. Les uns attribuent le crime de l'assassin au fanatisme des musulmans, qui reprochaient à Hamza-Mirza trop de faveur pour les chrétiens du royaume; les autres, à l'instigation d'Ismaël-Mirza, jaloux de la gloire et du trône que tant d'exploits assuraient à son frère. Le Schah aveugle ne survécut pas à la douleur de la perte d'un tel fils. Ismaël hérita en effet, pour quelques mois seulement, de ce trône ensanglanté par tant de crimes. Mais le Soliman ou le Charlemagne de la Perse était né et grandissait déjà dans l'ombre. C'était un enfant sauvé du massacre des princes, fils de Mohammed, par la cruelle Péridjan. Cet enfant fut le grand Abbas, restaurateur de la Perse.

XVII

Pendant tout le règne de Mohammed l'Aveugle, ce Schah avait vainement redemandé aux chefs des tribus du Khorasan, auxquels on avait, selon l'habitude, confié son fils au berceau, de le renvoyer à sa cour. Ces chefs, attachés à cet enfant par ses malheurs, par ses grâces et peut-être aussi par l'espérance de le porter un jour au trône pour régner en son nom, s'étaient refusés de livrer ce gage.

Les deux plus puissants en armes de ces chefs de tribus du Khorasan, Ali-Kouli-Khan et Murshud-Kouli-Khan, levèrent, à la mort d'Hamza et de Mohammed, le drapeau des droits du jeune Abbas. Ils firent monter l'enfant à cheval, malgré son jeune âge, et lui enseignèrent les exercices et le génie de la guerre, pour exalter, par l'aspect du jeune prétendant leur élève, l'enthousiasme des Persans. Vainqueurs dans plusieurs batailles contre les généraux d'Ismaël, ils se disputèrent bientôt l'honneur et les fruits de la victoire remportée pour une même cause, et se combattirent entre eux dans les provinces qu'ils venaient de conquérir ensemble.

Le jeune Abbas était resté dans les mains d'Ali-Kouli-Khan. Dans une bataille perdue contre Murshud, le cheval de l'enfant tué dans la mêlée roula sur la poussière. Abbas allait périr foulé aux pieds des chevaux, quand les cavaliers de Murschud, reconnaissant le fils des sophis sous leurs sabres, arrêtèrent leurs chevaux, jetèrent leurs armes loin d'eux, tombèrent à genoux devant l'enfant roi, le relevèrent et le couronnèrent sur le champ de bataille. Conduit par Murschud-Kouli-Khan dans la capitale soumise, Caswin, Abbas y fut proclamé sans opposition. Murschud régnait en son nom plus qu'il ne convenait à un esclave sur un adolescent capable et jaloux de ses droits au trône. Murschud fut égorgé par les partisans du jeune roi dans le palais de Caswin où il prétendait régner à sa place.

XIX

Cependant les Tartares Ouzbeks, ces éternels ennemis de la Perse, conquérants déjà de la moitié des provinces du nord, s'avançaient en multitude innombrable pour profiter des dissensions et des faiblesses d'un règne d'enfant. Abbas marcha contre eux sans autre général que lui-même, leur arracha Meschid, la principale capitale de l'empire, les refoula vers l'Oxus, et revint avec son armée aguerrie faire face aux Turcs qui menaçaient Caswin et Tauris.

Campé sur la rive du fleuve Kur ou Cyrus, dans la plaine de Géorgie, Abbas y exerçait ses soldats, et appelait à lui toutes les tribus jalouses de sauver ou de venger la patrie commune. Sa jeunesse, sa beauté et sa bravoure fanatisaient les deux armées séparées par le fleuve. Pendant une trêve établie pendant l'hiver entre les deux camps, Abbas galopant sur le sable du Cyrus avec quelques-uns de ses jeunes généraux, fut invité par des officiers turcs à passer le fleuve à la nage et à se confier à leur hospitalité. Le jeune prince lança son cheval dans l'eau et passa quelques heures avec les Turcs sans se faire connaître. Après un amical entretien il invita quelques-uns de ses hôtes à passer la rivière à leur tour pour éprouver la loyauté des Persans.

« Nous le voulons bien, » lui dirent avec la même confiance les officiers de l'armée d'Amurat, « à condition que vous nous ferez apercevoir votre

« jeune schah dont le courage, le génie et la re-
« nommée dépassent l'âge et remplissent l'Asie. »
Abbas sourit et leur promit de les satisfaire.
A peine touchaient-ils à la rive persane que la
respectueuse attitude et les acclamations des
troupes révélèrent aux Turcs que ce jeune homme
qui s'était si témérairement livré à eux était le
schah de Perse lui-même. Abbas, après les avoir
accueillis en roi sous ses tentes, les fit reconduire
avec des honneurs et des présents dans leur camp.

Son génie précoce ne le préservait pas entièrement des superstitions et des crédulités de son
pays et de son temps. Pendant qu'il contenait
ainsi les Tartares d'une main, les Ottomans de
l'autre, et que sa fortune déjà déclarée présageait
à la Perse le plus mémorable de ses règnes, une
prédiction de ses astrologues sur la bizarre coïn-
cidence des astres répandit dans le peuple que de
grandes calamités se levaient sur la Perse, et qu'un
péril imminent menaçait le souverain. Soit crédulité, soit politique, Abbas résolut d'éluder la prédiction ou de déjouer la destinée en abdiquant
le trône pour tromper le sort. Il abdiqua en effet
solennellement, et fit couronner à sa place,
pour quelques heures, un criminel condamné à
mort pour ses crimes et ses impiétés. Ce misérable

mannequin du trône s'appelait Yousouf-Sophi. Il jouit pendant trois jours du palais, des délices, des honneurs de la souveraineté des rois. Le quatrième jour il fut livré au bourreau. La prédiction ainsi vérifiée par un subterfuge, avait épuisé la malignité du sort sur la nation et sur un roi nominal.

Abbas remonta sous d'autres auspices sur son trône, et les astres ne lui promirent plus que des prospérités. Une bataille décisive contre les Tartares Ouzbeks, près d'Hérat, les précipita dans l'Oxus. Un de ses généraux, nommé Ferhad-Khan, d'intelligence avec les Ouzbeks, avait résolu de laisser écraser le roi pendant cette bataille. Sous prétexte de courir à un péril imaginaire, il voulut entraîner l'aile qu'il commandait loin du champ de bataille. Mais ses généraux et ses soldats apercevant Abbas luttant seul avec une poignée de guerriers contre les masses de Tartares qui l'enveloppaient volèrent d'eux-mêmes à son secours et sauvèrent leur roi.

Ferrhad accusé de trahison par l'armée expia son crime par son supplice. Ali-Verdi-Khan qui lui avait désobéi pour sauver le roi, fut élevé aux honneurs et à l'intimité de favori d'Abbas. Ali-Verdi-Khan envoyé par le roi avec une armée pour assujettir les provinces limitrophes détachées du royaume, lui reconquit les îles du golfe Persique où l'on pêche les perles, et la chaîne de montagnes appelée le Laristan qui s'étend de la plaine opulente de Schiraz fameuse par ses jardins, ses eaux et ses vins, jusqu'au golfe Persique.

Ibrahim-Khan dont les pères gouvernaient ces montagnes depuis quatre mille ans fut envoyé en captivité à la cour d'Abbas. On trouva dans son trésor la fameuse couronne de Chosroès. Cette couronne d'or incrustée de perles et de rubis emportée et conservée depuis tant de siècles dans cette famille de princes tributaires qui n'avaient jamais été conquis jusque-là par les dominateurs de la Perse, se retrouva sur le front du plus digne successeur de Chosroès.

Des gentilshommes anglais, nation curieuse qui explore le monde par inquiétude d'esprit autant que par l'instinct des découvertes et le génie des spéculations mercantiles, furent les premiers européens qui saluèrent dans le jeune Abbas le régénérateur de l'Orient. Cette caravane de voyageurs anglais se composait de sir Anthony Sherley, de sir Robert Sherley son frère et d'une suite de trente gentilshommes de la même nation. La plupart étaient des officiers, des géographes, des artistes, des artisans, des trafiquants distingués dans leur patrie. L'un d'eux était un habile fondeur de canons. Ils voyageaient avec un luxe asiatique sous la protection du comte d'Essex, favori de la reine Élisabeth portant aux cours de l'Orient le nom, les arts, les intérêts, les alliances de leur pays.

Accueillis à la cour d'Abbas dont le génie avait assez de regards pour envier à un monde ce qui manquait à l'autre, ils y reçurent des honneurs et des présents dignes de la magnificence d'un monarque indien. Mille pièces d'or monnayées de la valeur de quatre-vingts francs, quarante chevaux persans sellés, équipés de harnais splendides, seize mules, douze chameaux chargés de tentes dont les rideaux étaient brodés d'or, de turquoises et de perles, composaient ce présent du schah. Sherley conquit l'amitié d'Ali-Verdi-Khan, généralissime des armées, et devint le favori européen d'Abbas. Il encouragea ce prince et ses ministres à affronter avec confiance la guerre contre les Turcs. Il introduisit l'artillerie et la discipline européenne dans l'infanterie régulière levée d'après ses conseils par le Schah. Abbas, pour s'assurer la neutralité des princes chrétiens, accrédita Anthony Sherley son favori par des lettres dont les termes attestaient l'amitié patriarcale du roi des tribus guerrières.

« Croyez en lui, » disait Abbas dans ses lettres de créance, « car depuis qu'il est avec moi, nous « avons toujours, comme deux frères, mangé « dans le même plat et bu dans la même coupe. » Les chrétiens et les moines des différents ordres monastiques furent encouragés à résider, à pratiquer et à prêcher librement leur religion en Perse. « Nos religieux, » disaient les firmans d'Abbas, « n'oseront pas troubler les vôtres ou « leur parler sur les matières de leur foi. » Cette tolérance peupla les villes de la Perse et les faubourgs de la capitale, de marchands, d'artisans, de fabricants chrétiens de toutes les parties de l'Orient. L'ambassadeur du Schah, Sherley, n'éprouva d'outrages qu'en Russie où la cour jalouse, inquiète et barbare de Moscou le jeta, dépouillé de tous ses trésors, dans les cachots. Délivré de captivité après de longues tortures, il visita les cours d'Allemagne et d'Italie, recrutant partout les secours et les vœux des princes chrétiens pour Abbas, l'ennemi des ennemis des chrétiens.

Sûr de l'appui de l'Europe, Abbas reconquit Tauris sur Ali-Pacha à qui le grand vizir Othman en avait confié la garde après sa retraite. Un religieux portugais, le père Antoine Govéa, envoyé de Philippe II auprès d'Abbas, raconte la chute de cette ville; Érivan suivit le sort de Tauris. Abbas, avant de marcher contre Bagdad pour la rattacher à son empire, voulut purger le nord de la Perse de la présence des Turcs.

Reprenons le récit des événements qui correspondaient à Constantinople à ces révolutions et à ces triomphes des Persans régénérés par la gloire de leur Soliman, Abbas!

XIX

Le vieux vizir de quatre-vingt-dix ans, Mésih-Pacha, avait cédé le vizirat à Sinan-Pacha exilé à Malghara et ensuite à Damas. Les présents que Sinan-Pacha envoyait de ses gouvernements à la sultane Safiyé et aux favorites du harem avaient fait oublier ses désastres en Perse et son insuffisance au divan. Le muphti avait été également remplacé par un poëte mystique auteur de poëmes arabes et turcs, nommé Bostanzadé-Effendi. Le schérif de la Mecque, Abou-Némi, était venu apporter à Constantinople, avec les bénédictions de la Kàaba, les présents de l'Arabie composés de riches étoffes de satin et de coton, d'aloès, de noix de cocos remplies de fruits confits de l'Inde. Des ambassadeurs d'Abbas demandaient impérieusement à la Porte la remise des provinces usurpées et la délimitation antique des frontières entre les deux empires.

Siawousch-Pacha avait, pour flatter Amurat III, construit à ses frais au bord du Bosphore, près des écuries du sérail, un palais impérial dont il fit don au sultan. Amurat s'y rendit sous un dais de mille pas de longueur, couvert de tentures de satin et de brocarts. Un festin splendide lui fut servi par Sinan-Pacha et par les architectes de ce nouveau palais que nous avons vu démolir de nos jours pour élever le palais de Mahmoud, le père d'Abdul-Medjid aujourd'hui régnant. Les revenus du grand vizir furent relevés à un million de ducats ou à dix millions de francs.

Des sévices atroces, motivés par les exactions d'Ibrahim, favori cupide d'Amurat, et par ses complices, martyrisèrent les chrétiens de Syrie. L'évêque de Jérusalem expira dans les tortures, parce qu'il ne pouvait assouvir la cupidité du gouverneur. La France protectrice des lieux saints, Venise, l'Espagne, l'Autriche, Naples, réclamèrent la punition du spoliateur et du bourreau de leurs coreligionnaires. Le sultan envoya à Damas et à Jérusalem des capidji-baschis pour faire expier, par leurs têtes, ces crimes aux gouverneurs de Jérusalem et de Syrie.

XX

Le désordre s'introduisait dans les finances comme dans l'administration. La monnaie de l'empire, ce gage de la sincérité des transactions, était altérée par les juifs, inspecteurs des coins et des alliages. Le fabricant juif des monnaies présenta au trésorier du sultan, dit l'historien de ce règne, Ali, dix pièces d'or « aussi
« minces qu'une feuille d'amandier, et ne pesant
« pas plus qu'une goutte de rosée. » Le juif offrit au trésorier un présent de deux cent mille piastres, s'il voulait accepter cette monnaie pour la solde des troupes. Le trésorier refusa. Un des favoris d'Amurat, Mohammed-Pacha *le Fauconnier*, ainsi surnommé de son premier métier dans le sérail, accepta le présent et se chargea témérairement de faire accepter la solde dans cette monnaie aux troupes de la capitale.

Les janissaires, indignés de la monnaie dérisoire qu'on leur distribuait, s'ameutèrent et couvrirent le sérail d'imprécations. Sinan-Pacha le grand vizir, et Ibrahim l'ancien favori, second vizir, fomentaient secrètement la sédition par jalousie de la faveur dominante de Mohammed *le Fauconnier*. Les portes des cours furent enfoncées par soixante mille janissaires grossis de soldats embauchés des autres corps. La salle du divan, où Amurat délibérait avec ses vizirs, retentit de menaces contre la tête même du sultan. Jamais, jusqu'à ce jour, la sédition n'avait monté jusqu'au nom sacré du sultan.

« Si on ne nous livre pas le beglerbeg Mo« hammed, » criaient les séditieux, « que le sul« tan tremble pour lui-même! Nous saurons bien « arriver jusqu'à lui. » Des monceaux d'or et d'argent, puisés dans le trésor encombré d'Amurat, furent entassés en vain dans la cour sous les mains des janissaires. La colère était plus forte que la cupidité : « Le premier d'entre nous, » crièrent-ils, « qui consentira à toucher sa solde « avant que les têtes du *Fauconnier* et du trésorier « soient tombées, qu'il soit puni de mort sur la « place! »

Après avoir temporisé et négocié quelques heures avec les rebelles pour sauver son favori, Amurat en larmes l'embrassa, lui enleva son poignard et le livra aux vociférateurs. Mohammed fut dépecé en lambeaux avant d'avoir descendu les marches du divan. L'innocent et vertueux trésorier, injustement dénoncé aux troupes, subit le sort que méritait seul son tentateur. Amurat soupçonna le grand vizir Siawousch et Ibrahim d'avoir soufflé et dirigé la sédition contre son ami. « J'ai eu tort, » dit-il en rentrant dans son harem, « de ne pas livrer tous les vizirs à la juste ven- « geance de mes esclaves : les plus coupables « ne sont pas frappés. »

Siawousch-Pacha, destitué après l'apaisement des troubles, céda la place à Sinan-Pacha. Hassan *l'Horloger*, dont le nom rappelait la profession parmi les camarades, fut nommé aga des janissaires.

C'était l'année où la journée des Barricades ensanglantait Paris, et où Henri III tombait sous le poignard d'un assassin au milieu de sa cour. Les janissaires s'insurgèrent de nouveau peu de jours après leur sanglante exécution, et saccagèrent le palais de Hassan *l'Horloger*, leur général. On leur donna pour aga un écuyer du sultan, homme populaire qui promettait l'impunité à leur caprice. La rébellion se propagea aux extrémités de l'empire. Sinan, l'ancien gouverneur d'Ofen, ennemi de l'alliance autrichienne, fut assassiné dans sa maison. On soupçonna du crime deux de ses esclaves dont on découvrit quarante jours après les cadavres dans la campagne, près des murs de la ville. Les troupes de Hongrie et de la frontière de Perse se révoltèrent pour des griefs de solde arriérée. Ferrahad Pacha, le vieux gouverneur d'Erzeroum, fut massacré par ses janissaires. Djafar-Pacha, le Hongrois, ancien page favori d'Amurat, fut également assiégé par ses propres troupes dans la citadelle de Kars. Il parlementa avec les rebelles, feignit de plier sous leurs exigences, acheta secrètement le concours des guerriers kurdes des tribus voisines, les cacha dans la ville, puis invitant ses propres troupes à rentrer pour un festin en réconciliation dans les murs, il égorgea deux mille des mutins en une seule nuit.

Les troupes, à Constantinople, forcèrent par leur agitation le sultan à changer trois fois le grand vizir, le muphti et l'aga des janissaires. Un renégat italien d'Ancône, Khalil-Pacha, fut nommé aga. Siawousch-Pacha, trois fois grand vizir, trois fois disgracié, fut rappelé à la tête du conseil. Une émeute des spahis qui demandaient à leur tour la tête du trésorier du sérail, et qu'on ne put réprimer que par le sabre des janissaires, des bostandjis, des pages et des eunuques, fit tomber de nouveau Siawousch du pouvoir et y rétablit Sinan-Pacha.

Pendant ces mouvements militaires de la capitale, les janissaires de Moldavie disposaient séditieusement aussi du trône de Jassy. Ils y portèrent un palefrenier moldave nommé Aaron, qui les avait achetés par ses libéralités. Le sultan fut contraint de ratifier ce choix indigne.

Le roi de France, Henri IV, notifia au sultan son avénement au trône, lui envoya M. de Brèves pour le détacher de l'alliance espagnole, et renoua avec la Porte les relations de François Ier. Le grand vizir, sur les instances de M. de Brèves, fit enfermer dans la tour de Galata l'ambassadeur de la Ligue, M. Lanscome.

XXI

Le divan cherchait une occasion de guerre pour occuper l'oisiveté des troupes. Les retards apportés par l'Autriche dans le payement du tribut, les invasions des Uscoques, bandits croates, sur le territoire ottoman, et les représailles sanglantes des Turcs sur la Croatie, la firent naître. Rodolphe II, alors empereur, appela ses sujets aux armes et institua dans le saint empire romain et dans la Hongrie autrichienne *la cloche des Turcs*, sorte de tocsin régulier sonnant trois fois par jour et par nuit pour convoquer les villes à la vigilance et à la prière contre leurs barbares ennemis. Hassan-Pacha, beglerbeg de Bosnie, perdit la bataille de la Koulpa contre les généraux de Rodolphe. Vingt mille Turcs, refoulés par les Autrichiens sur les bords escarpés de la rivière, rompirent les ponts sous le poids des fugitifs et furent engloutis dans les flots. Les Ottomans appelèrent l'année de cette défaite l'*année de la ruine*.

La guerre ainsi commencée n'était pas encore déclarée. La fureur du peuple à Constantinople la déclara d'elle-même. L'armée sortit des murs sous la conduite du grand vizir. Les derviches partis avec des troupes les exaltaient par des cris et par des gestes fanatiques. Quelques-uns d'entre eux, couverts de peaux d'ours et de lions, imitant le rugissement des bêtes féroces, traînaient à leur suite l'ambassadeur de Rodolphe II, Khrekwitz, enchaîné. Il expira de misère et d'outrages en arrivant à Belgrade. Cette guerre, se trouvant conduite des deux côtés avec mollesse et sans ensemble, n'illustra ni l'Allemagne, ni la

Turquie. Elle ne fut qu'une alternative de succès et de revers, de massacres et d'indiscipline qui désolèrent les provinces de Hongrie, de Valachie, de Moldavie, sans donner la victoire à aucun des combattants. Les janissaires ne cessaient de mettre à prix leur valeur. Le sultan épuisait son trésor pour envoyer à Belgrade les soldes et les gratifications qu'ils exigeaient de leurs généraux.

Amurat III, épuisé de débauche, languissait dans ses jardins du Bosphore. Son seul plaisir était de contempler des fenêtres de ses kioks les voiles des vaisseaux qui passaient et repassaient comme de grands oiseaux de mer de la Propontide dans la mer Noire, et de la mer Noire dans la Propontide. Sa mélancolie native s'assombrissait au soir de ses jours. Le son des instruments et les salves des bâtiments qui le saluaient en passant de leurs canons rendaient seuls un peu d'émotion à ses sens usés par le plaisir. Quelques jours avant la maladie qui minait ses forces, il demanda à ses musiciens de lui jouer, au lieu de fanfares, l'air mélancolique et presque funèbre d'une chanson turque dont le premier vers dit : « Je me sens ma-« lade de langueur. Viens, ô Mort! viens veiller « cette nuit à côté de moi! »

Pendant que les musiciens exécutaient cet air

lugubre, deux galères égyptiennes, passant sous la terrasse des kiosks, firent feu de tous leurs canons à la fois pour saluer la présence du padischah. La commotion, répercutée par les rochers élevés du Bosphore, fit tomber les vitres en éclats aux pieds du sultan. Le malade y vit un présage de sa destinée, bientôt brisée comme ce verre. « Voyez, » dit-il à ses femmes, « autrefois toutes les « salves de mes flottes réunies n'auraient pas « ébranlé ces vitres qui maintenant volent en « éclats au bruit du canon de deux pauvres ga- « lères. Il y a une heure fatale pour toute chose. « Le palais de mon existence s'écroule de même. »

Il mourut la nuit suivante de la tristesse de quitter la vie. Son règne avait continué quelques années les grandeurs et la prospérité du règne de Soliman II. Mais le fils était trop faible pour continuer longtemps le père. La langueur du prince après la mort du grand ministre Sokolli s'était communiquée à l'empire; l'époque de décadence commençait pour les Ottomans.

Nous trouverons dans les livres suivants les causes de cette décadence dans la situation relative des Ottomans et des chrétiens, les uns ne sachant que vaincre, les autres apprenant à gouverner. Mais nous la voyons dès aujourd'hui dans cette loi universelle des choses humaines qui ne laisse ni homme, ni peuple, ni institution s'arrêter au sommet de sa destinée; qui condamne ce qui est à la terre à une instabilité perpétuelle, et qui force à redescendre tout ce qui ne peut plus monter, ou qui ne sait pas, comme le savent les Turcs, se rajeunir.

LIVRE VINGT-TROISIÈME.

I

Jetons un regard rapide sur l'empire ottoman et sur les États de l'Europe chrétienne, au moment où le fils du grand Soliman II venait de rendre le dernier soupir, et cherchons dans la constitution organique de ces deux grandes divisions de l'Asie, de l'Afrique et de l'Europe, pourquoi les Ottomans allaient décroître, et pourquoi les chrétiens allaient grandir.

L'empire ottoman n'avait encore subi aucun de ces démembrements de population, de terre ou de mer qui affaiblissent ou déconsidèrent les

États. Sa géographie intacte présentait à l'œil une des plus vastes dominations reliées par la religion, la race et les armes qui aient jamais englobé sous un même nom une zone immense de la terre. Quarante gouvernements ou vice-royautés absolues composaient l'empire, et ces gouvernemens étaient presque tous des royaumes.

Ces quarante satrapies étaient, en Europe : la Hongrie, la Bosnie, la Roumélie, l'île de Candie, la Grèce, l'Archipel, la Macédoine, la Thrace, la Servie, la Bulgarie; en Afrique : l'Égypte, l'Algérie, les royaumes de Tunis et de Tripoli; en Asie : l'Anatolie comprenant toute la presqu'île de l'Asie Mineure, la Caramanie, le royaume de Chypre, la Syrie, la Mésopotamie, la Géorgie, le pays du Caucase, Bagdad et les bords de l'Euphrate et du Tigre, le royaume de Trébizonde, celui de Jérusalem, Bassora, Mossoul, le Diarbékir, les provinces des deux Arabies qui bordent la mer Rouge, Aden et une partie de la mer des Indes, enfin la Crimée, une partie de la Tartarie, etc.

A ces gouvernements s'ajoutaient comme domination indirecte ces pays tributaires dont la Porte nommait les princes inféodés à ses lois : la Transylvanie, la Moldavie, la Valachie, la république de Raguse, et quelquefois la Pologne. En sorte que les vingt royaumes de Pyrrhus, de Persée, des rois Bulgares, des Ptolémée, de Carthage, des Numides, de Mithridate, d'Antiochus, d'Attale, de Prusias, d'Hérode, de Tigrane, des souverains de Cappadoce, de Comagène, de Cilicie, d'Ibérie, de Scythie, et des Parthes, cet écueil éternel de Rome, formaient autour de Constantinople la capitale de trois continents, le moyeu, les rayons et la circonférence d'un empire qui dépassait en étendue, en climat, en population et en fertilité l'univers romain.

Tel était l'empire ottoman le 18 janvier 1595, le jour où les crieurs publics et le canon du sérail annonçaient aux habitants de Constantinople la mort d'Amurat et l'avénement de Mahomet III, fils de ce prince et de la sultane vénitienne Safiyé. Quel héritage pour un peuple qui aurait su régner et administrer comme il savait combattre et conquérir! Mais c'était le génie de l'administration qui manquait à l'Orient et qui se révélait en Occident. L'islamisme chez les Ottomans ne savait que croire et subjuguer; le christianisme savait s'assimiler et gouverner ses conquêtes.

Cet esprit d'assimilation et de gouvernement, que les Égyptiens en Afrique, les Grecs et les Romains en Europe avaient légué à l'Occident chrétien, devait donner en peu d'années la supériorité aux races actives et progressives de l'Europe sur les races patriarcales, héroïques, mais oisives après la victoire, de l'Orient. Par un phénomène providentiel, qui ne se renouvela jamais sur un plus large plan que dans cette lutte de deux siècles entre l'Occident chrétien et l'Orient mahométan, ce n'est pas la guerre, c'est le travail qui donne le monde. La guerre est un travail aussi, mais c'est un travail stérile. L'activité continue et féconde des races est la loi de leur prépondérance durable et universelle. L'empire du monde, quoi que disent les sceptiques à courte vue, n'est pas au meurtre et au pillage, mais au travail, cette moralité des nations.

II

Or, l'Orient commençait à se reposer de ses conquêtes, et l'Occident à travailler. Ses princes et ses États contenus et contre-balancés les uns par les autres avaient compris les premiers que la monarchie universelle, soit par la religion, soit par les armes, était une chimère sanglante qui soulèverait toutes les autres familles nationales contre les ambitieux ou les fanatiques qui oseraient la rêver en Europe. Au lieu de conquérir, ils s'étudiaient à gouverner. L'émulation de la bonne administration, de l'agriculture, de l'industrie, des arts, des sciences, des lettres, de la division du travail, de la navigation, de la découverte des terres, des îles, des continents nouveaux, de la discipline, de l'armement, de la tactique des armées permanentes, avait succédé de jour en jour dans les États de l'Europe à l'émulation d'exterminer ou d'asservir les hommes. Les guerres civiles mêmes étaient éteintes ou assoupies, les guerres religieuses pour cause de schisme d'orthodoxie s'affaissaient sous la lassitude; le système des alliances et de l'équilibre européen créait un droit public et une diplomatie qui formaient, des grandes et des petite puissances de l'Occident, une confédération ou chaque membre était solidaire de l'indépendance de tous les autres.

La distribution plus équitable et plus nationale des territoires s'inscrivait dans des congrès. L'empire trop vaste de Charles-Quint se démembrait au profit de la pondération des républiques et des royaumes; ce qui était faible s'appuyait sur ce qui était fort; la Hongrie s'assimilait à l'Allemagne, la Russie Blanche à la Pologne, l'Italie septentrionale à la France, le royaume de Naples et la Sicile à l'Espagne, la Hollande à l'Angleterre, Venise au nouvel empire romain. Une ligue semblable à celle qui avait dans l'antiquité relié en un seul faisceau défensif les républiques indépendantes de la Grèce prévalait au fond pour la défense commune de l'Europe sur la rivalité de ces puissances chrétiennes entre elles. Ce n'était plus la croisade de la religion du moyen âge, c'était la croisade de la nationalité européenne et de la civilisation.

Telle était la situation respective de l'Europe et de la Turquie aux derniers jours du seizième siècle et aux premiers jours du dix-septième, à l'avénement de Mahomet III.

III

La sultane vénitienne Safiyé devenue sultane Validé, mère de l'empereur, avait été pendant toute la vie d'Amurat III, son époux, le véritable et immuable grand vizir du règne. Comme Livie et Agrippine avaient caché aux Romains la mort de leurs époux Auguste et Claude, pour ménager à loisir la transition et la possession du règne futur, la sultane Safiyé avait caché aux Ottomans la mort d'Amurat, jusqu'à l'arrivée à Constantinople de son fils le sultan Mahomet. Ce prince, qui attendait le trône dans le palais de Magnésie, fut le dernier des empereurs turcs en faveur de qui les vizirs ou les sultanes eurent à pratiquer ce subterfuge de cour.

IV

Mahomet III, sûr de la vigilance de sa mère la sultane Safiyé autour du trône, ne précipita pas sa course vers Constantinople. Il n'y débarqua avec sa cour personnelle que le douzième jour après la mort de son père. Le moment de son élévation au trône fut le signal de la mort de tous les princes ses frères coupables d'avoir dans leurs veines une goutte du même sang que lui. Jamais le prestige monarchique n'avait coûté un si long massacre.

Amurat III avait eu cent deux enfants de ses femmes ou des innombrables esclaves de son harem. Vingt-sept filles et vingt princes vivaient dans le sérail le jour de sa mort. La loi constitutive de la dynastie laissait vivre les filles à la condition du meurtre de leurs enfants mâles ; elle ordonnait l'immolation des princes. Dix-neuf frères du sultan de tout âge, depuis le berceau jusqu'à l'adolescence et à la maturité, reçurent l'arrêt de leur supplice en entendant le canon du sérail qui annonçait la mort de leur père. La sultane vénitienne Safiyé, quoique chrétienne d'origine, en correspondance avec des reines chrétiennes et en intimité confidentielle avec ses compatriotes vénitiens, était si familiarisée avec la sanglante raison d'État des Ottomans, et si jalouse de deux règnes, qu'elle ne parut avoir élevé aucun scrupule ou aucune pitié contre tant de meurtres.

Parmi ces victimes de l'unité du droit monarchique, un prince surtout, doué de tous les dons de la nature, du génie et de l'éducation, excita la commisération de l'empire; c'était le prince Moustafa, second fils d'Amurat, déjà mûr d'années, que la nature semblait avoir fait pour le trône à l'image de Soliman II son grand-père, et que la politique avait fait pour la mort. Malgré la discrétion du sérail, la renommée de la grâce, du caractère et du génie inné de ce jeune homme avait transpiré dans l'empire. Une popularité mystérieuse s'attachait à son nom; cette popularité n'était qu'un titre de plus au supplice. Moustafa, élève du premier poëte lyrique du siècle, Baki (l'immortel) qui vivait encore, ne murmura pas contre une mort à laquelle il se savait condamné en naissant. Il écrivit seulement dans la nuit qui précéda son supplice une élégie touchante et résignée qui contenait en vers baignés de larmes ses adieux à l'existence. Quelques vers de cette élégie, qui rappellent les reproches funèbres du poëte français André Chénier à ses bourreaux, existent encore. André Chénier était né comme lui à Constantinople.

Le drame intérieur de ce long massacre resta enseveli dans l'horreur sans écho des muets qui l'exécutèrent. Il faut le silence aux crimes d'État. C'est pourquoi la monarchie orientale avait arraché la langue à ses bourreaux. Le crime de la nuit ne se révéla le lendemain que par les dix-neuf cadavres étalés en monceaux devant le trône, et ensevelis dans la même mosquée que leur père.

V

Ferhad-Pacha, vieilli dans les guerres de Perse, fut nommé grand vizir à la place de Sinan-Pacha, qui retourna pour la troisième fois dans son exil somptueux de Malghara. Ferhad avait épousé une fille de la sultane Safiyé. Cette princesse gouverna sous son fils Mahomet III du fond du harem plus absolument qu'elle n'avait gouverné sous Amurat.

Ferhad, pour venger les incursions des Allemands et des Hongrois dans la Valachie, appela l'armée à la guerre sur le Danube. Les spahis refusèrent de marcher si l'on ne satisfaisait pas leurs exigences de gratifications et de priviléges. Ferhad arma contre eux les janissaires et dispersa le rassemblement séditieux des spahis. Il exila les deux anciens vizirs Cicala et Siawousch, quoique gendres comme lui de la sultane Safiyé. On soupçonnait ces deux vizirs d'avoir été les instigateurs secrets des agitations des spahis pour décréditer Ferhad.

Un massacre semblable à celui des vêpres siciliennes de la garnison turque de Giurgewo par les Valaques, hâta la marche de l'armée sur la Valachie. A peine en route, les soldats arrachèrent pendant la nuit les queues de cheval flottant devant la tente du grand vizir en campagne, et la boule d'or qui décore le pilier du milieu de son pavillon. Ce symptôme du mécontentement des troupes parut un présage de revers.

L'ancien favori d'Amurat III, Ibrahim-Pacha,

gendre aussi de la Validé vénitienne, fut nommé caïmakam pendant l'absence de Ferhad. Le poste de caïmakam était une sorte de lieutenance générale de l'empire et de la capitale, une espèce de dictature universelle et temporaire, qui donnait à l'homme revêtu de ce titre toute l'autorité de grand vizir et de généralissime à Constantinople. Ibrahim, qui ambitionnait le poste de grand vizir pour lui-même, n'usa de son autorité et de son crédit que pour desservir Ferhad.

VI

Pendant que le grand vizir présidait au passage de l'armée sur la rive valaque du Danube, Ibrahim obtint du jeune sultan son arrêt de mort. Son crime était d'avoir dit aux spahis révoltés que « s'ils ne rentraient pas dans la discipline, leurs femmes seraient à jamais stériles. » Cette malédiction impie pour des musulmans parut à ses ennemis un impardonnable outrage aux soldats.

Instruit par ses affidés du sérail et par sa femme des trames ourdies à Constantinople contre lui, Ferhad, pour la première fois depuis l'origine de l'empire, n'attendit pas avec résignation le poignard ou le cordon de son maître. Il s'enfuit du camp avant l'arrivée de son bourreau avec trois mille cavaliers de sa maison, et s'avança sur Constantinople.

Le grand vizir Sinan, qu'Ibrahim avait fait rappeler à sa place, s'avança de son côté avec vingt mille janissaires pour aller prendre le commandement de l'armée sans chef. Les deux grands vizirs ennemis se rencontrèrent par hasard dans leur route opposée aux environs d'Ostranidja. « La tête du rebelle est à moi, ses trésors sont à vous, » dit Sinan à ses janissaires. Ferhad, intimidé par le nombre et par l'énormité du forfait, se retira sur une colline avec ses cavaliers, et contempla de là le pillage de ses trésors et de ses tentes par les janissaires; se jetant ensuite dans les forêts de la Bulgarie, il arriva sans avoir été poursuivi à une métairie qu'il possédait non loin de la capitale. L'intercession de la sultane Validé sa belle-mère, et les présents offerts en son nom au sultan par son banquier nommé Salomon, lui obtinrent son pardon. Le sultan lui envoya un katti-schérif (ordre sans appel du souverain lui-même, supérieur à tout autre ordre du gouvernement), qui l'autorisait à vivre en paix dans sa métairie de Litrof.

Mais la haine du caïmakam Ibrahim, qui avait

paru s'arrêter devant la protection de Safiyé, le poursuivit jusque dans ce refuge. Au moment où l'infortuné Ferhad commençait à recevoir les visites et les félicitations de ses amis dans sa solitude, le bostandji-baschi vint l'enlever pour le conduire au château des Sept-Tours, vestibule du supplice. Il y fut étranglé juridiquement trois jours après, sur l'ordre du caïmakam ratifié par le sultan. Safiyé avait tenté en vain encore une fois de sauver son protégé.

Un hasard funeste à Ferhad avait offensé le sultan, jaloux de son autorité souveraine. Cicala-Pacha, autre gendre de la Validé, ayant reçu ordre de partir pour l'armée de Hongrie, voulut acheter les chevaux de Ferhad, alors disgracié et exilé dans sa métairie. La sultane mère fit venir Cicala et lui défendit d'acheter les écuries de l'ancien grand vizir. Cette défense parut à Cicala un indice de la volonté de la sultane de replacer bientôt son favori au pouvoir. Il raconta cette circonstance au sultan, qui s'indigna de ce que sa mère défendait tout bas ce qu'il ordonnait tout haut. La tête de Ferhad fut livrée à ses ennemis.

VII

La campagne de Sinan en Valachie commença par des revers : l'armée turque, après une longue bataille dans les marais de Kalougéran, périt tout entière. Sinan lui-même à demi submergé par son cheval dans le marais, ne dut son salut qu'à la vigueur d'un soldat de son escorte nommé Hassan, qui reçut de cette circonstance le surnom d'Hassan *du Marais*, illustré depuis par son courage. Un prisonnier valaque se dévoua à la mort, et fit sauter les poudres de l'armée ottomane.

Le grand vizir, après avoir recomposé une armée, marcha sur Tergowischt. Le prince indépendant des Valaques, Michel, l'en expulsa après un siége de quelques jours. Sinan se replia de nouveau sur Bucharest et sur Giurgewo avec les débris de ses troupes. Michel l'atteignit encore au passage du pont du Danube, et, foudroyant le pont sous les pieds de l'armée, l'engloutit avec toute son artillerie dans le fleuve.

Pendant ces désastres du grand vizir en Valachie, une armée autrichienne et hongroise, sous les ordres du prince Mansfeld, assiégeait la ville forte de Gran, en Hongrie. Le fils du grand vizir.

Sinan, y perdit une troisième armée en voulant délivrer Gran. Gran succomba après la mort de son intrépide défenseur, Kara-Ali (Ali le Noir), qui se fit tuer sur la brèche. Malgré une capitulation qui assurait aux femmes, aux enfants des Turcs leurs vies et leurs propriétés, les pillages, les viols, les massacres des Allemands et des Hongrois à Gran flétrirent la loyauté et l'humanité des vainqueurs. Les monuments, les statues, les tableaux, les bibliothèques, respectés par les Turcs à l'époque de la conquête de Gran, disparurent sous le fer et sous la flamme de la soldatesque allemande.

Tout un pan de l'empire parut s'écrouler vers le Danube après ces revers. Ibraïl, Varna, Kilia, Ismaïl, Silistrie, Rutschuk, Bucharest, Akkermann tombèrent dans les mains des Valaques, des Allemands, des Hongrois confédérés. La terreur reflua jusque dans le sérail. Le sultan ordonna des prières publiques sur la place de l'Okmeïdan pour conjurer l'écroulement des frontières d'Europe. Un tremblement de terre répondit par les calamités de la nature aux calamités de la guerre. Le grand vizir, rentré presque seul à Constantinople, s'humilia sous ses disgrâces, et se retira pour la quatrième fois dans l'exil des vizirs, à Malghara.

Un fils de la nourrice du sultan, Lala-Mohammed, fut nommé grand vizir par le crédit des femmes du harem : c'était le fils d'un pauvre naïm de village, aux environs de Magnésie, entré au palais comme simple tchaousch, promu de grade en grade jusqu'au rang de defterdar, grâce à son titre de frère de lait du fils d'Amurat, devenu enfin précepteur, ou lala, de Mahomet III dans sa jeunesse; la faveur domestique l'éleva pour trois jours au sommet des dignités. Une mort naturelle l'empêcha d'en jouir.

Sinan-Pacha, quoique âgé de quatre-vingts ans, fut rappelé de son exil de Malghara pour prêter encore une fois son expérience aux dangers du trône. C'était son cinquième règne. L'âge ne lui avait rien enlevé ni de son ambition, ni de sa rudesse; les historiens ottomans le comparent au Marius romain sept fois exilé, sept fois consul, toujours cruel.

Sinan, malgré sa complicité avec le favori Ibrahim le caïmakam pour perdre Ferhad, se déclara, dès le premier divan, l'ennemi implacable du favori. Il fallait rejeter sur quelqu'un les hontes et les revers de la fortune ottomane. « C'est vous, » dit-il à Ibrahim, « qui en votre
« qualité de caïmakam, avez attiré sur la nation

« tous les désastres de ces campagnes; vous n'a-
« vez envoyé que des soldats insubordonnés et
« des généraux incapables! » Et comme Ibrahim
cherchait à balbutier une justification devant le
sultan, Sinan se levant, et entraînant hors de la
salle Ibrahim par sa ceinture, avec la fougue et
la vigueur d'un jeune homme :

« On dit que je suis vieux et décrépit, » s'écria-
t-il d'une voix tonnante ; « si Ibrahim affecte de
« croire à ma décadence, qu'il sorte, qu'il descende
« dans la cour, qu'il lutte avec moi, soit corps à
« corps avec nos bras, soit à cheval avec nos sa-
« bres, et que le sultan donne le gouvernement au
« vainqueur! » Le sultan, rougissant de son inaction à la fleur de sa jeunesse devant un vieillard
à qui le salut de l'empire rendait la verdeur et la
colère de ses premiers jours, céda enfin aux instances de Sinan et marcha au printemps avec
cent cinquante mille hommes au Danube.

Sinan mourut, malheureusement, à la veille de
la campagne qu'il avait inspirée, préparée, et qu'il
allait conduire. Son héritage égalait la fortune
d'un roi. L'Europe, l'Afrique et l'Asie l'avaient
accumulé pendant sa longue vie. L'inventaire de
son trésor, conservé jusqu'à nos jours, énumère
vingt caisses pleines de lingots d'or brut, quinze

chapelets de grosses perles, trente nœuds de diamants, vingt urnes de poudre d'or, vingt aiguières de même métal, un jeu d'échecs, sept tapis de table en cuir parsemé de diamants, seize écrans, seize selles de cheval, trente-quatre étriers, trente-deux cuirasses incrustées de rubis, cent quarante casques, cent vingt ceintures, seize brassards en pierreries, des services de table en argent ciselé, six cents fourrures de zibeline, six cents de lynx, trente pelisses de renards noirs, deux mille pièces d'étoffes tissées d'or et de soie, neuf cents pelisses de petit-gris de Russie, soixante boisseaux de perles, six cent mille ducats d'or et deux millions de piastres en argent.

Ces mobiliers et ces trésors trouvés à la fin de leurs jours dans les souterrains des généraux ou des vizirs attestent la crainte de la confiscation, la constitution vicieuse de la propriété en Turquie. Ces richesses inactives ou enfouies appauvrissaient le pays au lieu de l'enrichir. La seule richesse utile est celle qui se fie au sol et qui se reproduit par le travail. L'or du Mexique appauvrissait déjà les Espagnols; les trésors de l'Orient et de l'Europe allaient appauvrir les Ottomans.

Ibrahim monta enfin au rang de grand vizir à la place de Sinan.

VIII

La sultane Validé redoutait le départ de son fils pour le Danube. Dans son désespoir de voir s'éloigner d'elle le fils sous le nom de qui elle régnait, Safiyé, quoique Vénitienne de patrie et chrétienne de souvenir, trama un massacre général des chrétiens de tout l'empire, à l'imitation de Catherine de Médicis, son modèle, qui avait enivré son fils du sang de la Saint-Barthélemy. L'horreur de ce crime le fit avorter dans le harem qui l'avait conçu. Le sultan se borna à bannir de Constantinople tous les Grecs chrétiens qui n'y étaient pas fixés par leur famille établie immémorialement dans la capitale. Pour consoler sa mère de son départ, il ajouta à sa dotation trois mille piastres par jour, et trois cent mille piastres de gratification par an, un million de piastres annuel pour argent de pantoufles ou de toilette.

Mahomet III partit de Constantinople le 21 juin 1596. Le grand vizir Ibrahim commandait l'armée; le secrétaire d'État Séadeddin, la lumière du conseil depuis deux règnes, dirigeait les affaires civiles et diplomatiques sous le grand vizir.

Séadeddin, homme principal dans une situation secondaire, fut l'âme de l'expédition.

Parvenu sous les murs d'Erlau, en Hongrie, le sultan somma la ville de se rendre. — « Je jure, « par le cheval que je monte et par le sabre qui « ceint mes flancs, » dit-il dans sa sommation à l'armée hongroise d'Erlau, « que je vous laisserai « libres de vous retirer sans obstacles de la forte- « resse. » Erlau tomba en douze jours sous les canons d'Ibrahim. Les Hongrois qui avaient écorché vif, pendant la campagne précédente, les Turcs prisonniers à Hatwan, en représailles, furent immolés.

L'archiduc Maximilien, Sigismond, prince insurgé de Transylvanie, et le prince Michel de Valachie s'avançaient avec trois armées combinées pour disputer Erlau aux Turcs. Leurs avantgardes avaient repoussé Hassan-Sokolli, le fils du fameux grand vizir de ce nom, sur l'armée du sultan. On parlait de retraite. « Il serait « inouï, » dit Sokolli dans le conseil, « qu'un « padischah des Ottomans eût jamais tourné le « dos à l'ennemi sans motifs ! » Le secrétaire d'État Séadeddin, accoutumé à l'énergie des résolutions de Soliman, appuya Hassan-Sokolli : « Ceci, » dit-il avec une courageuse sincérité de-

vant le sultan indécis, « n'est pas une circon-
« stance où l'on puisse employer des seconds;
« la présence du padischah lui-même est com-
« mandée par l'honneur et la nécessité. »

On marcha à l'ennemi quelques jours après.

Cependant la sultane Validé conjurait son fils de revenir à Constantinople. Le sultan inclinait aux conseils de sa mère, mais il voulait que ce départ parût à l'armée imposé par ses vizirs. « Mon lala, » écrivit-il au grand vizir, « quel in-
« convénient y aurait-il à ce que je partisse pour
« Constantinople en te laissant ici comme ser-
« dar? »

Le grand vizir et Ibrahim osèrent réfuter ce désir d'abandonner l'armée. La présence du padischah pouvait seule ramener la discipline et le zèle dans les troupes. Mahomet III, entraîné plus que convaincu, assista le 26 octobre 1596 à la bataille contre l'archiduc Maximilien, qui commandait les Allemands et les Hongrois. C'était depuis Orsova sous Bajazet Ier, et depuis Varna sous Amurat II, le duel le plus décisif entre les Turcs et les chrétiens pour la possession du Danube. Quatre cent mille combattants des deux côtés s'étendaient en deux lignes séparées par un sol fangeux, presque liquéfié par les premières pluies d'automne. La droite des Turcs était composée, contre l'usage, des généraux et des troupes asiatiques qui cèdent ordinairement le pas aux troupes d'Europe; l'armée d'Andrinople formait la gauche; Cicala, fils du renégat de Gênes naturalisé par tant de services sur terre et sur mer, commandait l'avant-garde avec les fougueux cavaliers du Diarbékir.

Le sultan inexpérimenté de la guerre était placé sur une éminence un peu en arrière, au milieu de la ligne de bataille; l'étendard sacré flottait sur sa tête; six escadrons asiatiques d'élite veillaient sur sa personne; Séadeddin, aussi bon conseiller de guerre que de paix, était à côté de lui pour lui inspirer le génie du moment; les bagages de l'armée formaient un rempart autour de l'éminence; les janissaires, distincts du reste de l'armée, se groupaient autour d'une église en ruine qui surmontait un marais; cent vingt pièces de canon, liées les unes aux autres par des chaînes, selon l'habitude inhabile des Persans et des Turcs, présentaient une citadelle redoutable, mais immobile, entre les janissaires et les Asiatiques.

Maximilien, en général consommé, rangeant son armée en forme de cône pour briser les

Turcs par leur centre, enfonça, de la première charge, la ligne qui couvrait l'éminence d'où Mahomet contemplait le combat. Ses escadrons, passant par la brèche ouverte à travers les rangs rompus des Turcs, gravirent au galop le mamelon, et pénétrèrent le sabre à la main jusqu'aux tentes impériales. Le sultan, surpris par cette foule de chevaliers hongrois qui débordaient de toutes parts sa retraite, ne fut sauvé que par les pages, les porteurs de bois, les planteurs de tentes, les chameliers, les cuisiniers armés au hasard de haches, de couteaux, de broches, de pieux qu'ils trouvèrent sous leur main pour couvrir leur maître. Séadeddin l'abrita enfin derrière la ligne épaisse des chariots et des chameaux, des bagages dans la tente de Younisbeg, général des Mouteferrikas. « Ne tremblez pas, » dit-il au sultan; « la patience ramène la victoire, « et la fortune succède aux revers. » Ces paroles, prononcées avec sang-froid au moment de la panique, où les cœurs, selon l'expression énergique du Coran, remontent dans la gorge de l'homme, rendirent l'espérance à Mahomet. On lui jeta sur les épaules le manteau du Prophète, cette relique la plus sainte des musulmans, sous laquelle on ne peut être abandonné d'Allah.

A cet aspect les janissaires dispersés se rallièrent; Cicala, qui avait placé son avant-garde de cavalerie arabe derrière une forêt, et qui avait laissé passer l'ouragan hongrois, pour fondre au moment décisif sur leurs escadrons décomposés par la charge, vola au secours du sultan. L'assaut des tentes impériales par les Allemands avait dégénéré en pillage; les soldats, éblouis par les richesses de ces étoffes et de ces meubles, se les partageaient en lambeaux, avides de dépouilles avant la victoire. Déjà les caisses du trésor de l'armée défoncées à coups de hache laissaient rouler leurs aspres et leurs ducats d'or sous leurs mains; Cicala les écrasa sous sa charge de vingt mille sabres. Les Hongrois et les Allemands débandés moururent ou s'enfuirent bientôt noyés dans la fange du marais; les deux ailes, un moment coupées du centre, se replièrent au drapeau du Prophète déployé de nouveau sur le mamelon; elles enveloppèrent l'armée de Maximilien, privée de sa cavalerie et de son artillerie, et changèrent une fausse victoire en une immense fuite. Cinquante mille Allemands périrent dans les marécages; cent vingt pièces de canon restèrent embourbées dans les mains des Turcs. Avant le coucher du soleil, ils n'apercevaient plus un ennemi devant eux.

Le grand vizir Ibrahim achevait la victoire par la poursuite à la tête des cavaliers les plus rapides de l'Asie. Le sultan, rentré dans ses tentes, recevait les félicitations de ses généraux; il avait, grâce à Séadeddin, ressaisi en quelques heures le prestige évanoui des armes ottomanes et les provinces un moment détachées de l'empire. Il devait la victoire et la vie à la manœuvre et à l'intrépidité de Cicala qui n'avait pas désespéré dans la défaite, et qui n'avait pas craint d'attaquer avec une avant-garde toute une armée. Au moment où Cicala entrait dans la tente impériale pour baiser la main du sultan, Mahomet le nomma grand vizir, seul poste digne d'un tel service : « Celui qui a sauvé l'empire doit le gouverner, » dit-il à Cicala, en lui remettant les sceaux qu'il portait sous son caftan.

Cependant le sultan, en récompensant son général, craignit de mécontenter le favori de son père et le sien, Ibrahim. A son retour de la poursuite, Ibrahim ignorait encore ce qui s'était passé dans la tente de Mahomet. Il se préparait à exercer le lendemain, à la revue des troupes, les fonctions de grand vizir; nul n'osait, pas même le sultan, le contrister dans son triomphe en lui annonçant sa déposition. Séadeddin représenta au chambellan, l'eunuque Ghaznéfer, l'embarras et le danger d'une plus longue réticence qui laissait les sceaux à deux grands vizirs, et l'État sans gouvernement sous une double autorité.

Ghaznéfer, quoique aimé de son maître, n'osait lui reprocher sa timidité. Le grand écuyer Ahmed, rude Asiatique accoutumé à la franchise des camps, se chargea de la sommation sous forme indirecte et parabolique : « C'est demain « que votre hautesse passera en revue son ar- « mée, » dit-il en interrogeant du regard le sultan avec une expression de visage qui donnait un double sens à ses paroles; « il faut pourtant « que vos esclaves sachent quel cheval vous vou- « lez monter pour passer devant vos troupes? »

Mahomet, qui comprit à demi-mot l'intention de son écuyer, ne répondit pas sur le choix du cheval, mais, s'adressant au grand chambellan Ghaznéfer : « Allez, » dit-il, « retirer les sceaux « de l'empire à Ibrahim et portez-les à Cicala. »

IX

Cicala fut déposé aussi soudainement qu'il avait été élevé. Sa sévérité militaire mécontenta l'armée amollie par l'indiscipline des dernières campagnes. Trente mille Asiatiques de Caramanie, de Bithynie et de Saroukhan qu'il avait fait rayer du registre de solde pour s'être absentés du drapeau, traversèrent en groupes tumultueux les provinces d'Europe, et, se choisissant des chefs de leur nation, semèrent la révolte, le pillage et la terreur en Asie.

La sultane Validé, liée d'intrigue avec le favori Ibrahim, protesta dans ses lettres contre la nomination de Cicala. Ses lettres rencontrèrent son fils à Khirmenli, pendant son retour de Hongrie à Constantinople. Après avoir lu les lettres de sa mère, il fit retirer le sceau à Cicala et le remit à Ibrahim. Tous les ennemis du favori, Cicala, Séadeddin, le grand écuyer Ahmed, furent destitués ou déposés de leur charge. L'âge et la renommée de Séadeddin le préservèrent seul de l'exil. La sultane Validé accourut au-devant de son fils sur la route d'Andrinople.

Son entrée triomphale à Constantinople rivalisa avec les triomphes de Soliman II. Un ambassadeur de Perse envoyé par Schah-Abbas y éblouit les yeux des Turcs par une suite de mille cavaliers, et par des présents dignes du possesseur d'Ormus. L'ambassadeur de Venise, Capello, et l'ambassadeur de France y relevèrent par leur présence et par leurs félicitations la gloire de la victoire de Kéresztes. La France conjurait en ce moment Mahomet III de joindre ses forces à celles du roi pour secourir les Maures d'Espagne contre les Espagnols.

X

Des troubles civils en Crimée dénoncés par des assassinats dans la famille régnante de Ghéraï ; une molle campagne en Hongrie terminée par des revers forcèrent la sultane mère et son fils à abandonner le grand vizir Ibrahim à l'opinion publique.

Après de vaines tentatives pour trouver un homme à la fois capable et assujetti aux volontés de la Vénitienne, on tira du château des Sept-Tours Hassan-Pacha, le dilapidateur de l'Égypte, et on lui donna le gouvernement. Il gagna la faveur de la sultane en lui promettant des richesses dont elle devenait plus insatiable avec les années; il la perdit en demandant au sultan la tête de son favori, l'eunuque Ghaznéfer, grand chambellan du sérail. Reconduit le 8 avril 1598 par le bostandji-baschi dans sa prison des Sept-

Tours, il y fut étranglé six jours après. Ses richesses disparurent avec lui. Son trésorier, en fuyant, emporta ce mystère.

Djerrah-Mohammed, second vizir, homme de peu d'éclat, reçut les sceaux avec ces mots de la main du sultan qui ne lui laissaient pas la liberté du refus : « Si tu ne fais pas ton devoir, tu seras « écartelé, et ton nom sera couvert d'une éter- « nelle infamie. »

Sous ce vizir, les généraux autrichiens et hongrois Schwarzenberg et Palfy, surprirent la ville de Raab. Le pacha turc, un sabre dans chaque main, se défendit jusqu'à la mort sur la porte ouverte aux Hongrois par la trahison de ses habitants. Ses trois cents soldats réfugiés dans le magasin à poudres, s'y firent sauter pour échapper aux tortures. Le serdar de l'armée de Hongrie tenta de laver cet affront dans le sang des Allemands. Pendant sa marche sur la Theïss, ses janissaires mécontents se soulevèrent, coupèrent les cordes de sa tente pour la faire écrouler sur sa tête, le frappèrent à coups de bâton, et ne lui laissèrent la vie que sur les supplications de leur aga.

Othman *Sans Oreilles*, ainsi nommé pour avoir eu les oreilles coupées sur le champ de bataille, en Perse, sauva la capitale Ofen, assiégée par les Allemands. Vingt mille Valaques, sous les ordres de leur prince Michel, reparurent en Valachie contre Hafiz-Pacha, gouverneur militaire de cette province, pour affronter les Turcs; ils promenèrent dans la campagne un mannequin de femme revêtu des habits et des armes d'Hafiz-Pacha. Les rires des Valaques couvrirent de rougeur le front des Turcs. Hafiz vaincu se replia sur Schumla. Sa honte reflua sur le grand vizir Djerrah-Mohammed, qui fut déposé, et remit une troisième fois les sceaux à Ibrahim.

Le favori repartit pour le Danube, suivi de quarante mille janissaires; un katti-schérif du sultan lui livrait la vie du sérasker de l'armée d'Europe Satourdji-Pacha son ennemi. L'aga des janissaires Hassan reçut ordre d'exécuter le sérasker. Arrivé à Andrinople, l'aga convia le sérasker à un festin sous sa tente; à la fin du repas, il tira de son sein le katti-schérif et fit signe aux yaya-baschis de massacrer son convive. La tête de Satourdji roula sur le tapis. Ibrahim, absent d'Andrinople pendant cette exécution, jura qu'elle était le crime d'Hassan. La perfidie des Esclavons s'associait dans ce favori à l'ambition et à l'adulation, vices de ces barbares, mal recouverts du vernis des cours. Il marcha sur Gran et reconquit cette citadelle perdue dans l'avant-dernière campagne.

Le khan de Crimée Ghazi-Ghéraï amena cinquante mille Tartares à l'armée. Mais le meurtre de Satourdji lui faisait tout redouter d'Ibrahim. Les deux généraux ne réunirent jamais leurs troupes en un seul corps d'armée, et ne conférèrent entre eux qu'à cheval en pleine campagne, suivis d'un nombre égal de cavaliers. En automne, le khan des Tartares refusa d'hiverner sur les rives du Danube et ramena sa cavalerie en Crimée.

Des négociations avec la cour d'Autriche furent tentées pendant l'hiver; on ne put s'entendre; Ibrahim, qui désirait la paix, s'attacha, par une discipline sévère et par une rigoureuse répression de toute violence et de tout pillage, à ramener aux Ottomans l'affection des Hongrois, des Valaques et des populations chrétiennes de ces frontières. Il effaça entre elles et ses soldats, par une sage tolérance, les antipathies de religion; les Hongrois, les Serviens, les Valaques grossirent volontairement les rangs de l'armée turque contre les Allemands plus indisciplinés et aussi barbares alors que leurs ennemis.

La guerre de Hongrie se poursuivit sans résultats dignes de l'histoire depuis la première année du xvɪɪe siècle (1600) jusqu'en 1608. Ibrahim qui la dirigeait plus en homme d'État qu'en guerrier avait transporté pour ainsi dire le gouvernement à Belgrade.

La sultane Validé, Safiyé, se maintenait au pouvoir à Constantinople par son ascendant sur son fils. Elle avait affermi cet ascendant en faisant présent à Mahomet III d'une esclave d'une incomparable beauté qui donna un héritier au trône, Sélim. Ces belles esclaves introduites par la Validé dans le harem de son fils étaient les confidentes et les instruments de sa politique. L'habitude du gouvernement, disent les relations vénitiennes de l'époque, était devenue une indomptable passion dans cette femme. Jamais depuis Roxelane le harem n'avait plus complétement dominé le divan. La nourrice Raziyé entremetteuse des intrigues de cette cour féminine sous Amurat III, venait de mourir en laissant d'immenses richesses et un fils pacha d'Alep et beglerbeg d'Erzeroum ; on lui avait fait des funérailles magnifiques ; son tombeau s'élevait comme celui d'une impératrice auprès du palais impérial de Beschiktasch. Cicala le Génois et Ghaznéfer l'eunuque hongrois, affermis et enrichis comme Ibrahim dans les plus hautes dignités de la cour par la Validé, appelaient à eux pour héritiers de leurs richesses de jeunes parents auxquels ils faisaient embrasser l'islamisme. Ce règne des femmes pour qui plaire est le seul mérite des favoris, commençait à soulever de temps en temps l'indignation des vrais Ottomans.

Le corps des spahis resté à Constantinople pour la garde du sultan accusait la juive Kira, favorite de la sultane Validé, de vendre les *timars* ou *fiefs* militaires à prix d'argent au lieu de les donner au mérite et à la valeur. Ce commerce des dignités militaires fit demander aux spahis la tête de la juive. Le caïmakam Khalil, qui gouvernait la capitale en l'absence d'Ibrahim, n'osa refuser cette satisfaction sanglante aux spahis. Cerné dans son palais par une émeute de soldats, le caïmakam fut contraint d'envoyer à la juive l'ordre de comparaître devant lui avec ses trois fils. Livrer cette victime aux révoltés lui parut le seul moyen de détourner leur fureur de la tête de la sultane Validé sa protectrice. Kira fut dépecée en lambeaux ainsi que ses trois fils en montant l'escalier du palais du caïmakam. Leurs membres palpitants furent cloués par les soldats aux portes des vizirs et des pachas accusés d'avoir trempé avec cette femme dans ce commerce des faveurs de la cour.

L'empire perdit, la même année, son plus grand homme d'État dans l'historien Séadeddin, et son plus grand poëte dans l'immortel Baki. Un autre historien, le secrétaire des janissaires, Ali, auteur du *Livre de la victoire*, du récit de la campagne de Géorgie et de la guerre de Hongrie, mourut à la fin de la même année. Annaliste intègre, impartial et courageux, Ali ne flatte pas même sa nation dans ses récits. Il comprend que flatter son temps c'est corrompre l'avenir. Il est le témoin pour la postérité; les Turcs lui doivent plus que de la gloire, ils lui doivent la vérité sur trois règnes de leur histoire.

XI

Cependant le prince Michel de Valachie, intimidé et contenu par la présence d'Ibrahim sur le Danube, sollicitait enfin la paix. Ibrahim accueillit un Valaque, son ambassadeur, nommé Dimo, et l'envoya à Constantinople pour exposer ses propositions au divan. L'eunuque Hafiz-Ahmed, victime autrefois, pendant la guerre de Valachie, d'une perfidie de Dimo, parvint à obtenir du muphti un *fetwa* ou jugement qui condamnait ce Valaque au supplice. Hafiz-Ahmed, alors caïmakam, le fit pendre par des crochets de fer à un mur et expirer dans de lentes tortures. Cette violation du sauf-conduit et du titre d'ambassadeur indigna Ibrahim; il s'en plaignit dans ses lettres à la sultane Validé, qui fit destituer Hafiz-Ahmed et nommer à sa place un de ses protégés, Hassan *le Fruitier*.

Les Autrichiens, pendant ces négociations, redoutant la défection de Michel à leur cause, le firent assassiner en Transylvanie. Ibrahim renoua, par l'intermédiaire du khan des Tartares, des négociations pour la paix avec Vienne. La mort le surprit à Belgrade au moment où il allait signer la paix. Son corps, rapporté à Constantinople, fut enseveli, avec des honneurs presque souverains, dans le parvis de la mosquée des princes. Ce favori devenu homme d'État et guerrier par le long exercice du pouvoir, aspirait, comme le premier Sokolli, à consolider plus qu'à conquérir. Il fut le premier des grands vizirs qui ne rougit pas de proposer des traités de paix au nom de son maître. Sa mort perpétua des guerres que sa sagesse allait assoupir.

La sultane Validé donna la dignité de grand vizir à son protégé le caïmakam Hassan *le Fruitier*. Le sultan fit présent à Hassan des tentes, des chevaux, des chameaux, des mulets, des armes d'Ibrahim. Il lui promit jusqu'à sa veuve, la sultane Aïsché, pour épouse après les mois du veuvage écoulés. Hassan partit avec la promptitude d'un soldat pour la rive du Danube. Soixante mille janissaires et spahis le rejoignirent dans la plaine de Semlin, sur la rive gauche du fleuve, en face de Belgrade.

Les Autrichiens, commandés par l'archiduc Ferdinand, assiégeaient la forteresse turque de Kanischa. Hassan-Teryaki, ou Hassan *le Fumeur d'opium*, la défendait avec l'héroïsme d'un Ottoman des premiers jours. A l'approche du grand vizir, les Autrichiens abandonnèrent le siége ; leurs canons et des milliers de cadavres restèrent dans les tranchées. Hassan-Teryaki, assis à la porte de la ville, des sacs de piastres sous la main, distribuait des pièces d'or à tous ceux de ses soldats qui lui apportaient des têtes d'ennemis. L'archiduc, dans sa précipitation de fuite, avait laissé sa tente debout et meublée dans son camp forcé. Hassan y entra, fit une prière sur le tapis, puis, tirant son sabre, il fendit d'un seul coup le trône de l'archiduc, le fit voler en morceaux, et s'assit fièrement sur les débris. Vingt mille prisonniers, soixante canons, tous les trésors et tout le bagage de l'armée autrichienne tombèrent en peu de jours dans les mains de Hassan-Teryaki. Il abandonna tout à ses soldats, ne se réservant que la gloire. La tente de Ferdinand et les canons furent offerts en présent au grand vizir.

Le grand vizir, après avoir rejoint Hassan, le nomma pacha à trois queues, et lui fit présent de trois chevaux de guerre. Le sultan, pour récompenser le grand vizir, lui envoya, avec une dot de quarante mille ducats d'or, la sultane Aïsché, veuve d'Ibrahim, qu'il lui avait réservée comme encouragement et comme prix de la campagne.

XII

Pendant ces succès en Hongrie, un rebelle asiatique, nommé Karayazidji (ou l'écrivain noir), insurgeait les Arabes et les Turcomans contre les gouverneurs de Mahomet III, et remportait victoire sur victoire sur ses généraux. L'exemption d'impôts était le mobile de ce tribun armé sur les populations mal domptées de la Cilicie et de la Cappadoce. Le fils du fameux vizir Sokolli, envoyé contre Karayazidji, vers Césarée de Cappadoce, anéantit enfin ce rebelle qui mourut de ses blessures dans les montagnes de Djanik, branche du Taurus. Ses partisans coupèrent son corps en morceaux et ensevelirent chacun de ses membres dans une contrée différente, pour que son tombeau découvert par les Turcs ne livrât pas du moins ses restes entiers à la profanation.

Hassan *le Fou*, son frère, succéda à sa popularité; il évoqua de nouveau l'insurrection dans ce fond de l'Asie, reflua avec des masses innombrables sur Sokolli, qui fut obligé de se réfugier dans les murs de Tokat. Les rebelles ravagèrent impunément la vallée de Tokat; ils saccagèrent le jardin de Sokolli, situé dans les environs, et appelé à cause de sa magnificence et de ses délices le Jardin du paradis, *Djennet-baghi*. Les parterres au lieu de fleurs naturelles étincelaient de rubis et de pierres fines, imitant la forme des fleurs et dépassant leur éclat. Ces trésors de l'art persan devinrent les décorations des armes et des harnais des barbares.

Le sultan, pour punir la défaite de Sokolli, nomma à sa place Khosrew-Pacha, sérasker de l'armée de Tokat contre les partisans de Karayazidji. Mais Sokolli était si fier de son nom, de ses richesses, de ses dignités que personne n'osait lui apprendre sa déposition. Il menaçait de mort quiconque lui parlerait de descendre de son rang de sérasker. Son kyaya et son propre frère échappèrent avec peine à sa fureur, pour avoir osé lui conseiller l'obéissance aux ordres du sultan. Il continuait à défendre Tokat contre les rebelles, avec l'intrépidité et le fatalisme d'un héros, lorsqu'un matin qu'il s'était assis comme à l'ordinaire devant la porte de son palais pour donner des ordres aux troupes, un arquebusier turc, posté sur une éminence d'où l'on voyait le sérasker, le visa et le renversa mort, mais non dégradé, sur son tapis. Tokat tomba avec lui. Le chef des rebelles, Hassan *le Fou*, inonda de ses bandes l'Asie Mineure, et cerna dans Kutaïah le nouveau sérasker Khosrew-Pacha. L'hiver suspendit seul ses progrès.

Cicala-Pacha, nommé capitan-pacha comme son père, défendait les côtes d'Afrique contre André Doria et don Juan de Cordoue, et ravageait les côtes d'Italie. Stuhlveissenbourg, sépulcre des rois de Hongrie et siége de leur couronnement, tombait aux mains du grand vizir. Ofen et Pesth séparées seulement par le Danube étaient assiégées, l'une par les Autrichiens, l'autre par les Turcs. Le khan des Tartares, Ghazi-Ghéraï, revenu avec ses troupes en

Hongrie depuis la mort d'Ibrahim, se contentait de ravager le pays sous le pas de ses chevaux et de chanter dans des poésies en langue turque les délices des vins de Tokai. La guerre était incohérente et molle comme une lassitude de combats.

Ces oisivetés de la guerre en Europe et ces désastres en Asie aigrissaient le patriotisme des spahis de Constantinople. Ils rédigèrent par leurs écrivains, et ils apportèrent les armes à la main, une supplique séditieuse au sultan, pour lui demander les têtes de l'eunuque hongrois favori de deux règnes, Ghaznéfer, de l'ancien caïmakam Hassan *l'Horloger*, et d'un autre Hassan surnommé Tirnakdji, qui occupait dans le divan le rang de quatrième vizir. Ces têtes, disaient les spahis, expiaient les corruptions du sérail et les funestes conseils donnés au sultan par ses favoris. L'empire ne se régénérait que dans le sang de ses corrupteurs.

Mahomet III, assiégé dans le sérail par ses propres défenseurs, comparut devant eux sur un trône élevé dans la dernière cour, moins en souverain qu'en suppliant. Il leur disputa en vain, une à une, les têtes de ses plus chers confidents; pour une qu'on lui accordait, on en exigeait une autre. Hassan *l'Horloger* tiré du château des Sept-Tours harangua ses bourreaux, et leur prouva, les ordres du grand vizir à la main, qu'il n'avait fait que son devoir en Asie. On le renvoya justifié. Hassan Tirnakdji implora la vie à genoux devant les spahis, et obtint sa grâce de l'intercession des janissaires. Mais Othman le kislar-aga et Ghaznéfer le chef des eunuques blancs, plus odieux parce qu'ils étaient plus chers à leur maître et à sa mère, sacrifiés avec larmes par Mahomet, livrèrent leurs têtes quoique innocentes au sabre des spahis. Le sultan fut contraint d'assister à leur supplice, de saluer les troupes devant ces cadavres, comme pour les remercier de leur crime, et de dévorer sa honte et sa douleur dans le secret de son harem.

XIII

Le grand vizir, rappelé par des lettres urgentes de la sultane Validé, accourait en secret à Constantinople pour rétablir l'ordre et venger ces crimes. Arrivé aux portes de la capitale, Hassan *le Fruitier* n'osa y entrer que la nuit, de peur que les spahis ne lui défendissent de passer les portes. Il se glissa furtivement dans son palais.

Le sultan lui envoya un eunuque pour le féliciter de son retour, et pour l'assurer de sa faveur et de son appui. Pendant la nuit, le caïmakam Mahmoud-Pacha, quoique son ennemi, et les deux juges de l'armée, vinrent concerter avec lui le rétablissement de l'autorité et la punition des coupables. Le muphti qu'il attendait pour justifier ses sévérités par un fetwa n'y parut pas. Les spahis informés des mesures qu'on préparait contre eux le gardaient à vue dans sa maison, et lui avaient arraché un fetwa de mort contre le grand vizir. L'aga des janissaires et les deux grands juges de l'armée, intimidés par ce fetwa du muphti, abandonnèrent lâchement la cause d'Hassan, et se chargèrent de concourir à l'arrêt de mort.

Cependant Hassan déserté dans son palais par les soutiens naturels de l'ordre, sentait sans faiblesse le vide qui se faisait autour de lui. Il écrivit un billet au sultan dans lequel il lui traçait la conduite à tenir : « Mahmoud, l'aga des janis-
« saires, nous trahit, » disait-il dans cette confidence; « il s'entend avec les rebelles; il leur a
« promis trente mille ducats pour me renverser;
« voici ce qu'il faut répondre au rapport qu'il
« va vous adresser : *Ce que fait mon vizir, il le*

« *fait par mon ordre ; je ne veux pas que personne
« s'immisce dans les hautes affaires du gouverne-
« ment.* » Hassan demandait que dans la nuit
suivante la tête du traître Mahmoud expiât ses
intrigues et décourageât ses complices.

Mahomet III lui accorda le katti-schérif qui
légalisait le supplice de l'aga; le grand chambellan Kazim fut chargé de l'exécution ; mais
Mahmoud, qui soupçonnait le piége, se déroba
à Kazim en se cachant dans une des casernes
des janissaires. Le matin la sédition militaire
bouillonnait sans répression dans les casernes.

XIV

Hassan *le Fruitier* n'attendant plus de secours
que de son courage et de l'indignation des bons
musulmans, se barricada dans son palais et contint pendant tout le jour les spahis par son attitude. Au coucher du soleil, il s'enferma dans
un kiosk attenant à l'appartement de la sultane
Aïsché, sa fiancée, qui habitait déjà son palais,
mais chez laquelle il n'avait pas encore le droit
d'entrer, parce que les cérémonies de ses noces
avec cette veuve d'Ibrahim n'étaient pas entièrement accomplies. Cet asile inviolable du harem

le couvrit jusqu'au soir contre les recherches des spahis. Les ténèbres lui permirent de s'évader par une porte du jardin, et d'aller s'installer dans la maison même de l'aga des janissaires, Mahmoud, dont il avait la veille demandé la tête. De là il envoya pendant la nuit des messagers à tous les généraux et à tous les magistrats réputés fidèles, pour leur donner l'ordre de se réunir au lever du jour avec leurs soldats et leurs serviteurs armés sous le parvis de la mosquée de Soliman, en face de la maison de l'aga des janissaires.

Au point du jour le parvis, la place, la cour du palais de l'aga ressemblaient à un camp sous les armes. Le grand vizir fit la prière du matin dans la mosquée, puis se plaçant sur une des marches élevées du péristyle, il lut à la multitude une adresse du sultan à ses troupes :

« Janissaires, mes braves serviteurs, » disait cette adresse, « je vous remercie ! Ma faveur vous
« est justement acquise; depuis le règne de mes
« ancêtres jusqu'au mien, vous avez été irrépro-
« chables. Continuez à rester dans le devoir, et
« aidez mon grand vizir à punir de misérables
« rebelles; ma faveur et mon amitié sont avec
« vous. »

XIV

Les janissaires émus par les paroles de leur padischah, et par l'aspect d'Hassan *le Fruitier*, soldat comme eux avant d'être vizir, jurèrent de mériter les éloges du sultan, et de réprimer la rébellion des spahis. « Destituez à l'instant « l'infidèle muphti, » crièrent-ils à Hassan. — « Qu'il soit fait selon vos désirs, » répondit Hassan.

Il convoqua à l'instant les oulémas et les cinq vizirs à un divan général dans la mosquée; tous y accoururent, à l'exception du capitan-pacha, Cicala, le Génois, qui s'y fit traîner de force par les chiaoux, comme pour protester d'avance contre les résolutions que le divan tumultueux allait promulguer. Pendant que le divan délibérait, les officiers des janissaires parlementaient avec les spahis campés sur la place de l'hippodrome près de la ménagerie des lions. Les spahis repoussèrent toute avance de paix.

Deux chambellans rapportèrent du sérail à la mosquée de Soliman un firman du sultan qui ratifiait la déposition du muphti, et nommait à sa place Mustafa-Effendi, ouléma, célèbre par ses lumières et par ses vertus. Un autre firman nommait Ferhad-Pacha aga des janissaires à la place de Mahmoud, évadé la veille de son palais. Le nouveau muphti prononça sans hésiter le licenciement des spahis révoltés, et le supplice de leurs officiers. Ferhad-Pacha s'élança sur son cheval, entraîna à sa suite les janissaires et le peuple, balaya l'hippodrome des spahis qui remplissaient la place, et emporta d'assaut le Khan de Plomb, vaste rotonde couverte en métal, dont les spahis s'étaient fait une forteresse. Avant la prière de midi, la révolte résolûment abordée avait disparu des rues de Constantinople, et rendu la majesté au palais

Quelques exécutions rapides des meneurs de la soldatesque confirmèrent la victoire d'Hassan. Othman Poriaz, un de ses vieux compagnons de guerre, confessa devant lui sa faute qu'il attribua aux suggestions du muphti, et demanda pour toute grâce de n'être pas étranglé comme les femmes, mais d'être décapité comme un soldat. Hassan lui accorda cette grâce ainsi qu'à Oghuz, autre chef repentant des spahis. On poursuivit le sabre à la main tous les complices de la révolte désignés par les délateurs. Un des plus coupables, Djizmi, pour s'échapper de Constantinople, se fit ensevelir et transporter dans un cercueil par ses serviteurs au cimetière de Scutari, sur la côte d'Asie. Ce subterfuge le sauva du glaive des lois, mais non du glaive des assassins : ses serviteurs l'égorgèrent dans les montagnes de Magnésie pour se partager les trésors qu'il emportait dans sa fuite.

Le muphti et le caïmakam réfugiés ensemble dans la mosquée des marchands, asile sacré, y bravèrent leur arrêt de mort sous la protection des imans. Un des vizirs fut décapité, malgré son rang, par l'ordre et sous les yeux du grand vizir. Hassan *l'Horloger* fut exilé à Trébizonde ; Cicala, le capitan-pacha, dont le grand vizir sollicitait vainement la tête, ne dut son salut qu'à son titre de gendre de la sultane Validé ; mais il n'osa plus reparaître au divan pour y exercer les fonctions de son ministère de la marine.

L'inflexible Hassan, incapable de plier sa politique aux manéges des cours, perdit la faveur de son maître par la sévérité même qu'il apportait à le venger. L'aga des janissaires Ferhad, le muphti, le défterdar s'entendirent pour aliéner de lui la Vénitienne Safiyé. Ils le représentèrent comme un dictateur féroce qui corrompait la fidélité des janissaires par des gratifications excessives, afin de s'assurer, au besoin, leur appui contre le sultan lui-même.

Hassan lisait ces ombrages sur le front de son maître. C'était le temps où la sultane Validé faisait construire hors des murs, dans la plaine de Daoud-Pacha, un palais immense et fortifié pour y trouver asile au milieu d'un camp contre de nouvelles agitations de la capitale. Un jour que le sultan visitait avec le grand vizir ce palais, Hassan lui demanda une audience particulière pour une affaire pressante. Le sultan, ordinairement gracieux et complaisant pour le vizir, l'ajourna froidement au prochain divan. Hassan pressentit sa chute et ne chercha pas à la prévenir.

Après le premier divan qui suivit ce refus d'audience, et rentré dans son palais, il écrivait à la sultane Validé pour lui rendre compte d'une affaire, quand le grand chambellan vint lui redemander le sceau de l'empire. Il le rendit sans murmure, et se retira à l'instant dans ses jardins de Sudlidjé sur le Bosphore appartenant à la sultane Esma son épouse.

Au bruit de la déposition de leur grand vizir favori, les janissaires s'ameutent contre leur aga, Ferhad-Pacha, et contre le muphti, ennemis avérés d'Hassan *le Fruitier ;* ils s'attroupent sous les fenêtres et menacent d'incendier leurs demeures, si Hassan, victime de leur haine, n'est pas rétabli dans ses fonctions de grand vizir. Le muphti et l'aga se cachent dans le palais du caïmakam, Djerrah-Pacha, leur ami, qui exerce, en l'absence du grand vizir, l'autorité suprême du gouvernement.

Le sultan brave ces rumeurs, satisfait les janissaires en leur donnant un nouvel aga tiré de leurs rangs, Turk-Aga; Kazim, homme subordonné au muphti, est nommé caïmakam en attendant l'avénement d'un autre grand vizir. Ces deux soldats chers aux troupes apaisent leur fermentation. Un Bosnien de la famille chrétienne de Malcovich, nommé en Turquie Ali, et surnommé à cause de son caractère Ali le Sévère, alors gouverneur d'Égypte, reçoit le titre de grand vizir.

Pendant que la capitale rentre dans le calme par une habile combinaison de la sultane Validé, dix eunuques muets envoyés par le sultan au jardin de Sudlidjé forcent l'entrée du harem d'Hassan *le Fruitier*, l'arrachent aux bras de la sultane son épouse, sœur de Mahomet III, l'entraînent dans le jardin écarté de Khanédan pour qu'on n'entende pas ses derniers soupirs, et l'étranglent en récompense du trône et de la vie rendus par lui à son maître.

XVI

Ali le Sévère, à qui un muet avait porté au Caire les sceaux de l'empire, arrivait déjà d'Égypte à travers la Syrie et la Caramanie, semant partout sur son passage les supplices et la terreur.

A Damas, les troupes révoltées avaient fléchi sous ses bourreaux; à Adana, des têtes et des mains coupées avaient signalé sa trace; à Koniah, les quatre vizirs, Pialé, Khosrew, Ibrahim et Ali, venus en cortége au-devant de lui, avaient été chassés de sa présence et de la ville comme des dilapidateurs; à Akschyr, l'ancien chef des rebelles turcomans, Ghourghour, qui portait une énorme massue de bois dur, et qui avait coutume de la planter sur les murs des villes envahies par ses soldats, en demandant pour rançon le poids en or de cette massue, vint se soumettre de lui-même au nouveau grand vizir; Ali le laissa approcher de son cheval pour baiser son étrier, et au moment où Ghourghour se relevait de la poussière, il lui trancha la nuque d'un coup de sabre.

Un autre rebelle, Hassan *le Fou*, vainqueur impuni de Sokolli, négocia sa soumission avec plus de prudence. Ali le Sévère lui pardonna et le nomma gouverneur de Bosnie, afin d'y racheter par ses exploits contre les Autrichiens ses crimes contre les Ottomans. Hassan *le Fou*, ainsi pardonné, traversa Constantinople avec une armée de dix mille bandits asiatiques, dont l'aspect répandait l'horreur sur son passage. Les uns à demi nus portaient au cou et aux bras des amulettes et des talismans d'idolâtres; les autres laissaient flotter leurs longues chevelures comme des femmes; ils étaient armés de lances de bois, à la pointe desquelles ils agitaient des haillons blancs pour effaroucher les chevaux; des chapelets et des ossements de chameaux au cliquetis lugubre pendaient de leurs étriers de cordes. Le khan des Tartares, en les voyant arriver avec Ali *le Fou* à Andrinople, refusa de combattre avec ces sauvages dont le contact déshonorait ses soldats. Ils passèrent seuls le Danube et périrent tous avec Ali *le Fou*, leur chef, aux environs de Pesth, sous la mitraille des Autrichiens.

XVII

Un meurtre domestique ensanglanta peu de jours après le sérail lui-même.

Un des fils du sultan, le prince Mahmoud, jeune homme dont l'impatience de gloire et l'ardeur militaire inquiétaient la sultane mère par une popularité dangereuse à son fils, eut la témérité de demander au sultan et aux vizirs le commandement de l'armée chargée de réprimer les rébellions incessantes de l'Asie. Les prédictions d'un derviche, sans doute vendu à une intrigue de palais, promettaient au jeune Mahmoud des victoires et la restauration de la paix en Asie. Quelques généraux et quelques vizirs trempaient dans cette importune ambition d'un prince dont la popularité menaçait ses frères. Les muets étranglèrent pendant la nuit avec le jeune ambitieux sa mère, son prophète et ses complices. Le silence étouffa le murmure de cette exécution : le crime et la peine n'avaient pas franchi les murs du sérail.

XVIII

Mahomet III alla, dans l'automne de 1603,

habiter quelques mois ses jardins d'Andrinople, pour écarter de lui les remords de la mort de Mahmoud et de la sultane Aïsché, qui n'avait pu survivre à l'assassinat d'Hassan *le Fruitier*, étranglé si injustement sous ses yeux. Mahomet recevait aussi plus promptement à Andrinople les nouvelles de l'armée et les rapports du grand vizir, Ali *le Sévère*, qui commandait sur le Danube. La défaite et la mort des dix mille Asiatiques d'Hassan *le Fou*, sous les murs de Pesth, frappèrent son esprit. On appela en Turquie cette armée *l'armée du revers.*

Le Schah de Perse Abbas, provoqué par les béglerbegs ottomans des frontières, avait refoulé les Turcs jusqu'à Erzeroum et à Kars; il menaçait Bagdad. L'imminence du danger força le divan réuni à Constantinople, sous le caïmakam Kazim, à révoquer l'exil d'Hassan *l'Horloger*, alors relégué à Trébizonde, et à lui donner le commandement de l'armée de Perse. L'empire, découvert de tous côtés par l'absence de la cour et du grand vizir, cherchait à parer de lui-même les coups que lui portaient tant d'ennemis.

L'indolent Mahomet III, quoique dans la force de ses années, languissait à Andrinople au milieu des eunuques et des femmes. Un jour qu'il passait à cheval dans les rues de la ville, un derviche, à qui les mœurs ottomanes permettaient alors de tout dire au nom d'Allah, arrêta le cheval du sultan, et, voyant sans doute sur le visage de Mahomet des symptômes de défaillance, lui prédit une catastrophe avant peu de jours écoulés. Mahomet, dont l'âme était plus maladive que le corps, fut anéanti par la prophétie que sa superstition lui fit écouter comme un arrêt du ciel. Il mourut, en effet, le cinquante-cinquième jour après la prédiction du derviche.

Son règne, qui n'avait été que le règne de sa mère, fut la date des grandes séditions intérieures qui allaient secouer le trône et disloquer l'empire. On ne peut accuser Mahomet III que du malheur de son caractère. La nature l'avait fait bon et droit; ses faiblesses furent celles de son esprit; ses crimes furent ceux de ses favoris et de sa mère.

Trois femmes de caractères différents, mais d'ambition égale, Élisabeth en Angleterre, Catherine de Médicis en France, la sultane vénitienne Safiyé à Constantinople, semblaient avoir été prédestinées sur la fin du même siècle à gouverner parallèlement trois empires, et à étonner tour à tour le monde : la première par le despotisme de sa volonté, la seconde par de sanglantes intrigues de cour masquées de religion, la troisième par l'ascendant de ses charmes et de son ambition sur un harem. Ni les unes ni les autres n'avaient épargné leurs ennemis : Élisabeth avait décapité des favoris et une reine, Catherine de Médicis avait décimé un peuple en assassinant un parti dans une secte, Safiyé avait vu étrangler dix-neuf frères et une fille par Mahomet III pour prémunir le trône contre des compétiteurs. L'Europe et l'Asie n'avaient à se renvoyer que du sang; mais Élisabeth avait été sanguinaire par politique, Catherine de Médicis par faction, Safiyé par maternité. L'une était une reine, l'autre une ambitieuse, la dernière une mère. Des motifs différents expliquent leurs vengeances, mais la même horreur les couvre. Il n'est donné ni à la politique, ni à la religion, ni à la nature, de laver ces trois mains de femmes qui trempèrent le sceptre dans le sang.

XIX

Deux enfants enfermés dans le sérail restaient seuls des quatre fils que Mahomet III avait eus de diverses femmes : Ahmed ou Achmet, âgé de quinze ans; Moustafa, de treize.

Achmet était un de ces caractères sans vices et sans vertus, qui ne laissent d'autres traces dans la vie des nations que les dates de leur avénement et de leur mort. Moustafa était hébété par un idiotisme de naissance, qui ne pouvait faire de lui que le jouet des événements. Il dut la vie à cet idiotisme et au respect que les Ottomans ont pour ces déshérités de l'intelligence dans lesquels ils croient devoir vénérer la fatalité et pour ainsi dire la divinité du malheur. La nouvelle sultane Validé, cette belle esclave donnée à Mahomet par la Vénitienne, soit par humanité, soit par religion, ne permit pas aux muets de sacrifier l'enfant infirme d'esprit à la sécurité du trône. Achmet, qui aimait son frère, le couvrit de sa tendresse contre la loi et contre l'habitude des meurtres du sérail.

Le jeune sultan, dirigé par sa mère et par son gouverneur Lala-Mustafa, connut le premier la mort de son père dans le sérail. Il se hâta, par le conseil de sa mère, d'écrire d'une main inhabile et tremblante un katti-schérif, ou ordre personnel et direct du souverain, au caïmakam Kazim, dépositaire de tout le pouvoir en l'absence du grand vizir. Il l'enveloppa, suivant l'usage, d'un mouchoir de soie, et le fit porter par le chef des eunuques blancs. Kazim ignorait, comme toute la ville, la maladie et la mort de Mahomet. Il essaya en vain de déchiffrer les caractères illisibles du katti-schérif déployé sous ses yeux. « Qui t'a « donné cet écrit? » demanda-t-il au chef des eunuques. « Ce n'est point un katti-schérif; il n'est « point de la main du sultan. — Je l'ignore, » répondit l'eunuque. « Cet écrit m'a été remis pour « toi par le gouverneur du harem. » Kazim, de plus en plus étonné, se fit aider par le secrétaire d'État Hassanzadé, présent dans la salle. « Caï-« makam, » disait le papier, « par l'ordre de Dieu, « mon père est mort cette nuit, et je suis ton « maître; maintiens l'ordre dans la ville : s'il « arrive la moindre émotion, je te ferai trancher « la tête. »

Cette nouvelle, cet ordre, cette menace firent trembler à la fois le caïmakam de tomber dans un piége ou de désobéir à un ordre du padischah. Il se hâta d'écrire au kislar-aga, gouverneur du harem, un billet pour éclaircir ces ténèbres. « On vient de me présenter, à moi votre indigne « serviteur, » disait-il dans ce billet au kislar-aga, « un katti-schérif dont je ne puis comprendre le « sens; je ne sais s'il m'est adressé comme un « ordre réel et sérieux, ou simplement pour

« mettre mon dévouement à l'épreuve; tirez-moi
« de ma perplexité. »

Pour toute réponse à ce billet, le chef des eunuques blancs vint prendre le caïmakam et le conduisit au sérail. Kazim y trouva le jeune padischah déjà assis sur son trône, entouré de tous les grands officiers de la domesticité du palais. Il s'agenouilla devant son maître, et prit ses ordres pour les funérailles de Mahomet.

Les membres du divan, conseil de l'empire, furent convoqués, sans connaître le motif de leur convocation, à une séance extraordinaire au sérail. Ils y trouvèrent un trône vide élevé dans la cour de *la Félicité*, au pied des degrés qui montent à la dernière porte du harem. Ils entourèrent, sans oser s'interroger, ce trône, attendant l'apparition de Mahomet. Tout à coup les battants des portes du harem s'ouvrirent, et ils en virent sortir un prince de quinze ans coiffé d'un turban noir, qui salua gracieusement la foule, et qui s'assit sur le trône aux cris des chiaoux, en tendant sa main aux lèvres de ses vizirs. Les cérémonies du premier ensevelissement s'accomplirent. Les assistants entourèrent leurs turbans d'un schall noir; on exposa le cercueil de Mahomet sur une estrade; on lut autour du cercueil les versets du

Coran; on distribua des largesses aux pauvres et aux orphelins, et le jeune sultan rentra dans le harem pour y attendre l'arrivée du grand vizir, avant d'imprimer une direction au nouveau règne.

XX

Ali le Sévère, instruit à Belgrade de la mort de son maître, arriva à Constantinople le huitième jour. Achmet Ier le confirma dans son poste, et le chargea de distribuer en gratifications aux troupes les douze cent mille ducats d'or du tribut d'Égypte qu'Ali le Sévère apportait avec lui pour les premiers besoins du règne.

La sultane vénitienne Safiyé fut reléguée pour la fin de ses jours, avec l'immense suite de serviteurs, d'esclaves et de femmes qui composaient sa cour, dans le vieux sérail, magnifique et triste exil des cours déchues et des harems répudiés. Le chef des eunuques blancs (le capou-aga), le chef des eunuques noirs (le kislar-aga), ou gouverneur du harem, vendus à cette princesse, furent destitués; l'intendant général de sa maison fut étranglé; la nouvelle Validé se vengeait du joug longtemps supporté de l'ancienne.

« Repars à l'instant pour conduire l'armée en « Hongrie, » dit aussitôt après son couronnement le sultan au grand vizir. Ali le Sévère comprit dans cet ordre absolu les ombrages du gouverneur Lala-Mustafa et du harem, qui voulaient bien de son bras, mais non de son influence. Cicala-Pacha fut envoyé le même jour à l'armée de Perse pour combattre Schah-Abbas.

Ce prince guerrier avait anéanti l'armée turque de Schérif-Pacha, et l'avait contraint à signer la capitulation d'Érivan. Le jour où Schérif-Pacha se rendit au camp du roi de Perse pour discuter les articles de la capitulation, il trouva le Schah assis dans l'angle d'une mauvaise tente, sur un morceau de tapis jonché de ses armes, mais entouré de tous les khans de ses provinces. Abbas s'était fait soldat pour redevenir souverain. Il gourmanda durement les vaincus et marcha sur Kars, dernier refuge des Turcs.

Cicala-Pacha releva en quelques jours l'honneur des armes du sultan ; mais, obsédé par l'indiscipline de ses troupes, il fut contraint de se replier sur Erzeroum pour y passer l'hiver dans l'inaction.

XXI

Ali *le Sévère* s'éloignait avec regret de la capitale; il s'arrêta quinze jours à Halkalü, première halte après Constantinople, sous prétexte d'y attendre le trésor de l'armée. « Si tu tiens à ta « tête, » lui écrivit le sultan, « tu partiras demain. »

Ali *le Sévère*, qui sentait son règne fini, mourut de découragement en arrivant à Belgrade. On offrit les sceaux de l'empire à Hafiz-Pacha, guerrier malheureusement célèbre par sa défaite de Nicopolis. Sur son refus on nomma grand vizir un vieux général des frontières nommé Lala-Mohammed-Mustafa. Le plan du harem semblait être d'éloigner toujours les grands vizirs de la capitale pour la gouverner par des caïmakams vendus à Lala-Mustafa et à la sultane Validé.

Le bostandji-baschi fut envoyé en Asie pour rapporter la tête de l'ancien caïmakam Kazim, accusé d'exactions dans le gouvernement où on le tenait exilé. Kazim, averti par ses affidés, éluda la rencontre du bostandji, et arriva par une autre route à Constantinople. Achmet Ier lui accorda avec une grâce feinte la permission de se présenter devant lui.

Le divan était assemblé; Achmet changeant de ton, demanda avec indignation à Kazim pourquoi il avait désobéi deux fois à ses katti-schérifs. Un fetwa rendu immédiatement par le muphti déclara l'infortuné caïmakam digne de mort. Achmet Ier, chez qui l'indifférence pour le sang devançait l'âge, fit un geste; les bostandjis tranchèrent en plein divan la tête de Kazim. Son cadavre, placé avec dérision par ses bourreaux sur un cheval des jardins qui portait ordinairement du fumier, fut promené dans les rues de Constantinople.

« Regarde bien, » dit le jeune sultan au nouveau caïmakam Mustafa-Sarikdji; « si tu fais « les mêmes fautes, ce même sabre tranchera ta « tête, comme il vient de trancher celle que tu « viens de voir tomber. »

Quelques mois après, le nouveau caïmakam, miné dans l'esprit du sultan par une intrigue du muphti et du grand trésorier, ayant retardé de quelques jours, faute de fonds dans les caisses, la solde des janissaires, fut appelé inopinément au sérail. Achmet l'y attendait entouré des ennemis de son ministre. Sur un signe du sultan, les bourreaux l'étranglèrent et jetèrent son corps dans le bassin de la fontaine du divan.

Des cadavres étaient les jeux de cet adolescent sur le trône; grâce aux déplorables principes que lui suggéraient sa mère et ses corrupteurs, tuer pour lui, c'était régner.

Un petit-fils de Sinan fut nommé caïmakam.

Deux fils naquirent à la fois au sultan avant l'âge de quinze ans, Othman et Mahomet.

XXII

Le grand vizir négociait toujours à Belgrade la paix avec l'Allemagne. Les plénipotentiaires des impériaux demandaient la restitution des territoires conquis réciproquement depuis le commencement de la dernière guerre, la remise de la forteresse de Kanischa, la renonciation des sultans au droit de patronage qu'ils prétendaient sur la Transylvanie. Un armistice prépara les conférences; elles s'ouvrirent à Pesth, puis à Ofen; rompues, reprises, ajournées, rouvertes pour se rompre encore, elles aboutirent, après de longues péripéties et des intermèdes de guerres, à l'investiture du royaume de Hongrie et de la Transylvanie donné par le grand vizir à Bocskaï, protégé des Turcs. Ce nouveau roi leur rendit en retour les forteresses hongroises de Lippa et de

Témeswar. Le gouverneur ottoman de cette forteresse en fut chassé par les habitants les armes à la main. Il se réfugia à Belgrade où le sultan le fit décapiter pour ses revers. Le grand vizir, rappelé à Constantinople et réprimandé par Achmet sur ses lenteurs, était menacé de destitution ou de mort.

Pendant qu'il se rendait aux ordres de son maître, les janissaires et les spahis s'ameutèrent contre leurs officiers, et en lapidèrent quelques-uns.

Achmet Ier les convoqua dans les cours du sérail; on leur présenta leur solde et leurs marmites; ils refusèrent obstinément d'y toucher jusqu'à ce qu'on leur eût fait justice. Le sultan vêtu d'une pelisse rouge en signe de colère, les adjura avec énergie de rentrer dans le devoir.

« On vous offre votre solde, » leur dit-il avec indignation; « pourquoi ces mutineries contre
« votre padischah? Livrez vous-mêmes ceux qui
« vous corrompent.

— Padischah, » répondit, au nom des soldats, un des plus vieux agas de l'armée, « ce
« ne sont pas tes esclaves nourris de ton pain
« dans ton sérail qui commettent ces inso-
« lences, ce sont des étrangers qui, après avoir

« formé les garnisons des places fortes de Hon-
« grie, ont été incorporés contre les coutumes
« dans nos rangs.

— Nomme-les donc, » lui cria le sultan.
L'aga lui tendit une liste des nouveaux enrôlés
dont les murmures avaient agité les soldats. Li-
vrés sans retard par leurs complices, ces agitateurs furent décapités sur la place.

« Regardez bien, » dit alors Achmet aux janissaires, « s'il y en a parmi vous qui fomentent
« de nouvelles séditions, je les ferai tous exé-
« cuter comme ces coupables ; emportez vos
« cadavres, et ne reparaissez qu'obéissants de-
« vant moi. »

Une telle vigueur dans un sultan de seize ans
atterra les rebelles et rétablit l'autorité dans sa
plénitude. Le grand vizir, arrivé le même jour, réclama en vain quelque délai pour suivre les négociations commencées et prêtes à aboutir avec
l'Autriche.

« Pars, sans réplique, et à l'instant, pour
« l'Asie, » lui dit Achmet. Le ministre quoique
malade fut obligé de planter le soir ses tentes à
Scutari. Sa maladie s'aggrava de sa terreur. On
l'accusa auprès du sultan de feindre une infirmité
pour se dispenser d'obéir.

« Ne te fais pas plus longtemps malade, » lui écrivit de sa main le sultan, « et marche. » Pour toute réponse le grand vizir mourut le lendemain. On accusa Dervisch-Pacha, son rival d'ambition, de l'avoir fait empoisonner par un médecin portugais. L'accusation était sans fondement : il était mort d'humiliation et de terreur.

Dervisch-Pacha lui succéda. Ses biens immenses furent enlevés à ses enfants et dévolus au trésor pour payer la campagne de Perse. Djafar-Pacha, renégat européen, qui avait gouverné Chypre, fut nommé capitan-pacha. Dervisch voulut appliquer au gouvernement relâché sous deux règnes le système d'inflexibilité, de promptitude et de férocité de son jeune maître. « Ne me jugez pas sur mes prédécesseurs, » dit-il aux membres du divan ; « à la première « séance du conseil, je ferai trancher la tête au « premier d'entre vous qui remettra une affaire « au lendemain. »

Le sérasker de l'armée de Perse, Cicala, était mort après ses revers à Erzeroum. Le grand vizir nomma Ferhad *le Fou*, espèce de favori trivial des troupes, pour conduire cette guerre. Ce Souvaroff ottoman, à son arrivée à Scutari, fut assailli par les dix mille janissaires et les vingt mille spahis déjà rassemblés pour marcher sous ses ordres à la frontière de Perse ; ils lui demandaient à grands cris leur solde arriérée, et coupaient les cordes de sa tente pour l'ensevelir sous les toiles, destitution soldatesque des généraux et des vizirs par les séditieux.

Ferhad sortit de sa tente avant qu'elle fût renversée, se mêla aux révoltés, ramassa des pierres, en remplit ses poches, et les lança comme eux sur sa propre tente. « Et moi aussi, je suis « spahis, et je n'ai pas reçu ma solde ; devez-vous « être payés quand je ne le suis pas ? » Il coupa ensuite lui-même les cordes de sa tente et apaisa ainsi les murmures par le rire des soldats. Sa campagne fut désordonnée comme son esprit.

XXIII

Le grand vizir Dervisch-Pacha fut justement accusé de ces revers. Il se bornait à sévir et ne gouvernait pas ; la crainte qu'il inspirait se retourna contre lui. Il avait ordonné à un architecte grec la construction d'un palais magnifique dans le quartier du sérail. Le palais achevé, il demanda à l'architecte le compte des dépenses. Le Grec lui apporta son mémoire ; Dervisch, après l'avoir parcouru en fronçant les sourcils, parut mécontent du chiffre.

« C'est bien de l'argent que vous me demandez là, » dit-il. L'architecte intimidé reprit ses comptes, les déchira : « L'esclave et ses biens sont « la propriété du maître, » dit-il humblement au grand vizir ; « il ne me serait jamais venu à la pen-« sée de vous présenter ces comptes et de vous « demander un aspre, si vous ne l'aviez vous-même « exigé. »

L'avarice du grand vizir se réjouit d'avoir payé ainsi un palais par un froncement de sourcils et par une observation équivoque; mais le Grec avait juré dans son cœur de se payer par le sang de l'avare. Les travaux n'étant pas encore achevés, il construisit, comme par les ordres du grand vizir, un souterrain voûté qui conduisait du palais de Dervisch-Pacha aux jardins du sérail. Quand le souterrain toucha presque aux murs des jardins du sultan, il fit avertir par un faux délateur aposté, le chef des eunuques blancs, gouverneur du sérail, de l'existence de cette galerie dérobée, qui ne pouvait avoir d'autre but que de couvrir quelque entreprise contre la sécurité ou la majesté du padischah.

Achmet Ier indigné communiqua le rapport

du chef des eunuques à son précepteur et au muphti. Ils aigrirent ses soupçons et rendirent le fetwa nécessaire pour motiver le supplice du coupable. L'existence avérée du souterrain était un témoin suffisant du crime. Dervisch-Pacha, en entrant le lendemain au divan, fut saisi par les bostandjis dont il avait été autrefois l'aga, et étranglé sans être interrogé, sur un geste du sultan. Son cadavre, étendu sur le tapis, ayant conservé dans l'agonie quelques mouvements convulsifs, Achmet tira son sabre du fourreau, et coupa de sa propre main la tête de son grand vizir. « Sa tête hideuse, » dit l'historien Naïma, traduit par Hammer, « roula comme la tête « d'Alghol (la Méduse des Arabes et des Turcs) « aux pieds du ciel étoilé de la majesté souve- « raine. » Le Grec s'était vengé de sa peur par une trahison.

Pendant ces drames de palais à Constantinople, Mourad-Pacha, le négociateur de Dervisch-Pacha à Pesth, venait de signer enfin avec l'Autriche la paix à Sitvatorok. Ce traité confirmait, au prix de légères restitutions de territoires et de forteresses envahies, la Turquie dans sa prépondérance sur le Danube et sur la plus large moitié de la Hongrie. Il fut précédé et facilité par un traité particulier de Bocskaï, roi de Hongrie, feudataire des Turcs, avec l'empereur.

Le traité de paix de Sitvatorok contenait en dix-sept articles la conversion du tribut payé par l'empire aux Turcs en un présent annuel de trente mille ducats d'or; une indemnité, une fois payée, de deux cent mille piastres à la Porte; l'envoi réciproque d'ambassadeurs à Constantinople et à Vienne tous les trois ans avec des présents d'une valeur arbitraire et illimitée; l'égalité de cérémonial et de respects entre le sultan et les empereurs d'Allemagne; la renonciation à toute agression mutuelle sur les frontières; la confirmation du traité conclu entre Bocskaï, roi de Hongrie, prince de Transylvanie, et l'Autriche; l'extension facultative de cette paix au roi d'Espagne s'il désirait y adhérer. La seule véritable déchéance que contenait le traité de Sitvatorok pour les Ottomans, c'était la renonciation à d'autres envahissements sur la Hongrie et sur l'Allemagne.

Les conquérants consentirent pour la première fois à poser eux-mêmes la borne de la conquête. Ils ne pouvaient plus avancer, ils pouvaient reculer vers le Danube. Là commençait pour l'empire ottoman une retraite morale dans ses limites enfin définies ; il doutait de lui-même, et il apprenait à ses ennemis à mieux espérer et à plus oser contre lui. Le traité de Carlowitz, un siècle plus tard, lui marqua l'espace d'où il avait rétrogradé.

Ce traité néanmoins honora la diplomatie ottomane et couvrit d'une juste considération son principal plénipotentiaire, Mourad-Pacha, surnommé *le Creuseur de puits*, que le sultan venait d'élever au poste périlleux de grand vizir.

LIVRE VINGT-QUATRIÈME.

I.

La paix de Sitvatorok permettait au nouveau grand vizir de porter toutes les forces de l'empire sur la répression des troubles qui se perpétuaient en Asie, depuis la grande rébellion de Karayazidji (l'écrivain noir), et sur la frontière de Perse de plus en plus menacée par Schah-Abbas.

Mourad *le Creuseur de puits*, aussitôt après avoir organisé son gouvernement à Constantinople, partit avec l'élite de l'armée pour Alep.

Alep était au cœur des deux révoltes qui agitaient la Caramanie et l'Arabie. Les fils de Karayazidji, à la tête des débris des bandes de leur père, ravageaient toute l'Asie Mineure depuis Adana et Konïah jusqu'à Brousse. Un chef des Kurdes, peuplade indépendante et belliqueuse entre la Perse et la Turquie, nommé Djanboulad, se répandait sur la Mésopotamie. Un émir druze du Liban, le célèbre Fakhr-eldin, nommé Facardin par les Européens, se constituait, à force d'héroïsme, de politique et de génie, un véritable empire dans la Syrie. La famille de Djanboulad (en arabe, âme d'acier) avait été investie naguère par le dernier sérasker Cicala-Pacha du gouvernement d'Alep. Cicala, vaincu et se repliant sur Alep, avait poignardé de sa main le premier Djanboulad pour se venger des trahisons dont il l'accusait pendant la campagne. Ali, frère du Kurde assassiné, avait, pour venger à son tour ce meurtre inique, pillé Alep, assiégé Tripoli de Syrie, enrôlé trente mille Kurdes syriens aventuriers de tous les pays, et occupé avec cette armée nomade la grande capitale de la Mésopotamie, Damas. Huit mille cavaliers du désert, divisés en six escadrons et appelés les gardes du corps de l'étendard, formaient le noyau mobile de l'armée du Kurde.

Le grand vizir, dans sa route vers Alep, avait

négocié avec les chefs secondaires des rebelles, soumis les autres, égorgé par trahison plusieurs d'entre eux et comblé les puits de leurs cadavres. Cette sépulture en masse donnée par Mourad aux rebelles lui avait confirmé ce surnom de *Creuseur de puits* que les soldats lui avaient donné autrefois à la déroute de Perse pour être tombé avec son cheval dans un puits creusé sous les murs de Tauris par les Persans.

Konïah, dominée par Ahmed-Beg-Serradjazadé (le fils du sellier), chef insoumis, lui avait ouvert ses portes. Les habitants de Konïah, satisfaits du gouvernement de ce chef de tribu qui y maintenait la paix après l'avoir subjuguée, conjurèrent le grand vizir de confirmer Ahmed-Beg dans son gouvernement pendant qu'il irait pacifier la Syrie. Mourad-Pacha feignit d'incliner à cette politique; il fit appeler par sauf-conduit Ahmed-Beg dans le divan avec les principaux habitants de la ville :

« Je veux, » lui dit-il, « te confier la garde de « Konïah pendant que je marcherai moi-même « contre Ali-Djanboulad; mais si j'ai besoin de « renforts, combien d'hommes peux-tu me fournir?

— Trente mille sans difficulté, » répondit Ahmed-Beg. Le grand vizir le congédia sur cette promesse, en le comblant de félicitations et d'honneurs.

Mais quand le chef de rebelles fut sorti du divan, le vizir se tournant vers ses conseillers et vers les habitants de la ville qui intercédaient pour Ahmed : « Si je laisse derrière moi, » leur demanda-t-il, « un homme qui peut lever d'un « geste trente mille soldats à lui, et que cet « homme se fortifie après mon passage dans « Konïah, qu'en résultera-t-il pour mes propres « soldats ? »

Le silence attestant au grand vizir que la question était sans réponse : « Creusez un puits de « plus, » dit-il à ses chiaoux, « et ensevelissez « cet homme trop puissant dans la terre qu'il a « usurpée. »

A la ville d'Angora, entre Konïah et Alep, Mourad-Pacha extermina également Kalender-Oghli, le lieutenant d'un autre rebelle, avec trente hommes de sa suite en les faisant tous massacrer isolément dans la nuit par les hôtes chez lesquels on leur avait assigné leur logement.

Djanboulad attendait Mourad avec quarante mille Kurdes aguerris, aux Portes-de-fer entre la Syrie et la Caramanie. Le grand vizir le tourna par une autre route, et lui présenta le combat dans la plaine de Syrie appelée *la plaine des Pigeons*. Les janissaires, fiers de leur supériorité et de leurs armes, anéantirent en une seule charge cette nuée de Kurdes, appelés par eux avec mépris *les sauterelles du désert*. La bataille ne fut prolongée que par le massacre impitoyable des prisonniers; des milliers de têtes s'amoncelèrent en pyramides sous la main des bourreaux. Le cheval arabe de Djanboulad l'emporta d'une seule course jusqu'à Alep. Les habitants, informés de sa ruine, l'en chassèrent le lendemain en lui jetant de la boue, et égorgèrent dans les rues et dans les jardins deux mille de ses Kurdes qui cherchaient à fuir sur les pas de leur chef.

Damas n'attendit pas, pour se purger de Kurdes, l'approche de l'armée du grand vizir. Les spahis y prirent leurs quartiers d'hiver; des troupes nombreuses traversèrent le désert pour aller renforcer, contre Schah-Abbas, la garnison de Bagdad, sous les ordres de Cicala le Génois, fils du renégat qui avait pris le nom de Mohammed-Pacha. Cicala, par sa seule apparition aux portes de Bagdad, fit fuir les troupes révoltées qui s'en étaient emparées. La barque trop chargée sur laquelle leur chef traversait le Tigre pour se réfugier en Perse coula et l'engloutit dans les flots.

II

Pendant que le grand vizir exterminait ainsi partout les restes de la révolte devant lui, Djanboulad, échappé sur une barque du port de Latakié, allait sous des déguisements divers se confier à la générosité du sultan lui-même à Constantinople.

Ayant demandé sa grâce et obtenu son pardon d'Achmet Ier, le chef kurde amusa pendant huit journées entières le jeune padischah du récit de ses exploits et de ses aventures. Le sultan, sûr désormais de lui, lui accorda le gouvernement de Témeswar, en Hongrie, pour se servir, contre ses ennemis d'Europe, du bras qui avait si longtemps secoué l'empire en Asie. Un jeune frère de Djanboulad, qui devint plus tard le favori d'un autre sultan, fut incorporé parmi les pages du sérail. Mais à peine Djanboulad avait-il pris possession de son gouvernement de Témeswar, que le grand vizir, sans égard à la faveur imprudente de son souverain, le fit étrangler par ses propres soldats, honteux d'obéir à un aventurier kurde.

III

Le grand vizir revint sur ses pas pour combattre aux environs de Brousse deux autres chefs de rebelles, Kalender-Oghli et Karayazidji, fils du premier moteur de ces longs soulèvements de l'Asie. Kalender-Oghli, qui avait bravé le sultan jusque dans les plaines de Nicomédie, ne voulut entendre aucune proposition d'accommodement.

« Le meurtre de Djanboulad, » dit-il la veille de la bataille à ses chefs réunis en conseil de guerre, « nous éclaire assez sur la sincérité des
« Ottomans. Leur orgueil s'est abaissé assez sou-
« vent depuis quinze ans devant nos sabres; ils
« règnent de nom sur leurs provinces d'Asie, nous
« y régnons de fait; Aïdin, Koniah, Angora, Sarou-
« khan, les montagnes et les côtes de la Caramanie
« sont nos forteresses; le butin de leurs villes est
« notre héritage. Jusqu'à présent nous pouvions
« transiger ou temporiser avec eux; la guerre
« ouverte et désespérée est maintenant notre seule
« politique; nous vaincrons, nous repousserons
« jusque dans la mer de Marmara ce vizir décré-
« pit qui sait mieux assassiner que combattre;
« mais si la fortune favorise encore ce vaillant
« astucieux, eh bien! il nous suffira que le récit

« de nos grandes actions passe de bouche en
« bouche, et que nos noms soient immortels
« comme nos exploits! »

La bataille, livrée dans le défilé de Geksoun, répondit à la féroce énergie de cette harangue. Les Égyptiens et les spahis du grand vizir fléchirent un moment sous la charge des vingt mille cavaliers de Kalender-Oghli. La victoire inclinait aux rebelles. Le vieux Mourad-Pacha, malgré le poids de ses années, lança son cheval dans la mêlée, tira de son fourreau un sabre indien recourbé et bénit, que les Arabes de l'Yémen lui avaient donné quarante ans auparavant, pendant qu'il gouvernait leurs tentes, fit trois signes cabalistiques dans l'air avec la lame et fondit, avec une nuée de ses janissaires, sur les cavaliers ennemis.

Arrêtés en tête par cette charge et cernés sur les flancs par l'infanterie que Mourad avait cachée derrière des rochers, les rebelles plièrent à leur tour, et, coupés dans toutes les gorges par les corps habilement portés du grand vizir, laissèrent quinze mille morts dans les défilés de Geksoun. Le reste parvint avec Kalender-Oghli à se glisser, par les montagnes d'Arménie, en Perse, où Schah-Abbas les enrôla dans son armée, à la condition d'abjurer la secte d'Omar.

IV

Mais la vieille rébellion renouait ses tronçons sur les traces du vizir. Un autre chef de Kurdes nommé Maïmoun, frère de Khalil *le Long*, expulsé de Bagdad par Cicala, arrivait à Tokat avec dix mille combattants pour rejoindre Kalender-Oghli dont il ignorait la défaite.

Mourad-Pacha oubliant de nouveau ses quatre-vingt-dix ans, et retrouvant, non la force, mais l'audace de la jeunesse dans sa volonté de vaincre, laissa son infanterie à Geksoun, et revint avec douze mille cavaliers d'élite sur Tokat, pour anéantir ce nouveau germe de soulèvement entre la Perse et la Caramanie. Suivi pour tout bagage d'une tente de toile d'été et d'un tapis pour la prière, il devançait les plus rapides de ses escadrons dans la marche et dans la charge. Accablé à la fois par la vieillesse, par la maladie et par la lassitude, mais soutenu par son âme, on le voyait aux haltes du milieu du jour se faire descendre de cheval, semblable, disent les récits de cette campagne, à un cadavre vivant, rester quelques minutes immobile, couché sur le bord de la route, comme si la vie s'était entièrement retirée de lui, puis rappeler ses serviteurs, et se faire de nouveau remonter sur son cheval qu'il maniait avec la vigueur d'un jeune homme.

Il atteignit enfin Maïmoun près de Siwas dans les défilés de Baibourd, et, après une lutte désespérée, il en purgea la Caramanie. Dix mille têtes s'élevèrent en pyramides sur le lieu du combat, où elles blanchissent encore le lit d'un torrent.

Le pacha de Diarbékir, Nassouh, appelé par Mourad depuis longtemps, le rejoignit à Baibourd. Ce pacha, qui était en même temps un des vizirs de la Porte, amenait une armée nombreuse, magnifiquement équipée, mais tardive, au grand vizir. Il s'assit sous sa tente d'été, sur un tapis usé, pour voir défiler devant lui l'armée de Nassouh, suivi de ses chevaux, de ses armes, de son luxe.

A l'aspect du grand vizir, Nassouh descendit respectueusement de son cheval, s'agenouilla et baisa, selon l'usage, le pied du vieillard. Mourad, quoique grondant intérieurement de colère, baisa le général sur les yeux, se leva, lui prit la main et le conduisit avec une ostentation de faveur dans l'intérieur de sa tente. Il ne voulait pas, par des reproches publics, affaiblir dans l'armée le respect pour ceux qui commandent.

Mais quand la toile déroba les deux vizirs aux regards et aux oreilles des soldats :

« Pourquoi, » dit Mourad à Nassouh, « arrives-
« tu si tard ? Ton armée est, grâce à mes soins,
« capable depuis longtemps d'entrer en cam-
« pagne ; tu savais que je n'avais d'autres soldats
« que ceux que je conduis tous les jours au com-
« bat contre des ennemis renaissants, de Tokat à
« Alep, d'Alep à Brousse ; le chemin de Diarbékir
« en Syrie n'était pas long ; est-ce par mépris
« pour ma barbe blanche que tu n'es pas venu te
« réunir à moi ? Mais ton mépris retomberait
« sur le padischah plus que sur moi. Si j'avais été
« vaincu, est-ce toi qui aurais résisté seul à Ka-
« lender-Oghli, à Yazidji, à Maïmoun, à Khalil
« *le Long* ? Si je demandais un fetwa au muphti
« pour décider de la punition méritée par le chef
« d'une armée musulmane plus forte en nombre
« et qui laisse écraser la plus faible, que dirait le
« fetwa ?... »

Nassouh confondu baissait la tête, comprenant que le fetwa prononcerait la mort.

« Mon fils, » reprit le vieillard, « la main du
« padischah est longue ; s'il t'envoyait une des six
« queues de cheval que tu es venu tout à l'heure
« planter devant ma tente, en t'ordonnant de

« remettre les trois queues qui te suivent, et de
« redescendre au rang de simple beg, ou si même
« il ordonnait ton exécution comme traître, qu'au-
« rais-tu à dire pour te justifier? »

Le silence de Nassouh-Pacha parut fléchir le grand vizir; il se borna à l'avoir fait trembler pour sa tête, et feignit de lui pardonner. Nassouh sortit de la tente revêtu du caftan d'honneur, et fut reconduit à ses troupes avec une escorte digne d'un vizir. « Le pardon, » dit Mourad en le voyant remonter à cheval, « est l'aumône de la « victoire. »

V

Son retour à Constantinople, à travers les provinces pacifiées, lui valut le nom de *grand justicier*, de *glaive de l'empire*, de restaurateur de la monarchie. Ses vengeances étaient aussi rapides et aussi inattendues que ses victoires. Tout ce qui avait participé aux vieilles rébellions ne devait paraître qu'en tremblant devant lui.

Emir-Schah, beg de Begschyri, fut étranglé au milieu d'un festin auquel il l'avait invité pour le féliciter de son retour à l'obéissance. Pendant que les convives mangeaient le pilau, plat de riz crevé et arrosé de beurre qu'on sert à tous les repas chez les Turcs, un page aposté lança un cordon autour du cou d'Emir-Schah et le serra à deux mains avec tant de vigueur que les grains de riz rejaillirent des lèvres et des narines du supplicié sur la table.

La sévérité lui coûtait des larmes, disait-il, mais il la considérait comme une des vertus que le ciel commande aux vizirs. Il récitait à chaque instant des versets du Coran qui le soutenaient dans sa faiblesse. Avant de combattre, il descendait de son cheval, étendait les bras sur le sol, trempait la poussière de ses larmes, la pétrissait dans ses mains et se la répandait sur ses cheveux gris et sur sa barbe blanche.

« Ne m'humilie pas encore aujourd'hui, Sei« gneur, » disait-il à haute voix à Dieu; « ne « m'abandonne pas, moi, ton serviteur, dans le « combat contre les impies; prends en pitié ma « vieillesse; tu connais mes intentions sincères « pour le salut de la foi et de l'empire. » Le sang qu'il versait lui paraissait un tribut dont le ciel reprocherait à sa compassion d'avoir épargné la moindre goutte.

Un jour, pendant qu'il faisait, selon son habitude, creuser un puits où l'on entassait les cadavres des rebelles suppliciés, il aperçut un spahis passant à cheval avec un jeune garçon en croupe derrière lui. Il appela le spahis et interrogea l'enfant. « Comment, » lui dit-il, « t'es-tu « trouvé au milieu du camp des rebelles ? »

L'enfant, avec la naïveté de son âge, répondit que son père, n'ayant pas de pain pour le nourrir, avait été forcé par la faim de s'enrôler et de se mettre à leurs gages.

« Quel était donc le métier de ton père ? » demanda le vizir. — « Il jouait du luth, » répondit le prisonnier. — « Ah ! ah ! » reprit Mourad avec un cruel sourire, « il excitait donc « le courage des révoltés contre les fidèles ? » et il ordonna aux chiaoux de tuer le fils pour le métier du père.

Les chiaoux, attendris par l'âge, la figure, l'innocence et les larmes, se refusèrent à exécuter l'ordre. « Pourquoi tuerions-nous ce pauvre en-« fant ? » dirent-ils.

Les janissaires appelés refusèrent avec la même répugnance : « Sommes-nous des bourreaux, » dirent-ils, « et serons-nous plus barbares que les « bourreaux, qui se refusent eux-mêmes à trem-« per leurs mains dans le sang de ce jeune « garçon ? »

Mourad se tourna vers les pages qui s'enfuirent tous d'horreur, et laissèrent le vizir avec l'enfant.

« Eh bien ! » dit l'implacable vieillard, dont les quatre-vingt-dix ans n'avaient pas amorti le fanatisme, « je serai moi-même le bourreau de la
« foi. » Il saisit l'enfant dans ses mains tremblantes, l'étrangla sur la margelle du puits, et le précipita sur le monceau de cadavres qui le remplissaient jusqu'aux bords.

« Lâches musulmans, » cria-t-il aux assistants saisis d'épouvante, « sachez que des rebelles
« comme Kalender-Oghli et Kara-Saïd ne sont
« pas sortis du ventre de leurs mères avec un
« cheval entre les jambes et un sabre au poing ;
« ils ont tous été enfants comme celui-ci, élevés
« comme lui dans le crime et dressés au pillage
« et au meurtre par leurs pères ; cet enfant a sucé
« en naissant leurs principes, et lors même qu'on
« recommencerait mille fois son éducation, la
« perversité natale est telle qu'elle ne s'effacerait
« jamais en lui ; c'est ainsi, » ajouta-t-il en montrant le puits où il venait de jeter sa victime, « qu'il faut extirper les racines mêmes du mal. »

Puis il récita une sentence arabe des habitants de l'Yémen où il avait puisé son fanatisme, qui dit :
« Qu'une fois parvenu à une grande élévation, et

« en sautant au-dessus des abîmes de rochers en
« rochers pour poursuivre l'antilope, le chasseur
« ne peut s'empêcher de glisser, qu'en saignant
« ses propres pieds pour rendre le roc moins
« glissant sous ses pas. »

VI

Son retour à Constantinople fut triomphal : il y entra précédé de quatre cents drapeaux pris sur les rebelles d'Arabie, de Syrie et d'Asie Mineure. Chacun de ces drapeaux portait inscrit le nom d'un des chefs de faction détruits par ses armes; trente mille têtes de leurs soldats avaient été envoyées à Constantinople pendant la campagne; trente mille autres marquaient par des pyramides de crânes les lieux où Mourad-Pacha avait anéanti leurs armées; cent mille rebelles étaient ensevelis dans les puits comblés de leurs cadavres.

Les dépouilles rapportées de ces exécutions furent déposées par le vieux guerrier aux pieds du sultan. Le defterdar Baki-Pacha, trésorier de l'empire, qui n'avait rapporté qu'un million de ducats recueillis sur les populations rebelles de la Syrie, fut jeté dans les cachots des Sept-Tours.

VII

Achmet Ier, plus confiant que jamais dans son vizir, après l'avoir si heureusement éprouvé comme guerrier, l'employa de nouveau comme négociateur dans les difficultés que la mort de Bocskai, roi tributaire de Hongrie, éleva de nouveau entre l'Autriche et la Porte.

D'après le traité de Sitvatorok la Transylvanie devait redevenir royaume indépendant à la mort de Bocskaï, qui régnait sur les deux provinces. A sa mort, attribuée à un crime, la noblesse de Transylvanie, sourdement provoquée par l'Autriche, choisit pour souverain Rakoczy, homme populaire et remuant, qui aspirait au trône. Les Autrichiens se hâtèrent de le reconnaître; la Porte réclama son privilége d'investiture, et nomma de son côté Homonaï, autre seigneur transylvain, prince régnant de Transylvanie.

Après une longue négociation interprétative du traité de Sitvatorok, l'Autriche paya un présent de deux cent mille ducats à la Porte. La Pologne resserra par un nouveau traité les liens d'amitié et de dépendance qui l'attachaient à l'empire ottoman. Elle s'engagea à couvrir la Moldavie contre les Cosaques alliés indépendants de la Russie. La Porte de son côté renouvela sa promesse de la protéger contre les Tartares. Les Polonais contractèrent l'obligation de payer tribut aux Turcs.

Le grand vizir, malgré son âge, méditait la vengeance contre Schah-Abbas, qui humiliait depuis tant d'années les armes ottomanes. Il obtint du sultan l'autorisation de porter l'armée sur les frontières de la Perse; mais avant de partir il voulut délivrer l'Asie d'un ancien chef amnistié des factions d'Asie nommé Yousouf-Pacha :

« Tu es un brave jeune homme, » lui écrivit-il,
« je sais que tu gouvernes avec justice tes anciens
« compagnons de guerre; pourquoi donc cite-t-on
« encore ton nom parmi les serviteurs douteux
« de l'empire? si j'envoyais une armée contre toi,
« tu finirais par t'en repentir. La puissance a été
« donnée de Dieu, et aucune révolte ne peut pré-
« valoir contre elle; Djanboulad, Kalender-Oghli,
« Kara-Saïd étaient plus redoutables que toi; où
« sont-ils? J'en jure par le ciel, tu n'as rien à
« craindre du padischah; nous entrons en cam-
« pagne par ses ordres contre la vieille tête-rouge,
« le Persan; viens dans mon camp de Scutari; tu
« baiseras la main du sultan; tu recevras mes

« instructions pour assurer, pendant la guerre
« que je vais faire, la fidélité et la paix en Asie;
« consulte-toi avec des hommes sages; tu dois
« savoir ce qui convient le mieux; réfléchis bien
« et réponds-moi. »

Yousouf, après avoir consulté ses amis, crut que l'obéissance était plus sûre pour lui que l'hésitation; il partit avec une escorte pour le camp du grand vizir à Scutari. Le sultan, pour assister au rassemblement et au départ de l'armée, y avait transporté lui-même son sérail dans son kiosk d'été. Il ignorait le plan du vieux Mourad, et s'étonnait de sa lenteur à partir. Las de ces délais, il écrivit un katti-schérif à Mourad pour ordonner le départ immédiat des troupes. Mourad accourut au palais et confia enfin à Achmet le meurtre prémédité d'Yousouf-Pacha. Le sultan approuva la trahison de son vizir.

Yousouf arriva enfin au camp. Il dressa ses tentes non loin de celles du grand vizir. Mourad l'accueillit en hôte vivement attendu; il le fit asseoir sur son tapis en face de lui, genoux contre genoux, le combla de présents ainsi que son escorte, et le conduisit au palais de Scutari pour y baiser la main du sultan.

Un tel accueil avait pour objet de rassurer

complétement sur la loyauté du grand vizir un autre chef suspecté des populations d'Asie, ami d'Yousouf, nommé Mousselli-Tschaousch, qu'il voulait attirer au même piége.

Après un séjour d'un mois au camp de Scutari, Yousouf appelé dans la tente de Mourad-Pacha y reçut l'investiture du sandjak opulent de Magnésie. Cette faveur inexpliquée parut exorbitante au divan.

« Voyez, » se disaient les vizirs et les pachas les uns aux autres, « voyez ce vieillard qui, les
« pieds déjà dans la tombe, ruine le trésor en
« donnant à un ancien rebelle le prix des plus
« vieilles fidélités. »

Le sultan lui-même, assiégé par les murmures de ses courtisans, finit par croire à l'affaiblissement des facultés de son premier ministre : « Mon
« lala (mon père), » lui écrivit-il un jour, tu es
« devenu vieux, et tu ne peux plus faire la guerre,
« désigne-moi toi-même dans ta réponse qui tu
« voudras pour sérasker (généralissime), ou pars
« toi-même avant trois jours. »

Mourad-Pacha, au lieu de répondre, se rendit au palais, et conjura le sultan de lui accorder le temps d'achever son plan d'extermination d'un seul coup, des chefs dangereux de l'Asie avant de quitter Constantinople. Un émissaire du grand vizir, Soulfikar, était allé en son nom à la rencontre de Mousselli-Tschaousch. Ébloui par des perspectives de faveur, Mousselli-Tschaousch le suivit à Konïah. Pendant qu'on l'enivrait d'honneurs et de vin dans les délicieux jardins de Méram près de cette ville, Soulfikar le fit massacrer dans un festin, et envoya avec une escorte de dix courriers, sa tête à Scutari :

« Dieu soit loué ! » s'écria Mourad en recevant cette tête et en ordonnant qu'elle fût exposée le lendemain à midi devant sa tente aux regards du camp. Il garda le secret jusqu'à l'aurore, et invita Yousouf à venir le jour suivant déjeuner dans sa tente.

Le repas servi : « Mon fils chéri, » dit le vieil-
« lard à sa victime, tu connais ma tendresse pour
« toi ; tu sais que je ne puis prendre mon café sans
« toi ; allons nous asseoir derrière ma tente pour
« nous réjouir en liberté, car demain, si Dieu le
« veut, tu prendras congé de moi pour jamais. »

Pendant qu'ils s'acheminaient ainsi vers l'arbre où l'on avait étendu à l'ombre le tapis du déjeuner, le chef affidé des eunuques du grand vizir s'approcha, et s'inclinant devant son maître : « Le
« beg d'Awlona, » lui dit-il, « vient d'arriver au

« camp et demande à être admis en votre pré-
« sence, que dois-je lui répondre ? — Ne puis-je
« donc, » dit avec une apparente impatience le
rusé vieillard, « avoir une seule heure de tran-
« quillité ; je vais recevoir le beg. Un instant, »
ajouta-t-il en s'adressant à ses kyayas et à ses
agas, « vous autres, asseyez-vous ici, en m'at-
« tendant, et tenez compagnie à mon fils You-
« souf. »

Yousouf s'assit pour déjeuner avec les agas, et commença à manger en attendant son hôte ; mais un écuyer tranchant lui présentant d'une main un plat de pieds de mouton, lui enfonça de l'autre son turban sur les yeux ; un autre lui saisit les deux mains, pendant qu'un troisième lui abattait la tête d'un coup de sabre. Cette tête sanglante, réunie à celle de Mousselli, fut élevée sur une pique plantée devant la tente du festin. Le cadavre, laissé sur l'herbe, consterna les compagnons d'Yousouf.

Le vizir cependant ne partait pas encore, il voulait laisser derrière lui d'autres impressions de terreur dans les yeux des serviteurs douteux de la monarchie. Le même repas devait servir à deux meurtres ; le defterdar Etmekdjizadé, dont le zèle lui avait paru suspect en Syrie, était invité par lui aux mêmes honneurs et au même piége

En traversant le Bosphore en caïque pour se rendre à l'invitation du grand vizir, Etmekdjizadé vit une barque inconnue effleurer la sienne du bord ; la main d'un des rameurs lui jeta un billet anonyme qui l'avertissait du péril. Il fit rebrousser chemin aux rameurs et retourna à Constantinople. Le billet était du sultan lui-même qui aimait le defterdar, et qui n'avait pu obtenir sa tête de l'inflexibilité de son grand vizir.

« Mon padischah, » écrivit le defterdar épouvanté au sultan, « viens à mon secours ! délivre-
« moi des embûches de Mourad ; donne ma place
« à un autre ; je lui abandonne mes tentes, mes
« chevaux et mes équipages, plutôt que de re-
« tourner au camp où m'attend la mort. »

Achmet Ier tenta en effet une seconde fois de dérober le defterdar à la haine de son ministre. Il appela Mourad au palais de Scutari. « Assieds-toi,
« mon lala, » lui dit-il avec bonté, « tu es vieux,
« et je vénère tes années. — Ton esclave n'en fera
« rien, » répondit Mourad en se prosternant, « il
« connaît trop ses devoirs. — J'ai une grâce à te
« demander, » continua Achmet. « Est-ce donc
« au padischah à prier son esclave ? » répliqua le vieillard. « Oui, je t'en prie, » reprit le sultan
« accorde-moi la vie du defterdar que tu veux

« faire mourir; demain il se présentera de lui-
« même dans ta tente, pardonne-lui, et laisse-le
« vivre. — C'est l'ordre de mon padischah, » dit le
vizir, « il suffit; » et il se prosterna de nouveau.

Le defterdar fut pardonné, mais les quatre pages du sérail qui avaient été chargés de lui transmettre l'avis secret auquel il devait son salut, furent étranglés dans le sérail.

La campagne de Perse et le départ de l'armée, qui n'avaient été qu'une ruse de Mourad, furent ajournées à une autre année. Le grand vizir, sans quitter Scutari, avait vaincu sans combattre. Le chef des eunuques noirs osant murmurer devant le sultan contre l'inertie du vieillard qui avait, disait-il, lassé l'armée et usé l'année :

« Tais-toi, misérable, » lui répondit Achmet; « qu'oses-tu blasphémer contre le plus ha-
« bile des vizirs? Mourad est vieux, mais c'est
« un vaillant combattant de la foi, un ministre
« consommé par le génie et par l'âge; sa tête m'a
« servi autant que son bras, il m'a reconquis l'A-
« sie du fond de sa tente; sa pensée me vaut une
« armée; ne profère pas un mot de plus contre
« lui; qu'il parte ou qu'il reste, tout est bien. »

VIII

Rentré à Constantinople, Mourad-Pacha y reprit ses habitudes de diplomate et y amortit les querelles incessantes des compétiteurs de Transylvanie. Plein de déférence pour l'ambassadeur français, M. de Salignac, il permit à cinq jésuites protégés par la France de fonder des écoles à Constantinople, et de tenter pour la septième fois l'impossible réunion des deux cultes chrétiens, grec et latin, sous l'unité pontificale.

Les Vénitiens, par leur ambassadeur, contestèrent autant qu'il leur fut possible les progrès en Turquie, d'un ordre religieux dont la milice accroissait l'influence des papes, leurs ennemis en Italie. L'agitation religieuse suivit, comme partout, cette milice habile et toujours militante en Orient. Les jésuites ne tardèrent pas, comme nous le verrons bientôt sous d'autres règnes, à y subir et à y provoquer les dissensions et les persécutions pour cause de culte. Repoussés par les Grecs ils s'adressèrent aux Arméniens, moins soutenus dans le divan. Après avoir vainement essayé de les rattacher à l'Église romaine, ils les accusèrent, comme d'un crime, de leur fidélité à leur foi.

Mourad, peu attentif à ces sujets de discorde entre les ennemis de l'islamisme, ne songeait qu'à satisfaire la France, en favorisant ses protégés, pour la rattacher à l'empire. Le schisme des Turcs et des Persans le préoccupait plus que les dissidences des prêtres chrétiens.

Il partit au printemps pour la frontière de Perse avec le titre de serdar. Les troupes de Roumélie, d'Anatolie, de Caramanie, de Siwas, de Damas, d'Alep, de Tschildir, de Diarbékir, de Batoum, d'Erzeroum, de Kars, d'Albanie, les janissaires, les Kurdes soumis, les spahis, les contingents feudataires, les topdjis ou artilleurs et tous les corps soldés et enrégimentés de l'empire composaient son immense armée. La renommée de son courage et de son expérience l'entourait d'un prestige qui semblait attacher la victoire à sa vie. Ses quatre-vingt-onze ans d'études, de diplomatie, de combats et de gouvernement n'avaient pas usé sa pensée. Il voyait sans crainte s'avancer la mort, pourvu que sa vie profitât jusqu'à la dernière heure à l'affermissement du pouvoir du sultan.

Un de ses ennemis les plus acharnés, mais les plus capables, le vizir Nassouh, étant venu imprudemment dans son camp, on lui proposa de pro-

fiter de l'occasion pour s'en défaire. « Non,
« non, » dit-il ; « ce misérable me hait, mais il
« manie également bien la plume, la parole
« et le sabre ; sa mort serait un mauvais service
« à la Porte, Dieu me préserve de faire monrir des
« hommes capables d'être grands vizirs après
« moi. »

La mort le surprit en effet quelques jours après, sous sa tente, dans sa marche vers Erzeroum, et Nassouh-Pacha, qu'il avait épargné, fut nommé provisoirement par les généraux pour le remplacer comme serdar à la tête des troupes. Schah-Abbas, intimidé par ce lent déploiement de forces, se hâta de négocier avec Nassouh pour arrêter le débordement des Turcs sur ses frontières. L'armée congédiée revint à Constantinople attendre dans ses cantonnements l'issue de ces négociations.

IX

Nassouh-Pacha devint de serdar grand vizir. Il avait épousé une fille d'Achmet Ier encore au berceau et qui mourut avant l'âge. Le harem, depuis Amurat III, avait perdu toute influence sur les affaires. On avait persuadé à Achmet par le long empire de la sultane Safiyé, de la gouvernante du harem Djanféda, de la juive Kira et des mille odalisques de son aïeul, que le sortilége faisait partie de l'attrait et de l'empire des femmes. Il redoutait d'être asservi par les charmes qui avaient agité les deux derniers règnes. Fougueux, mais sobre dans ses amours, il n'aimait que la mère de ses deux fils. Cette femme veillait avec une jalousie féroce sur la couche du sultan.

Achmet ayant reçu en présent d'une de ses sœurs une jeune esclave dont la beauté parut trop éblouir ses yeux, la sultane épouse avait secrètement étranglé l'esclave de ses propres mains. Pour cacher son crime à Achmet, elle revêtit du costume de l'esclave immolée une autre odalisque et la fit introduire à la faveur des ténèbres dans l'appartement d'Achmet. Achmet ayant découvert la supercherie et le crime, déplora amèrement la mort de l'esclave qu'il avait préférée, et frappant l'épouse coupable du manche de son poignard au visage, la foula aux pieds sur le tapis.

Peu de jours après cet horrible drame intérieur, Achmet passant à cheval dans l'hippodrome, reçut à l'épaule un coup de pierre lancé par un derviche fanatique. La tête du derviche roula aux pieds du cheval du sultan.

Une ambassadrice de Géorgie, contrée où toute

la politique était dans la main des femmes, étonna Constantinople par sa beauté, son luxe et son éloquence. Des ambassadeurs de Schah-Abbas motivèrent des fêtes splendides, dans lesquelles Achmet voulut éblouir les Persans. Il combattit lui-même à cheval dans la lice contre le grand vizir, et son djérid, lancé par sa main avec la vigueur de la jeunesse, effleura la tête de Nassouh. Des chasses mémorables dans les forêts d'Andrinople et de Macédoine entassèrent devant les yeux du sultan douze cents cerfs et des milliers d'oiseaux de proie. Il revint passer l'été dans ses palais du Bosphore, au milieu des dévotions et des fêtes.

Deux années de tranquillité complète, assurées par l'énergie du vieux Mourad, succédèrent aux agitations de tant de guerres. Le nouveau grand vizir Nassouh céda à Schah-Abbas, dans un traité de paix définitif, toutes les provinces contestées que les Turcs avaient usurpées sur les Persans depuis le règne de Mahomet II.

X.

Les contestations relatives à la Transylvanie se renouvelèrent sans cesse entre les Turcs et l'Autriche. Cette province, depuis la mort de Bocskaï, était déchirée par les prétentions diverses des Bathory, rois de Hongrie, des Rakoczy, de Gabriel Bethlen tour à tour élus par les nobles de Transylvanie, et cherchant des appuis les uns chez les Turcs, les autres chez les Allemands ; ceux-ci chez les Valaques, ceux-là chez les Polonais. Les Hongrois indépendants, en faisant valoir leurs droits antérieurs au traité de Sitvatorok sur cette province, accroissaient encore la confusion et l'anarchie ; les pachas, gouverneurs des frontières de la Hongrie turque, protégeaient tour à tour les prétentions rivales de tous ces princes éphémères de Transylvanie. Gabriel Bethlen, soutenu un moment par les nobles hongrois, venait de signer secrètement avec Nassouh un traité par lequel « les nobles et magnats de la Hongrie su- « périeure s'engageaient, dans l'intérêt de Bethlen, « à être les amis des amis des Turcs, et les enne- « mis de leurs ennemis. » Ces prétentions et ces traités, discutés et interprétés sans fin entre les négociateurs viennois et ceux de la Porte, agitaient la paix sans la rompre entièrement du côté du Danube.

Du côté de l'Asie, un débarquement de Cosaques venait de surprendre et de saccager la ville maritime de Sinope sur la mer Noire. Le grand vizir Nassouh envoya tardivement une escadre reprendre Sinope; honteux de son imprévoyance, il cacha ce désastre à Achmet. Le précepteur, le muphti, le chef des eunuques, faction du sérail opposée à Nassouh, dénoncèrent ce revers et cette infidélité du grand vizir au sultan. Ils lui représentèrent avec l'éloquence de la haine la vile naissance de cet étranger, descendu enfant des forêts de l'Albanie où son père était un bûcheron chrétien, pour être fendeur de bois (baltadji) dans les cuisines du sérail, puis tschaousch ou bourreau d'un aga des janissaires, puis écuyer, puis chambellan, puis gouverneur de province, puis enrichi jusqu'à l'opulence par son mariage avec la fille unique d'un chef de Kurdes, de Mésopotamie, assez riche et assez ambitieux pour avoir alors offert de payer quarante mille ducats d'or la place convoitée par lui de grand vizir; factieux dans le camp du vieux Mourad, épargné par ce vieillard qui aurait dû faire tomber sa tête, devenu son successeur par le choix des troupes plus que par le libre choix du sultan, fiancé avec la fille du padischah, régnant en maître absolu et insolent sur son bienfaiteur, aliénant de lui tous les cœurs par ses exactions et ses cruautés, marchandant des paix honteuses avec les Persans et les Hongrois, laissant insulter les côtes de Caramanie et de Morée, par les vaisseaux de Florence, de Gênes, de Malte, dévaster Sinope par une horde de Cosaques et dérobant ces désastres au sultan pour se dérober lui-même au juste châtiment de ses crimes.

De telles allégations, tombant sur l'âme déjà ulcérée d'Achmet Ier, étaient trop conformes à ses propres ressentiments pour laisser hésiter sa vengeance. Le sultan se défiait depuis longtemps de sa fidélité; une circonstance récente et accidentelle lui avait révélé une manœuvre secrète de son grand vizir avec les Tartares de Crimée, pour leur donner un prince de sa main. Un jour qu'Achmet chassait au faucon avec Nassouh dans les marais d'Andrinople, il vit un faucon inconnu s'élancer d'un bouquet d'aunes sur le sien, et lui ravir la proie qu'il apportait au sultan.

« Quel est l'insolent, » s'écria-t-il, « qui
« ose avec son oiseau m'enlever le fruit de ma
« chasse? » En galopant vers le bouquet d'aunes, d'où le faucon avait fondu sur le sien, il tomba au milieu d'un groupe de cavaliers

circassiens cachés par les arbres et couverts d'armes éclatantes. Ces cavaliers étaient l'escorte d'un prince de la maison des Ghéraï, arrivé à son insu quelques jours avant à Andrinople, sur une invitation secrète du grand vizir, qui voulait l'élever au rang de khan de Crimée. Les princes de la famille tartare des Ghéraï sont les seuls successeurs légitimes par le sang des princes de la maison impériale des Ottomans, si jamais cette maison s'éteignait à Constantinople.

Ce mystère et les insinuations des ennemis de Nassouh persuadèrent à Achmet que son grand vizir méditait peut-être un changement de dynastie, pour porter ses protégés sur le trône et pour régner en leur nom. Il ne laissa pas éclater encore ses ombrages, mais il fit jeter le prince tartare et sa suite dans le château des Sept-Tours.

XI

Peu de jours après cet événement, le sultan, sortant de la mosquée où il venait d'assister à la prière du vendredi, fut apostrophé par un émir (descendant du Prophète) qui se plaignit avec larmes de l'enlèvement impuni de sa femme par un familier de Nassouh :

« Mon padischah, padischah de tous les Otto-
« mans, » s'écriait l'émir outragé, « que signifie
« cette tyrannie d'un ramas d'Albanais et de
« Kurdes vendus à ton vizir, et qui abusent de
« la faveur dont tu les couvres pour humilier et
« martyriser tes esclaves? »

Au retour d'Ahmet Ier à Constantinople, Nassouh, qui sentait se former un nuage de haine contre lui, voulut frapper un grand coup sur ses ennemis par la main du sultan ; il lui demanda les têtes du muphti, du chef des eunuques noirs, de son lala ou précepteur favori. Achmet les avertit et refusa leur vie à Nassouh. Indigné d'un refus qui lui présageait une disgrâce, il résolut, avec la férocité naturelle à sa race, de prévenir leur triomphe par leur mort, et d'éviter le châtiment qu'il allait encourir par la fuite. Il ordonna à son kiaya Beïram, Albanais comme lui, d'assassiner le khodja, le chef des eunuques et le muphti, et il fit aposter cinquante cavaliers albanais de sa garde à la porte de Constantinople pour protéger, après ces trois meurtres, sa fuite dans les montagnes d'Albanie.

Beïram, ami aussi perfide qu'il était complice féroce, révéla la trame au chef des eunuques noirs, au khodja et au muphti. Ils convainquirent Achmet de l'infidélité de son ministre. Le sultan dissimula jusqu'au prochain divan. Là Nassouh lui demanda plus impérieusement les trois têtes de ses ennemis. « Si vous ne « me les livrez pas, » dit-il, « je résigne mes « fonctions de grand vizir et je m'empoisonne. » Ce mot fit revivre dans la mémoire d'Achmet les rumeurs qui avaient autrefois couru de l'empoisonnement du vieux Mourad-Pacha dans son camp par son ambitieux rival. « Ah! traître, » s'écria Achmet, « c'est donc toi, en effet, qui as empoi- « sonné Mourad! »

Il n'osa néanmoins ni le destituer ni le frapper encore, soit qu'il redoutât une sédition des janissaires albanais en sa faveur, soit qu'il hésitât à verser le sang de son gendre. Le lendemain, qui était un vendredi, jour où les sultans sortent en cortége pour aller prier dans la mosquée, Achmet envoya l'ordre à son vizir de l'accompagner à la mosquée selon l'usage; Nassouh refusa en alléguant une indisposition. Ce refus parut un outrage à la majesté du padischah, prélude d'une impardonnable révolte. Deux cents bostandjis, commandés par leur général, gardiens incorruptibles du sérail, montèrent en armes au palais du grand vizir, forcèrent ses portes et l'étranglèrent après l'avoir désarmé.

XII

Ainsi mourut cet Albanais, dont la fortune, le génie naturel, le courage féroce, l'éloquence sauvage, l'ambition insatiable, l'intrigue hardie, la résolution désespérée, auraient fait un grand homme, si la fougue de ses passions et l'orgueilleuse légèreté de son caractère n'en avaient fait un aventurier funeste à son maître, à l'empire et à lui-même. Ses trésors incalculables, composés de boisseaux de perles, de tonnes de ducats, de dix-huit cents sabres à poignées d'or, dont un seul coûtait cinquante mille ducats, de douze cents chevaux de chasse et de guerre, de monceaux d'étoffes d'or et de tapis de Perse, de vingt mille chameaux, de six mille bœufs, de quatre cents juments arabes, de cinq cent mille moutons paissant les herbages d'Europe et d'Asie, restituèrent au trésor du sultan ce qui en avait découlé pour cet indigne favori.

Mohammed-Pacha, autre gendre du sultan, reçut les sceaux de l'empire. Le muphti Séadeddin ne jouit pas longtemps de son triomphe sur Nassouh; la peste l'emporta peu de jours après la mort de son ennemi. Il fut un historien des Ottomans, comme l'avait été son père. Son frère Mohammed-Séadeddin lui succéda dans la dignité de muphti et dans ses vertus. Arrivé à Constantinople le jour des funérailles, ce fut lui qui, en qualité de muphti, fit les prières sur le cercueil de son frère.

XIII

Le grand vizir Mohammed ne marqua son administration que par une rupture téméraire de la paix avec Schah-Abbas, et par une campagne sans gloire terminée par une seconde paix sans dignité. Achmet Ier nomma pour relever l'honneur des armes le capitan-pacha Khalil, grand vizir.

Une armée de Cosaques avait envahi la Moldavie, battu le gouverneur de Silistrie, Mustafa *l'Ivrogne*, et chassé de ses États le prince de Moldavie installé par la Porte, Étienne Tomza. Iskender-Pacha, envoyé par le grand vizir en Moldavie, refoula les Cosaques et réinstalla Tomza et sa famille. Cinq cents Cosaques prisonniers, la veuve, l'épouse et les filles du prince moldave, couronné pendant l'invasion des Cosaques, furent envoyés chargés de fer à Constantinople. En route, la veuve du prince rebelle de Moldavie, que les Moldaves appellent *la Domina*, égara la plus jeune et la plus belle de ses filles, fiancée d'un seigneur moldave prisonnier comme elle. Les Turcs et sa famille promirent en vain quarante mille ducats de récompense à celui qui la retrouverait. Enlevée par un khan tartare de Crimée épris de ses charmes, elle ne reparut qu'un an après avec deux enfants jumeaux qu'elle allaitait, fruit du rapt auquel elle avait échappé trop tard. Des chansons satiriques populaires sur cette disparition et sur ce retour réjouirent et réjouissent encore la malignité des Turcs sur les aventures des fiancées de Moldavie.

Des ambassadeurs russes, envoyés à Constantinople pour prévenir l'irruption des Turcs poursuivant les Cosaques dans les frontières, arrivèrent chargés de présents grossiers comme leurs industries de cette époque. Ces présents consistaient en fourrures, en oiseaux de proie dressés pour la chasse, et en soixante grosses dents de poissons.

Un traité avec la Pologne, signé à Boussa le 27 septembre 1617, prévint un choc prochain entre les Turcs et les Polonais sur le Dniester. Les Polonais s'y engagèrent à empêcher désormais les Cosaques de franchir la ligne d'Ocsakow, renonçant à toute intervention dans les querelles de Valachie, de Moldavie, de Transylvanie.

Quelques conflits religieux, élevés par les manœuvres des jésuites protégés de la France, agitèrent la paix entre les puissances catholiques et la Porte. Les jésuites furent jetés dans les cachots des Sept-Tours pour avoir corrompu le vicaire du patriarche grec à Constantinople en leur faveur. Ce vicaire fut pendu comme leur complice. L'ambassadeur de France paya trente mille ducats pour la rançon des religieux emprisonnés.

Le cardinal Clésel, fils d'un boulanger, comme le vizir, décida l'empereur d'Autriche à envoyer à Constantinople une ambassade solennelle pour résoudre les difficultés de Transylvanie.

Le sultan Achmet Ier mourut sans avoir vu la fin de ces négociations. Il n'avait que vingt-huit ans.

Son règne, commencé à quatorze, ans avait occupé une longue place dans le temps, peu dans l'histoire. Quelques fougues d'énergie, ou plutôt de cruauté dans le commencement de sa vie, avaient abouti à la faiblesse qui cède tour à tour à tous les conseils. Il aimait le bien, et il voulait le juste ; c'est la louange que lui donnent unanimement les historiens et les ambassadeurs de son époque ; mais il ne fut ni grand ni généreux. Le trône était trop haut pour son âme.

Il laissait sept fils, Othman, Mourad, Ibrahim, Mohammed, Kasim, Bayézid, Soliman, destinés les uns au trône, les autres au sépulcre. Mais l'histoire lui doit de reconnaître qu'il avait, le premier des sultans, épargné la vie de son frère Moustafa en montant sur le trône. Un tel acte dans un tel temps lui méritait les bénédictions des Ottomans. A sa mort on plaignit sa mémoire, on ne l'accusa pas ; les Turcs ne demandent pas à leurs souverains plus que ne leur a donné la nature.

XIV

Les traditions de la famille de Gengis-Khan, qui gouvernent les droits au trône chez les Ottomans, y appelaient le frère du padischah mort, avant ses fils. L'âge prévalait sur le sang dans ces traditions tartares. C'était ce défaut de droit au trône dans la descendance directe qui avait motivé si fatalement dans la famille impériale le meurtre des frères du sultan ; épargner ses frères c'était déshériter ses fils. Cette considération rehausse Achmet Ier et les sultans ses successeurs qui ont suivi son exemple ; mais cette fois cet exemple devint funeste à l'empire.

Moustafa n'était que l'ombre d'un prince. La nature l'avait frappé d'une éternelle stupeur en naissant. Si les lois ottomanes avaient exigé qu'avant d'être un sultan on fût un homme, Moustafa respectueusement écarté du trône aurait cédé l'empire à ses neveux. Mais la loi était fatale comme la nature. On n'hésita pas à proclamer Moustafa ou Mustafa Ier.

Les Ottomans en le voyant sortir de l'ombre du sérail où il languissait depuis quatorze ans dans les bras des femmes, entre sa mère, sa nourrice et ses odalisques, lurent sur son visage la défaillance de son règne. Une tête chancelante sur un corps grêle ; un visage allongé qui se terminait par un menton aigu, signe de vieille enfance, des joues creuses, des lèvres pantelantes et humides, un teint que le sang n'animait d'aucune coloration, des yeux sans regard qui semblaient toujours éblouis ; tel était l'extérieur de Mustafa Ier. Son intelligence, sans être tout à fait éteinte, était perpétuellement endormie ; sa vie était machinale, il n'avait que les instincts de peine ou de plaisir irréfléchis et quelquefois fougueux qui sont les passions des enfants ou des brutes ; ses penchants étaient des spasmes et non des attraits ; ses loisirs n'étaient employés qu'à regarder du haut d'une terrasse baignée par le courant du Bosphore, dormir ou écumer les vagues éternelles, et à jeter des pièces d'or aux poissons de ses bassins que l'éclat du métal attirait à la surface.

XV

Sous un tel prince, la mère aurait pu régner si elle avait eu les séductions de Roxelane et l'ambition de Safiyé ; mais la mère de Mustafa, dominée par le kislar-aga, chef des eunuques et gouverneur du harem, n'offrait pas même à cet eunuque ambitieux assez de consistance d'idées et de caractère pour fonder sur cette femme un gouvernement de faveur. La nourrice du sultan, mariée au grand écuyer, lui disputait le crédit dans le harem ; une Kurde, qui n'avait d'autre titre à l'autorité que d'avoir bercé sur ses genoux la longue enfance d'un idiot, allait gouverner l'Asie et l'Europe au gré de ses caprices. L'eunuque, pour perdre ces deux femmes, se hâta de révéler lui-même au vizir l'incapacité absolue de Mustafa. Il conspira avec la mère d'Othman, fils aîné d'Achmet I*er*, le renversement de ce fantôme et l'élévation d'Othman au trône. Nul n'avait intérêt à soutenir une ombre de souverain, qui ne pouvait présenter un point d'appui à personne. Un coup d'État unanime, concerté entre tous les chefs de la religion, de la loi et de l'armée, et délibéré sans passion dans un divan général, déposa le 26 février 1618 Mustafa et proclama Othman II.

XVI.

Le sultan déposé fut de nouveau enfermé dans un appartement reculé du sérail avec sa mère, sa nourrice, ses esclaves. Il n'avait pas même assez d'intelligence pour sentir qu'il avait monté et descendu en quelques jours les degrés du trône et de l'abdication. Il souriait à toutes les scènes de ce drame, tendant sa main avec la même indifférence au baiser de ses vizirs ou aux grilles de ses geôliers.

Khalil-Pacha commandait pendant ces événements de palais en qualité de grand vizir et de serdar l'armée turque sur les frontières de Perse.

Quelques avantages qu'il avait remportés sur Schah-Abbas lui avaient paru suffisants pour motiver une trêve. Rappelé à Constantinople, le sultan lui avait repris les sceaux et l'avait rétabli dans son poste de capitan-pacha. Othman II le punissait ainsi d'avoir élevé son oncle sur le trône, de l'y avoir soutenu trois mois, et d'avoir ainsi retardé son propre avénement. Il nomma à sa place Ogüz-Pacha, qui ne laissa aucune trace dans le gouvernement, et après quelques mois d'indécision fut remplacé lui-même par Ali *le Beau*, fils du gouverneur de Tunis.

Ali *le Beau* était de sang grec, originaire de l'île gracieuse de Cos, dans l'Archipel. Il avait les formes, le génie, l'éloquence et l'intrigue de sa race; il en avait aussi l'instinct de la mer et l'aptitude navale exercée de bonne heure sur les côtes de Tunis. Élevé de grade en grade jusqu'au gouvernement de l'île de Chypre, il avait justifié cette fortune par de grands services de mer rendus aux Turcs. Les dépouilles et les prises qu'il avait amenées à Constantinople, et dont il avait enrichi le trésor du sultan et l'arsenal, lui avaient fait une renommée populaire; sa grâce, sa finesse, sa beauté, ses adulations habiles lui avaient asservi le cœur du jeune prince.

Othman II accorda à son grand vizir l'exil de tous ses rivaux. L'ancien grand vizir Oguz-Mohammed, gendre d'Achmet I*er*, alla languir dépouillé de ses biens, et mourir en Syrie; le chef des eunuques noirs, qui avait fait et défait deux empereurs, expia ses intrigues par un exil au fond de l'Éthiopie d'où il était venu; le khodja ou précepteur d'Othman, familier dont le vizir subissait souvent le crédit, fut éloigné jusque dans les déserts de la Mecque.

La mort délivra aussi le vieux sérail de la domination de la sultane Safiyé, femme, mère et aïeule de tant de princes. Elle laissa, après quatorze ans de retraite dans cet asile, l'autorité dans le sérail à la sultane Kœsem, surnommée *visage de lune*, épouse favorite du sultan Achmet I*er*. Les frères encore enfants du padischah régnant, Mourad, Suleiman, Kasim, Ibrahim étaient les fils de cette sultane. Pendant sa faveur sur le cœur d'Achmet, elle s'était liée d'amitié avec sa rivale, la sultane Mahfirouz, c'est-à-dire *favorite de l'astre des nuits*, et mère d'Othman. Ces deux femmes s'étaient promis de continuer à s'aimer et à se soutenir l'une par l'autre, dans l'intérêt de la vie de leurs enfants, quelle que fût après Achmet leur destinée.

Mahfirouz, fidèle à ses promesses, autorisa son fils Othman à visiter dans le vieux sérail la sultane Kœsem. Ce palais et ces jardins, sorte de nécropole vivante des puissances déchues et des beautés répudiées, n'étaient jamais visités par les souverains sur le trône. Leurs mères et leurs femmes auraient vu d'un œil jaloux ces familiarités entre le nouvel et l'ancien harem. Othman II fut le premier des padischahs qui viola, en faveur d'une favorite de son père, ces scrupules ombrageux de sa cour. Il accepta une fête intérieure que lui donna la sultane Kœsem, et passa quatre jours et quatre nuits dans le vieux sérail, charmé des entretiens de sa belle-mère, sans exciter la jalousie de sa mère.

XVII

Une intrigue des Polonais avec Gratiani, prince de Moldavie, fit éclater les hostilités entre la Porte et la république de Pologne. Iskender-Pacha livra bataille aux Polonais dans la plaine de Moldavie. Vingt mille Sarmates tués dans le combat et dix mille prisonniers égorgés comme rebelles après la bataille, furent le seul et prompt résultat de cette guerre. Les Polonais proposèrent de repasser le

Dniester, de payer cent mille ducats pour les frais de la guerre, de doubler le tribut annuel. Ils envoyèrent des otages et en demandèrent à Iskender-Pacha pour assurer la sécurité des négociations. Iskender-Pacha désigna le prince tartare Cantimir pour otage des Turcs chez les Polonais. « Es-
« tu donc devenu *giaour* (infidèle), » s'écria le Tartare Cantimir, quand Iskender lui parla de sa remise au camp des Polonais? « voilà trente ans
« que mon sabre s'abreuve du sang de leurs
« pères et de leurs fils, et tu veux me livrer à
« eux pour qu'ils m'embrochent et me rôtissent à
« petit feu! Il ne faut converser avec ces Polonais
« sans parole qu'avec le sabre; » et il se retira, dit Naïma, les yeux rouges de sang, comme un verre plein de vin.

Tous les otages auxquels Iskender fit la même proposition, refusèrent à l'exemple de Cantimir. Les Polonais reculèrent en désordre jusqu'au Dniester. Parvenus au bord du fleuve, ils s'insurgèrent, selon leurs mœurs, contre leur général qui voulait établir de l'ordre dans le passage du fleuve et sauver d'abord la cavalerie. Pendant la sédition, les Tartares et les Turcs atteignirent les Polonais débandés. Gratiani, le prince de Moldavie, victime de leur provocation à la révolte, fut tué dans la déroute et sa tête envoyée à Constantinople. Kalinowsky noyé par son cheval dans le Dniester, Zolkiewsky atteint sur la rive, créncla de sa tête la porte du sérail; Koniecpolsky, épargné seul parmi les chefs de cette noblesse brave et turbulente, fut jeté dans les cachots des Sept-Tours. Quarante mille Polonais jonchèrent de leurs cadavres les bords du fleuve. Ces triomphes exaltèrent l'orgueil et l'insolence d'Ali *le Beau* : il traita tous les envoyés chrétiens en vaincus.

Le beau-père de Gratiani nommé Borissi, agent de la république de Venise, fut étranglé pour avoir représenté les griefs de sa nation ; l'ambassadeur de la Bohème et de la Hongrie, pays soumis à l'Autriche et révoltés contre leur empereur Ferdinand II, qui venait offrir leurs armes aux Ottomans, fut menacé du cordon ou du bâton en plein divan.

Les *avanies* du grand vizir remplissaient les coffres du sultan. Il donna en présent à son maître aux fêtes du Béiram dix-huit jeunes filles mahométanes, vingt chevaux de Perse et cent caftans brodés de perles. Le defterdar ou trésorier de l'empire, trop modéré dans ses exactions, fut emprisonné aux Sept-Tours, et deux millions d'or de sa fortune personnelle furent confisqués. L'île de Chypre fut imposée à cinquante mille ducats par delà son impôt ordinaire. La Perse et la Porte échangèrent des présents dont la liste éblouit l'imagination des Orientaux eux-mêmes. Mille vases de porcelaine de Chine, quarante tapis de velours, soixante de duvet de chameaux arrachés du sein de leurs mères, des chevaux, des éléphants, des tigres, des rhinocéros, enfin des filles esclaves d'une beauté d'élite cimentèrent la fausse et précaire amitié des deux peuples.

Un crime d'État ensanglanta ces pompes : un frère du sultan, le prince Mohammed, fils d'une autre femme que Mahfirouz, coupable de donner trop d'espérance à sa mère par son intelligence précoce et par son caractère viril, fut étranglé le 12 janvier 1621 par les muets ; la raison d'État ne pardonnait pas à la nature; on ne vivait qu'à la condition de vivre abruti : « Othman, Othman, » s'écria la victime en voyant s'avancer les muets pour l'arracher des bras de sa mère, « je « prie Dieu d'abréger tes jours, et de renverser « ton empire. Puisse-t-on t'arracher la vie, « comme tu me l'arraches à moi-même ! »

Le grand vizir, déjà malade de la pierre au moment où il inspirait cette féroce prudence au sultan II, ne survécut pas à ce crime. Un Albanais fanatique et stupide, nommé Housseïn-Pacha, lui succéda. Il sortait des bostandjis, d'où il s'était glissé dans les janissaires. Sa maxime unique de gouvernement était que la terre appartient au sultan, et que toute volonté de son maître était l'ordre du ciel. C'était un de ces hommes absolus par ignorance qui poussent toute autorité à son excès, c'est-à-dire à sa ruine ; il se hâta d'entraîner le jeune sultan, Othman, entré dans sa dix-huitième année à une guerre inutile contre la Pologne vaincue.

Sur la route d'Andrinople, le sultan à cheval à la tête de l'armée fut abordé par quatre derviches sortis tout à coup de l'arche d'un pont pour lui demander l'aumône à grands cris. Leurs plaintes, leurs haillons, leurs gestes firent cabrer d'étonnement le cheval d'Othman. Sa terreur le rendit féroce, et les têtes des quatre mendiants roulèrent à son geste sous les pieds de son cheval.

XVIII

Arrivé sur la rive droite du Danube, Othman II, pendant qu'on construisait des ponts pour le passage de ses troupes, se montrait à l'armée revêtu de la cuirasse de son aïeul, Soliman le Grand, dont il prétendait égaler les hauts faits. Ses exploits se bornaient à tirer des flèches sur les prisonniers, et à les frapper avec l'indifférence d'un but inanimé. Cette cruauté froide indignait ses propres soldats.

A Choczim les soixante mille Polonais commandés par les princes héréditaires, repoussèrent le choc des Turcs et des Tartares. Le grand vizir fut destitué pour le punir de ce revers. Dilawer, pacha de Diarbékir, surnommé *l'Intrépide*, reçut le sceau de l'empire. Les Polonais cette fois appuyés par l'Autriche, la Russie, la France, le pape, la Hongrie, luttèrent avec constance contre les cent mille Turcs du sultan. Les pertes égales après une longue campagne firent conclure une paix où aucune des deux puissances ne gagnait ni ne perdait que le sang versé de deux cent mille hommes.

Othman II, pressé par l'amour de revenir à Constantinople, rencontra à Andrinople la jeune esclave favorite qui venait de le rendre père de son premier-né. Cette odalisque était une Russe comme Roxelane, dont elle exerçait l'ascendant et la fascination sur le cœur d'Othman. Son nom était Miliclia. Née dans une chaumière, enlevée enfant par les Tartares, offerte en présent à cause de sa beauté au grand vizir Mourad sous le règne d'Achmet Ier, elle fut donnée après la mort de ce vieillard au chef des eunuques noirs Mustafa ; l'eunuque s'y attacha comme un père, la fit élever comme sa fille et lui donna la liberté. Othman l'ayant aperçue un jour dans une de ses visites au chef de ses eunuques, fut ébloui et enivré de ses charmes ; il demanda au chef des eunuques de la lui céder ; l'eunuque lui dit avec regret qu'il ne pouvait sans violer la loi, céder une fille libre qu'à un homme qui en ferait sa femme. Othman n'hésita pas à fléchir à ce prix les scrupules de l'eunuque. Il épousa Miliclia, et en eut un fils. Son amour augmenté de sa joie d'être père, fit régner l'esclave russe sur toutes les femmes de son palais, comme elle régnait sur son cœur.

Il retrouva à Constantinople son ancien précepteur, le khodja Omar-Effendi, revenu de son exil de la Mecque après la mort de son ennemi Ali *le Beau*. Ce khodja et le kislar-aga Suleïman, auteur du fratricide sur l'infortuné sultan Mohammed, s'entendaient pour gouverner de concert leur jeune maître. La sultane russe devenue mère et de plus en plus aimée, remplissait le sérail de fêtes et de spectacles.

Pendant un de ces spectacles où la sultane faisait représenter devant elle des scènes militaires de la guerre de Pologne, un fusil éclata et tua le prince enfant de la sultane favorite et d'Othman. La crainte de laisser l'empire sans héritier décida Othman à épouser quatre femmes légitimes. Sa politique lui fit choisir des filles libres des plus hauts dignitaires de son gouvernement. Après avoir épousé une fille de Pertew-Pacha, il célébra ses fiançailles avec la fille du muphti.

XIX

Il est moins périlleux à un despote de violer les lois que les coutumes de son peuple; les murmures des janissaires et du peuple s'élevèrent contre cette violation des usages des sultans dans le choix de leurs épouses. On craignit que la parenté avec les familles auxquelles Othman II s'alliait ainsi, ne parût un jour des droits au trône dans leurs descendants. Quelques parcimonies des ministres dans les gratifications aux spahis en temps de guerre, la réduction du taux d'un ducat d'or par tête coupée des ennemis sur le champ de bataille, enfin le départ prochain et impopulaire d'Othman pour la Syrie sur la flotte qui allait combattre Fakhr-eddin, émir des Druzes, changèrent en peu de jours le murmure en sédition.

Le grand vizir et le muphti s'opposaient en vain à ce départ du padischah pour la Syrie; le chef des eunuques noirs et le précepteur s'entendaient pour lui conseiller ce pèlerinage armé aux lieux saints; leur piété superstitieuse faisait une gloire sainte à Othman d'avoir le premier visité la Mecque. La célébration des noces avec la fille du muphti, ne fit que suspendre de quelques jours l'expédition.

Un songe la précipita encore : Othman rêva la nuit de ses noces que le Prophète s'était approché avec un visage irrité de son trône, et l'avait frappé au visage. Le précepteur, consulté sur l'interprétation de ce rêve, répondit qu'il était un avertissement sévère du Prophète, irrité des retards qu'apportait le padischah à son pèlerinage au tombeau de Médine. Cette interprétation lui parut un oracle. Le muphti son beau-père résista courageusement à la faction fanatique qui poussait le sultan à une absence impolitique de sa capitale en fermentation. Othman déchira avec colère le fetwa du muphti dans lequel cet interprète suprême des lois religieuses déclarait que le pèlerinage n'était pas obligatoire aux souverains. Un vertige sacré l'entraînait à sa perte.

Il ordonna de planter ses tentes à Scutari, première halte des armées partant pour l'Asie. A cet ordre, les janissaires et les spahis s'ameutèrent et lapidèrent les chiaoux accourus pour réprimer la sédition au nom du grand vizir. Convaincus que ce départ du padischah sans eux n'avait pour motif que la pensée conçue par les favoris d'Othman II de lever des janissaires et des spahis étrangers en Syrie, et d'attenter ainsi à leurs priviléges et à leur monopole militaire, ils s'assemblèrent tumultuairement sur la place de l'hippodrome, et rédigèrent une question de droit posée en ces termes au muphti :

« Est-il légitimement permis de tuer des con-
« seillers qui poussent le sultan à des nouveautés
« illégales, et qui dilapident les biens des vrais
« musulmans ? »

Le muphti, sans faiblesse pour le dangereux caprice de son gendre, répondit qu'un tel meurtre était permis; cette réponse légitima la révolte.

L'aga des janissaires et les officiers des régiments formant la garnison de Constantinople furent chassés à coups de pierres de l'hippodrome où campaient les séditieux. Les janissaires, déjà embarqués sur la flotte à l'ancre dans la mer de Marmara, près du château des Sept-Tours, forcèrent leurs consignes, débarquèrent malgré leurs officiers, et coururent se joindre à leurs camarades sur la place du marché aux viandes. Rassemblés en masse devant le palais du précepteur, ils l'appelèrent à sa fenêtre et lui enjoignirent de descendre et *d'aller porter au padischah la parole des troupes.*

Le précepteur, au lieu d'obtempérer à cette sommation, s'évada par ses jardins, déguisé en derviche Le palais du grand vizir, dont les soldats ignoraient l'innocence, fut défendu à coups de fusil contre leur aveugle fureur. Sans armes pour forcer ce palais, les factieux coururent en chercher dans les boutiques des armuriers voisins du bazar; les armuriers les fléchirent par leurs supplications, et les décidèrent à se retirer. La nuit tomba et les dissipa dans leurs casernes.

XX

Le sérail fermé était plein de trouble et de conseils divers. Othman II y ayant convoqué les oulémas, organes ordinaires et respectés de l'opinion publique, leur demanda la cause de ces agitations.

Ils lui dirent que « son départ pour la Mecque
« soulevait l'inquiétude des soldats, et les enflam-
« mait de colère contre le précepteur et contre le
« chef des eunuques, réputés les conseillers de
« cette mesure. — Allez, » leur répondit avec
obstination le sultan, « et dites aux troupes que
« je consens à renoncer à mon voyage en Asie,
« mais que je ne consens à déposer ni mon khodja,
« ni mon kislar-aga. »

Les ténèbres et le sommeil empêchèrent les oulémas d'accomplir leur mission avant le jour ; des
rumeurs vagues accrurent le péril pendant cette
nuit. On disait aux janissaires que les bostandjis,
enfermés en masse dans les jardins du sérail, pré-
paraient une sortie foudroyante dans la ville ; on
disait aux bostandjis que les janissaires débar-
quaient les canons de la flotte pour faire brèche
aux portes et aux murs des jardins.

XXI

Le soleil du 19 mai 1622 se leva sous ces auspices ; les janissaires et les spahis, campés dans
les vestibules et dans les cours de la mosquée de
Mahomet II, envoyèrent une députation aux oulémas pour les convoquer à une conférence. Les

oulémas répondirent qu'ils n'iraient pas se joindre à un camp de soldats soulevés, mais qu'ils allaient se réunir sur la place de l'hippodrome, où l'on pourrait assister à leur délibération. Les révoltés, à ces paroles, firent religieusement leur prière du matin, et, après avoir invoqué trois fois à grands cris le nom de Dieu, se rendirent en ordre à l'hippodrome.

Le muphti les y attendait entouré des douze principaux scheiks, ou prédicateurs des mosquées de la capitale. Deux secrétaires des troupes, Khalil et Féridoun, présentèrent, au nom des soldats, une liste de six victimes dont les révoltés demandaient la tête en expiation de leurs crimes. Ces six noms, voués à la mort dans la table de proscription, étaient ceux du khodja-Omar; [du kislar-aga, ou chef des eunuques, Suleïman; du seghban-baschi Nassouh, du caïmakam Ahmed, du grand trésorier Baki, et enfin du grand vizir Dilawer-Pacha (l'Intrépide).

Les oulémas et le muphti, après avoir contesté sur quelques-uns de ces noms, et surtout sur celui de Dilawer-Pacha, le grand vizir, qu'ils savaient aussi opposé qu'eux au voyage, se rendirent au sérail pour présenter à Othman II les conditions de l'armée.

« Ne vous occupez plus d'eux, » leur répondit avec dédain le sultan; « c'est une canaille « sans chefs qui ne tardera pas à se disperser « d'elle-même sous son anarchie.

— Padischah, » répliquèrent les scheiks, « ce « qu'on n'accorde pas aux révolutions, elles le « prennent; vos illustres ancêtres, dans de sem- « blables occasions, ont toujours apaisé les exi- « gences par quelques sacrifices à la justice ou à « la nécessité.

— Taisez-vous, » s'écria Othman d'une voix impérieuse, « vous parlez comme si vous étiez vous- « mêmes les conseillers de la révolte, et si vous « dites un mot de plus je vous ferai trancher « la tête comme à vos complices. » Les oulémas interdits gardèrent le silence; leurs physionomies exprimèrent leurs craintes, moins de la colère que de l'obstination du sultan. Le vieux Housseïn-Pacha, ancien grand vizir, homme dont l'âge et la fidélité ne laissaient suspecter le dévouement, se précipite en larmes aux pieds d'Othman.

« Mon padischah, » dit-il, « qui sommes-nous « devant toi? Si les rebelles demandent aussi ma « tête, hâte-toi de la leur jeter; oublie-nous et pense « à ton propre salut! » Othman fut attendri, mais inébranlable. On enferma les oulémas et le muphti comme des otages dans les jardins du sérail, et on laissa gronder hors des murs la sédition.

XXII.

Le retard des oulémas à rapporter sur la place de l'hippodrome la réponse du sultan, fit penser aux révoltés que le sérail était défendu par des bostandjis et par des canonniers en force, et que leurs parlementaires étaient retenus prisonniers. L'un d'eux, pour s'assurer par ses propres yeux de l'attitude et du nombre des défenseurs du sérail, monta au sommet d'un des minarets de Sainte-Sophie, et plongea de là ses regards dans l'intérieur des jardins impériaux; ils étaient vides. La certitude de ne pas rencontrer de résistance doubla l'audace des rassemblements; ils se réunirent dans la première cour, la comblèrent de leur foule et montèrent sur les plates-formes crénelées des murailles qui séparaient cette première cour de la seconde. Les bûches, qui remplissaient les bûchers de la cour, armèrent ceux qui n'avaient pas d'armes; immobiles néanmoins dans ce camp pendant quelques heures, ils semblaient accorder au sultan le temps de la réflexion et la dignité des concessions.

De moments en moments un seul cri interrompait ce sinistre silence ; ce cri demandait les têtes du khodja, de l'eunuque et du grand vizir. Le seul crime de Dilawer-Pacha était d'avoir fait défendre la veille son palais contre l'émeute, et d'avoir jonché de quelques cadavres de séditieux armés le seuil de son palais.

XXIII

Les portes de la seconde cour s'ébranlèrent enfin sur leurs gonds, et les troupes la remplirent. Même attente, même silence et mêmes cris ce fut tour à tour. Les portes de *la Félicité*, gardées par quelques eunuques blancs, s'ouvrirent comme les premières portes sous l'assaut des soldats armés de bûches. Ils semblaient hésiter cependant par un respect d'habitude à franchir le seuil qu'ils s'étaient ouvert. Un des oulémas, assis sur un banc de pierre devant le vestibule du palais, s'avança vers les soldats et leur dit à demi-voix : « Notre parole « n'a servi de rien ; entrez et parlez vous-« mêmes. »

La foule entra timidement d'abord, et comme indécise de ce qu'elle allait vouloir et oser. Une seule voix, comme toujours, devint la voix unanime d'une multitude.

« Nous voulons le sultan Mustapha, » dit cette voix sortie sans délibération de l'impatience désespérée d'un seul homme ou de la connivence soufflée par quelques eunuques à un complice.

« Oui, oui, nous voulons le sultan Mustapha, » répéta à l'instant la foule, comme délivrée du poids de son incertitude.

A ce mot d'ordre irréfléchi des révoltés, la multitude s'engouffra dans les portes ouvertes du palais, et inonda le vestibule et les appartements. Ils les parcouraient au hasard et sans guide, se perdant dans ce labyrinthe du sérail et des jardins qui séparent les différents kiosks, et vociférant toujours avec plus de force le même cri :

« Nous voulons le sultan Mustapha! »

Tout était désert, silence, mystère pour les révoltés dans ce dédale de kiosks, de jardins, de cours. Un ouléma plus familiarisé qu'eux avec les lieux leur montra du doigt le harem. Il était entouré d'un mur épais et sans portes du côté des jardins. Les soldats, pour le franchir, entassèrent un amas de bûches contre la muraille pour pénétrer dans le harem par les vitraux de la coupole.

Pendant qu'ils démolissaient la coupole en

appelant toujours à grands cris le sultan Mustapha, une voix lointaine et timidement articulée cria du fond du harem aux démolisseurs : « Le « sultan Mustapha est ici. »

Cette voix, reconnue pour celle de l'invisible captif, anima d'une ardeur désespérée les assaillants. Malgré les flèches tirées d'en bas sur eux par quelques nègres, eunuques fidèles jusqu'à la mort à leur consigne, trois janissaires descendirent par des cordes de la coupole détruite dans les salles du harem, et parcoururent, en invoquant le nom de Mustapha, les corridors et les appartements du palais sacré. Ils trouvèrent à la fin, dans un cabinet reculé, l'infortuné Mustapha couché à demi sur un vieux matelas, et gardé par deux esclaves muets debout devant lui.

« Mon padischah, » lui dirent en tombant à ses pieds les trois janissaires, « l'armée vous attend « au dehors pour vous couronner. »

L'idiot, insensible à la restauration comme à la chute, leur répondit seulement avec un vague sourire : « J'ai soif. » Depuis le commencement de la sédition, par trouble ou par cruauté, on avait oublié d'apporter dans sa retraite ni aliments, ni eau. Les janissaires restés sur le toit lui firent passer de l'eau dans un seau de cuir.

Un des janissaires descendus par la corde dans sa prison en sortit par la porte, et courut au vieux sérail annoncer à sa mère que son fils avait été retrouvé vivant, et qu'on allait le réinstaller sur le trône.

XXIV

Pendant que la mère, qui croyait son fils étranglé, passait du désespoir au délire de la joie, Mustapha, hissé sur son matelas jusque sur la coupole, était reçu dans les bras des janissaires, descendu dans la cour et porté à bras, pour le montrer au peuple, sur le cheval du muphti. Mais sa faiblesse et son émotion l'empêchant de se tenir à cheval, même avec l'assistance de ses deux esclaves qui le supportaient sous les bras, on le descendit et on l'exposa sur le trône dans la salle du palais. Assourdi par les acclamations et les prosternements de la foule, il repoussait avec un geste de terreur enfantine l'aspect des sabres nus qui éblouissaient ses yeux affaiblis par les ténèbres.

Pendant cette exposition de Mustapha Ier sur son trône, d'autres scènes agitaient les cours au dehors, entre les oulémas et les séditieux. La proclamation soldatesque de Mustapha était un de ces hasards des révolutions qui dépassent témérairement le but, et qui consternent de l'excès de leur victoire les agitateurs des peuples ou des armées. Le muphti, gendre d'Othman II et les oulémas, hommes éclairés, qui connaissaient l'imbécillité de l'oncle d'Othman, étaient bien loin de la pensée de renverser du trône un prince mal conseillé, pour y placer un prince incapable de tout conseil. Ils n'avaient voulu que se substituer eux-mêmes au précepteur et à l'eunuque. Spectateurs déconcertés dans les cours, de la proclamation et de l'apparition de l'idiot, ils ne regardaient cette ovation que comme un de ces délires de peuple ou de soldats qui doit tomber devant la réprobation des hommes d'État. Une altercation violente s'était élevée entre eux et les janissaires libérateurs de Mustapha.

Ils s'étaient hâtés aux premiers cris de la foule en faveur de Mustapha Ier de conseiller à Othman II, retiré au fond du harem, de livrer le khodja et le grand vizir. Othman, qui retenait près de lui ces deux victimes pour les sacrifier à la dernière nécessité, comme la rançon de sa propre tête, venait de faire ouvrir en silence une porte secrète du palais, et de jeter ses deux amis à la fureur des soldats. Leurs cadavres avaient assouvi sans la fléchir la cruauté des assassins; les cris de *vive le sultan Mustapha!* continuaient à retentir autour du sérail.

« Insensés, que voulez-vous de plus? » disaient vainement les oulémas aux soldats; « vous avez obtenu plus que vous n'avez de« mandé; laissez maintenant le padischah en « paix.

— Nous avons, en effet, ce que nous vou« lions, » répondaient ironiquement les soldats et le peuple; « nous avons restauré notre sultan « Mustapha Ier.

— Frères et compagnons, » reprenaient le muphti et les scheiks, « le sultan Othman vous « salue et vous félicite; il vous a livré ceux que « vous demandiez, et il vous en livrera d'autres « encore, si vous l'exigez; nous vous le certifions « en son nom; mais, si vous replacez le sultan « Mustapha sur le trône qu'il ne peut occuper, vous « vous préparez à vous et aux Ottomans des ca« lamités et des repentirs, écoutez les sages.

— Vous auriez dû nous le dire plus tôt, » répliquaient les soldats; « maintenant il est trop tard; « nous avons retrouvé notre padischah Mustapha, « et il faut que vous le reconnaissiez avec nous.

— Non, non, cela n'est pas légal, tant que le

« sultan Othman sera sur le trône, » continuaient obtinément les oulémas.

— « Légal ou non, » crièrent les plus impatients du peuple et de l'armée; « voilà qui vous « contraindra au silence ou à la proclamation du « souverain à qui nous rendons ce qui lui appar- « tient, l'empire! »

Les sabres, les haches et les bûches levés sur la tête du muphti et des scheiks, leur apprirent qu'on ne refrène jamais la sédition qu'on a déchaînée soi-même. L'un d'entre eux mourut de peur sur la place, les autres saluèrent de la voix l'idiot qu'ils réprouvaient de cœur. Les muezzins montant par leur ordre sur les galeries des minarets des mosquées, proclamèrent dans la capitale le sultan Mustapha Ier, padischah des Ottomans. On le hissa sur un chariot avec les deux esclaves compagnons de sa captivité; un mamlouk, Dervisch-Aga, l'escorta à cheval à la place du grand écuyer ; le peuple et les soldats s'attelèrent au timon du char, et conduisirent le sultan dans ce séditieux cortége au vieux sérail, pour le présenter à sa mère. La mère et le fils s'embrassèrent et se félicitèrent d'avoir échappé au sort de la sultane Mahfirouz et de son fils, immolés quelques jours avant par ordre d'Othman II.

XXV

Cependant l'invisible Othman faisait encore trembler la révolte. Le bruit courut qu'il avait gagné Scutari sous un déguisement et qu'il allait revenir avec un corps de janissaires fidèles venger ses outrages, reconquérir le sérail, frapper Mustapha Ier. Les révoltés inquiets pour la sûreté de leur idole conduisirent le nouveau sultan et sa mère dans la mosquée des janissaires pour y veiller sur lui jusqu'à la fin de la nuit.

Othman en effet n'était plus au sérail; fuyant l'enceinte violée du palais, il s'était glissé dans l'ombre jusqu'à la plage où les bostandjis ses rameurs tenaient ses barques à flot pour le transporter à Scutari. Mais la terreur du sérail envahi et des jardins parcourus par les révoltés avait fait fuir les rameurs. Aucun marin ne pouvait aider Othman à lever l'ancre et à manœuvrer un de ses caïques. Il s'évada avec Housseïn-Pacha son ancien vizir par une porte dérobée du jardin, et se réfugia dans un appartement élevé de la mosquée des princes, voisine de la caserne des janissaires pour négocier avec eux sa réconciliation et implorer leur appui. Housseïn-Pacha portait derrière lui des bourses d'or pour tenter la cupidité des soldats.

Pendant la route un serviteur d'Housseïn-Pacha dit à voix basse au vieux vizir : « Est-il bien
« prudent pourtant de conduire le sultan si près
« de la caserne de ses janissaires qui viennent de
« placer sur le trône un autre padischah?

— L'empire et la fortune, » répondit avec une religieuse résignation à la fatalité l'ancien grand vizir, « appartiennent à celui à qui on les
« donne; peu importe qui sera sultan, pourvu
« que l'ordre du monde ne soit pas interrompu. »
Le monde dans la langue des hommes d'État ottomans, c'était la capitale de l'empire.

XXVI

De sa retraite ignorée dans la mosquée des princes, Othman II fit appeler l'aga des janissaires qui déplorait secrètement l'égarement de ses soldats; il le chargea d'offrir cinquante ducats à chaque soldat, une pièce de drap écarlate pour leur uniforme et une augmentation de solde de dix aspres par jour s'ils voulaient rentrer dans le devoir et déposer Mustapha Ier.

Les officiers, informés de ces offres par le

général, se montrèrent enclins à y accéder. Au lever du soleil on rassembla les janissaires dans la cour de leur caserne. Le général monta les marches de l'escalier pour être entendu de plus loin en les haranguant; mais les soldats défiants soupçonnaient quelque piége; ils avaient eu vent des conférences nocturnes de leur aga avec les émissaires d'Othman. Aux premiers mots de leur chef pour entrer en accommodement avec Othman : « A bas! A bas! le traître, » crièrent-ils de la cour aux janissaires plus rapprochés qui entouraient le général; « frappez le traître, « et ne lui permettez pas de continuer. »

Un soldat, complice de tous les autres, poussa à ces cris l'aga du haut du palais et le précipita sur les degrés; mille sabres tirés l'y dépecèrent en morceaux avant qu'il eût rendu le dernier soupir. Le lieutenant ou kiaya du général et le tschaousch, chef de son escorte, s'enfuirent dans la mosquée pour annoncer ce meurtre à Othman dont ils connaissaient l'asile.

Pendant que ce prince et ses derniers amis déploraient le sort de l'aga, présage du même sort pour eux-mêmes, une bande de janissaires couraient au vieux sérail saluer la sultane mère de Mustapha, et, connaissant l'imbécillité de son fils, la priaient de nommer elle-même un grand vizir capable de saisir et de sauver l'empire.

« Y a-t-il parmi vous quelqu'un qui sache « écrire, » demanda cette femme, esclave illettrée elle-même, aux soldats? Un simple janissaire, nommé Kara-Mossab, sortit des rangs ; il rédigea et écrivit, sous l'inspiration de la sultane, les diplômes des principales dignités auxquelles elle, une femme et un soldat, du fond du vieux sérail, appelaient de concert les hommes dont les noms venaient sur les lèvres des séditieux.

Daoud-Pacha, gendre et favori de la veuve d'Achmet Ier, fut nommé grand vizir à son insu; Dervisch-Aga, celui qui était monté à cheval à côté du chariot grotesque où la populace traînait Mustapha dans les rues, reçut le diplôme de grand écuyer ; enfin Kara-Mossab lui-même, qui tenait la plume, fut élevé au rang de grand maréchal du palais, en récompense sans doute de l'initiative hardie qu'il avait suggérée à la sultane.

XXVII

Mais les janissaires et le peuple n'attendaient déjà plus, pour exercer leur autorité et leur vengeance anarchiques, la sanction d'un grand vizir ou d'un muphti. Maîtres du fantôme de souverain qu'ils entouraient dans le palais de leur aga, ils lui faisaient rendre à leur gré, par un geste, par un cri, par une supplique aussitôt consentie que présentée, tous les oracles nécessaires à la soldatesque. Les meurtres d'Omar le khodja, de Nassouh, l'ancien grand vizir, de Baki, le trésorier, furent ratifiés après coup; ceux d'Ahmed le caïmakam et de tous les vizirs dont le nom montait aux lèvres d'un ennemi ou d'un mécontent, furent proscrits d'acclamation; toutes les mesures de police ou de discipline prises contre la débauche et la licence des tavernes dans les derniers jours du règne d'Othman II furent abolies.

Les soldats, toujours prompts à sacrifier les libertés civiles, demandèrent unanimement que le grand vizir nouveau, leur créature et leur ouvrage, gouvernât dictatorialement l'empire avec le despotisme absolu d'un orta (chambrée). Le sultan, qui ne savait ni refuser ni consentir, acquiesçait d'un mouvement de tête, sous l'inspiration des deux esclaves noires debout à côté de lui, comme deux nourrices auprès d'un enfant.

XXVIII

Cependant ceux des janissaires qui venaient de massacrer leur général sur les degrés de leur caserne s'étaient répandus, sur l'indice de quelques traîtres, à la recherche d'Othman II. On leur désigna du doigt le refuge mal couvert du prince dans les cuisines des pauvres, attenantes à la mosquée des tombeaux. Ils le découvrirent blotti sous des nattes, n'ayant pour vêtement qu'une chemise ou tunique blanche collée au corps, et pour turban qu'une petite calotte rouge semblable à celle des eunuques dans l'intérieur du harem.

Un soldat, par dérision ou par pitié, le coiffa de son propre turban. Les autres, l'entraînant et le poussant brutalement dans la cour de la mosquée, retentissante d'imprécations et d'injures, le firent monter sur un cheval boiteux, décharné et couvert de plaies, que l'on conduisait à la voirie. C'est de ce pilori ambulant qu'ils montraient au peuple celui qui, la veille, répandait, selon l'expression des Ottomans, *son ombre sur le monde.*

Le vieux vizir, Housseïn-Pacha, et le chef des bostandjis, Mahmoud, surpris dans le même asile où ils n'avaient pas voulu abandonner leur maître, étaient chassés à coups de plat de sabre sur les pas du cheval. Mahmoud fut épargné par les soldats parce qu'il avait fermé les yeux, comme chef de la police, dans les tavernes, sur les débauches des ivrognes surpris par ses patrouilles de nuit, et que la loi condamnait. Quant au vieux vizir, Housseïn, vétéran redouté des troupes à cause de sa sévérité de paroles dans les camps, les janissaires ne lui pardonnèrent pas de les avoir conduits à la bouche des canons dans la dernière guerre de Pologne et d'avoir répondu à ceux qui lui représentaient sa prodigalité du sang des troupes : « Qu'importe notre vie ! Ce qui « importe, c'est la victoire. Le padischah, man- « que-t-il de soldats ? Quand nous n'aurons plus « d'ânes, nous monterons des chevaux. »

Ne pouvant plonger leurs sabres dans son cœur, protégé par la cotte de mailles dont il s'était revêtu sous son caftan, ils lui coupèrent la tête, qu'ils portèrent en trophée devant le sultan, et jetèrent le cadavre sous les pieds du cheval.

« Hélas ! » dit Othman, en oubliant sa propre misère pour pleurer son vieil ami, « celui-là, du « moins, était bien innocent ; si j'avais suivi ses

« conseils, le malheur et la ruine ne seraient pas
« sur moi. »

Ces nobles plaintes n'attendrirent pas les soldats : tout se tourne en crime contre ses victimes, dans la soldatesque, même leur attitude. Elle les méprise si elles sont lâches; elles les hait si elles sont courageuses. La raillerie élude dans le peuple la pitié : « Cher Othman ! noble padischah ! » lui criaient des soldats impitoyables qui cherchaient le rire dans le supplice, « jeune et beau prince
« dont la parole est la loi du monde, ne vous
« plaît-il pas de courir cette nuit les rues de
« Constantinople suivi de vos bostandjis pour sur-
« prendre les ivrognes attardés dans les tavernes
« de vin des Grecs, d'enchaîner des janissaires
« et des spahis sur les galères de votre flotte, et
« de les faire jeter à la mer? » Le peuple applaudissait par ses éclats de jovialité cynique à ces dérisions de caserne !

D'autres, plus sérieux dans leur fureur, lui demandaient : « Si c'était avec de misérables re-
« vues de *seghbans* que ses ancêtres avaient élevé
« l'édifice de l'empire; si c'était des Syriens, des
« Égyptiens, des bostandjis qui avaient bâti les
« forteresses de l'Euphrate et du Danube. »

Un janissaire, plus lâche et plus féroce que les

autres, fils d'un orfévre de Constantinople et dépravé par les vices ignobles de la capitale, marchait à côté de son cheval et lui tordait la peau de la jambe entre ses deux doigts pour lui arracher un cri de souffrance :

« Impudent maudit! » lui dit le sultan en pleurant, malgré lui, de honte et de douleur, « ne « te souviens-tu pas que j'étais hier ton padi-« schah et que tu te prosternais devant celui que « tu outrages? »

Parvenu à la caserne en face de la mosquée, où Mustapha Ier avait été conduit par le peuple, Othman fut remis à la garde et à la merci du chef des janissaires. De la galerie de la mosquée on voyait la fenêtre de la chambre où les janissaires surveillaient leur victime. Les deux princes et les deux règnes n'étaient séparés que par la place. Le peuple et les soldats s'agitaient entre la caserne et le temple, les uns saluant de leurs acclamations le nouveau prince, les autres injuriant et maudissant le dernier.

La grandeur tragique et la pitié d'une si étrange vicissitude commençaient cependant à impressionner plus gravement la multitude. Les muezzins étant montés à midi sur les galeries hautes des minarets pour appeler le peuple à la prière, le bruit courut dans la place que c'était le signal du supplice d'Othman. Tous les visages se tournèrent vers les casernes où devait s'accomplir l'exécution :

« Non, non, non, » s'écrièrent mille voix dans la foule, en s'adressant aux janissaires de garde dans la chambrée; « on ne doit point faire de mal « au sultan déposé. Que le sultan Mustapha « règne à présent sur nous! nous le voulons, mais « que l'on préserve la vie au sultan Othman pour « les éventualités de l'avenir. »

Le grand vizir Daoud-Pacha, qui venait d'arriver sur la place, monta dans la chambre qui servait de prison à Othman, et, le poussant de la main vers la fenêtre, il le montra au peuple pour apaiser les clameurs, et pour attester qu'il vivait encore.

XXIX

Cette émotion inattendue du peuple en sa faveur avait rendu quelque espérance à Othman II; il osait en appeler au cœur et à la raison de ses geôliers : « Que prétendez-vous faire à votre empereur? » disait-il aux soldats ébranlés par les cris de pitié du peuple. « Quoi ! c'est vous, janissaires, sou-

« tiens de l'empire, qui accompliriez sa ruine et
« la vôtre ! » Puis, s'apercevant du vieux turban
qui déshonorait sa tête, et le rejetant avec indignation loin de lui, et implorant le front nu, les yeux en larmes, la voix entrecoupée de sanglots, ses gardes : « Si je vous ai involontairement
« offensés, » leur disait-il, « pardonnez-moi;
« hier j'étais votre padischah, aujourd'hui je suis
« nu ; que je vous sois en exemple ! Vous aussi
« vous aurez à éprouver peut-être les vicissitudes
« de ce monde, vous aussi vous aurez besoin de
« miséricorde. »

Les soldats s'attendrissaient, le chef des chiaoux du grand vizir, qui était monté avec Daoud-Pacha dans la chambre, voulut prévenir, en étouffant sa voix, l'effet des supplications d'Othman; il lui jeta la corde au cou pour l'étrangler; mais Othman qui l'épiait de l'œil, comme la victime pressent le bourreau, passa ses deux mains vigoureuses entre le cordon et la gorge, et, dénouant le nœud coulant, suspendit au moins le moment de sa mort.

Les officiers des janissaires présents crièrent au chiaou de ne rien précipiter dans un tel moment, à une telle place et devant le peuple, qui le rendrait responsable de la mort d'un sultan qu'on semblait vouloir épargner. Daoud-Pacha, accouru pour presser le supplice qui assurait le trône à son pupille, l'influence de la sultane sa belle-mère, la puissance de lui-même, encourageait du regard les bourreaux :

« Barbare, que t'ai-je donc fait à toi, » lui dit Othman, « pour que tu viennes mendier ici mon
« supplice à mes esclaves? Ne t'ai-je pas deux fois
« arraché d'un mot à la mort que le grand vizir
« voulait t'infliger? Ne t'ai-je pas rétabli malgré
« le divan dans les dignités dont on t'avait dé-
« pouillé? D'où est née ta haine acharnée contre
« moi? »

— C'est un serpent, « criait de l'autre côté de la place la sultane mère de Mustapha aux janissaires dont elle voyait l'indécision, et dont elle entendait les tumultes ; « c'est un serpent, ne
« l'écoutez pas; s'il se tire de vos mains, il vous
« fera tous mourir. »

Daoud-Pacha, qui entendait la voix de la sultane, fit signe aux bourreaux de serrer le lacet; mais les officiers les écartèrent pour obéir au murmure de pitié de la foule. Othman II rassuré par leur intervention se tourna vers le chef de chambrée qui répondait de lui à ses camarades :

« Qui donc t'a donné ton emploi? » lui demanda-t-il, espérant que c'était lui-même, et que la reconnaissance se réveillerait par le souvenir du bienfait.

« C'est le sultan Mustapha, » répondit le commandant de la caserne.

—« Le sultan Mustapha, » reprit Othman, « est
« un idiot qui ne sait pas même son nom; viens,
« ouvre cette fenêtre, et laisse-moi parler à mes
« serviteurs. »

L'officier subjugué ou attendri ouvrit une fenêtre de la chambre qui donnait sur le péristyle de la mosquée dont un angle touchait à la caserne des janissaires. L'instinct de la vie dans un homme jeune qui se refuse à mourir, l'énergie du caractère qui n'avait pas faibli depuis la veille dans le souverain précipité du trône, l'espoir que les cris favorables rendaient à son âme, la conscience de l'imbécillité du compétiteur qu'on lui opposait, l'expérience de la mobilité des mouvements populaires, la confiance enfin dans l'impression que produiraient sur la multitude l'aspect de sa nudité et l'éloquence de ses larmes donnèrent à Othman des accents aussi pathétiques que la circonstance ; il avait déconcerté les soldats, atterré le grand vizir, il ne doutait pas de dompter le peuple :

« Mes agas, mes spahis, mes janissaires, »

cria-t-il à la soldatesque qui l'écoutait d'en bas, »
« et vous, mes pères, qui m'avez protégé dans
« mon berceau, défendu dans les camps, instruit
« dans les divans, gardé sur le trône, si par igno-
« rance, par jeunesse, par bonne intention trom-
« pée, j'ai prêté l'oreille à des conseils funestes,
« pourquoi m'humilier ainsi jusqu'à l'avilisse-
« ment de votre propre souveraineté? Si vous ne
« voulez plus de moi pour votre padischah, di-
« tes-le d'un mot, je saurai descendre de moi-
« même et mourir sans dégrader ni vous ni moi
« par ces indignités qui déshonorent le nom otto-
« man. » Le peuple mêlé aux soldats pleurait à
ces paroles, et quelques voix déjà criaient de
pardonner au repentir, et de reconduire Othman
au sérail.

XXX

La sultane, mère de Mustapha, à la voix d'Othman II et au bruit de ces ondulations de la multitude, était sortie sur la galerie de la mosquée,
puis rentrée dans l'enceinte aux cris de terreur de
son propre fils pour le rassurer et lui suggérer une
contenance moins d'enfant que d'homme. Mais le
pauvre fantôme de souverain n'avait pas plutôt

perdu de vue sa mère qu'il retombait dans ses défaillances. Au moindre contre-coup des tumultes extérieurs produits par la lutte de clameurs entre le peuple et les soldats, il bondissait d'effroi sur son divan. Assis sur le mihrab de la mosquée entre ses deux esclaves muettes et attentives, il se levait en sursaut aux grands mugissements de la place, se figurant que les satellites d'Othman forçaient les portes pour l'immoler, s'élançait vers la fenêtre comme pour les fuir, et se cramponnant aux grilles qui s'entre-croisaient sur les vitraux, il déchirait ses faibles mains aux nœuds du treillis de fer, comme pour le forcer à s'ouvrir devant lui, et à lui livrer une issue pour la fuite. Ses deux esclaves le rasseyaient avec peine à sa place. Les spectateurs pleins à la fois de terreur et de pitié ne savaient s'ils devaient plaindre davantage un tel maître d'être reporté malgré lui à l'empire, ou l'empire d'avoir à supporter bientôt un tel maître.

« Viens, viens, calme-toi, je suis là, mon
« lion, » lui disait sa mère en le recevant tout tremblant dans ses bras. « Mon lion, mon ti-
« gre, mon fils, mon padischah, sois digne de
« ton peuple et de ta mère ; tu vois qu'on s'age-
« nouille et tu vois si je tremble. »

Othman de son côté, à quelques pas du mihrab de la mosquée, quoique dans le péristyle d'un autre édifice adjacent, luttait pour la vie avec la même intrépidité qui faisait lutter la sultane pour le salut de son fils et pour l'empire. Pâle, demi-nu, la tête découverte, sa chemise déchirée sur ses épaules, il adjurait tour à tour Daoud, le peuple, les soldats, d'avoir pitié de lui et d'eux-mêmes, en réfléchissant à quel maître ils allaient se donner sur le cadavre de leur véritable padischah.

Les gestes de la sultane, les cris de Mustapha, les supplications et les objurgations d'Othman, se disputaient tour à tour ou tous ensemble l'attention de la multitude. Daoud-Pacha, toujours derrière sa victime avec ses bourreaux, profita d'un de ces instants où les têtes de la foule étaient tournées vers la galerie de la mosquée, et il ordonna une troisième fois au chef des chiaoux de jeter le cordon au cou du sultan.

Le commandant de la caserne, qui avait déjà prolongé l'agonie d'Othman en desserrant le lacet et en permettant à Othman de se présenter à la fenêtre et de parler aux spectateurs, détacha une troisième fois le cordon, et le rejeta avec indignation aux chiaoux. Les janissaires, dont la première fureur avait eu le temps de s'évaporer et de se changer en compassion, applaudirent à l'humanité du chef de chambrée. Daoud se retira en ajournant malgré lui le crime, et Othman confié à la garde des janissaires resta entre la mort et la vie dans la caserne avec une poignée de vieux soldats.

XXXI

Le grand vizir passa de la caserne dans la mosquée, et se hâta de profiter du reste du jour pour faire prendre possession du sérail et du trône à Mustapha Ier. Le même char découvert, traîné par les soldats révoltés et par la populace qui avait conduit Mustapha au palais de sa mère, le conduisit entre ses deux négresses, de la mosquée au sérail. Une multitude innombrable le saluait de sa pitié, de ses vœux, de ses acclamations. Les Ottomans, compatissant pour sa double infortune, jouissant de rendre la liberté à un pauvre captif, oubliaient pour un moment qu'ils rendaient aussi le trône à une ombre.

Pendant cette marche moitié triomphale, moitié dérisoire, Daoud-Pacha, dans l'intention d'écarter de leur caserne la masse des janissaires dont la présence intimidait ses desseins, les fit avertir sous main, par des affidés, des trésors, qu'Housseïn et Othman II avaient déposés la veille dans le palais de l'aga d'où on avait arraché le prince fugitif pour le conduire aux casernes. A cette annonce, les janissaires quittèrent tumultuairement leur chambrée, oublièrent Othman et se précipitèrent en foule au palais de l'aga pour piller et pour se partager le prétendu trésor. Ils trouvèrent les onze bourreaux d'Housseïn, et le partage tumultueux de cette dépouille les retint éloignés, distraits et ivres dans les tavernes une partie de la nuit.

Daoud, informé de leur négligence à surveiller leur otage, courut aux flambeaux avec une poignée de chiaoux et de bostandjis à la caserne, sous prétexte de transporter le sultan détrôné dans une prison plus digne de la majesté du prisonnier. Cette escorte, éclairée par des torches, conduisit à travers les rues pleines de tumulte l'infortuné Othman au château des Sept-Tours. Le peuple, qui suivait avec des impressions diverses le cortége, se retira peu à peu après qu'on eut refermé sur le prisonnier les portes du château.

Le bruit courait dans la foule qu'on épargnerait les jours d'Othman pour le reporter repentant et corrigé au trône, si son oncle était reconnu une seconde fois incapable de régner. La pensée de sa mort n'était dans le cœur ni dans les vœux d'aucun Ottoman désintéressé dans la question du trône. Ceux-là seuls en petit nombre voulaient sa mort qui se sentaient impardonnables par l'excès de leurs outrages et qui ne pouvaient vivre en sûreté s'ils lui laissaient la vie : tels étaient Daoud et la sultane, maîtres désormais du sort d'Othman, et que sa vie condamnait à trembler toujours pour leur domination et même pour leur tête.

Aussi les portes du château des Sept-Tours étaient à peine refermées sur Othman II, et le silence extérieur annonçait à peine la dispersion du peuple au dehors, que Daoud-Pacha, assisté du chef des djébedjis et de deux robustes chiaoux, entra dans la chambre du prisonnier, le cordon de soie dans les mains.

Othman, dont vingt heures d'angoisses n'avaient ni abattu l'énergie, ni énervé la vigueur, et qui avait trois fois déjà éludé le supplice en le retardant, combattit en désespéré contre ses quatre assassins. La chambre où ils s'étaient enfermés avec lui retentit longtemps des cris, des rugissements, des contre-coups d'une lutte terrible entre ce jeune homme de dix-huit ans et ces bourreaux exercés au supplice. Elle se prolongea longtemps dans les ténèbres; Othman espérait sans doute, en la soutenant jusqu'à l'extinction de ses forces, que le bruit appellerait à son secours les gardiens des Sept-Tours, ou que le peuple forcerait les portes à la voix de son sultan. Les gardiens étaient complices et le peuple était absent.

Le chef des djébedjis parvint à la fin à passer et à serrer le nœud du cordon autour du cou d'Othman, pendant que Daoud et les deux chiaoux à genoux sur sa poitrine s'efforçaient d'écarter ses poignets et de contenir ses jambes. Leurs efforts réunis ne suffisaient pas à contenir ce lion, quand un de ces féroces exécuteurs, nommé Kalender-Oghli, exercé au vil métier qui fait les eunuques, saisit et écrasa d'une main de fer les sources de la virilité sur le corps d'Othman. La douleur arracha un cri terrible au jeune homme; l'évanouissement lui enleva la force; il fut étranglé déjà inanimé.

Daoud lui coupa une oreille avec son propre poignard, et enveloppa ce cartilage sanglant dans son mouchoir de soie, pour porter à la sultane Validé ce témoignage certain de la réalité de la mort d'Othman II et du diadème incontesté de son fils. C'était le premier sacrilége des Ottomans contre la majesté *de l'ombre de Dieu.*

XXXII

M. de Hammer, dont l'érudition oppose souvent race à race, crime à crime avec profit pour l'expérience humaine, a fait un parallèle entre la mort de l'empereur grec Andronic et la mort de l'empereur turc Othman que nous croyons devoir emprunter ici :

« Le sort d'Andronic et celui d'Othman II, » dit-il, « présentent de grandes similitudes. Lors-
« qu'Andronic fut conduit à Chilaï (aujourd'hui
« Bebek), où il avait autrefois fait aveugler et
« jeter en prison Alexis Comnène, la mer, comme
« si elle se fût souvenue des exécutions dont il
« avait tant de fois souillé ses flots, le rejeta avec
« violence sur le rivage. Chargé de chaînes par
« les archers, il subit, en présence même de son
« compétiteur Isaac, les plus ignominieux traite-
« ments : on le souffleta ; on lui donna des coups
« de pied ; les femmes dont il avait fait aveugler
« les maris lui arrachèrent les cheveux et lui bri-
« sèrent les dents ; on lui coupa une main, on
« lui creva un œil, et on le jeta dans la tour
« Anemas du palais des Blakernes, où il resta
« sans aucune espèce de nourriture. Quelques

« jours après on lui arracha l'œil qui lui restait,
« et on le promena dans la ville sur un chameau
« galeux, pour le faire servir de risée à la popu-
« lace. Quelques-uns frappèrent sa tête à coups de
« massue, d'autres versèrent sur lui des vases
« pleins d'urine et lui remplirent les narines de
« boue; d'autres encore lui exprimèrent dans la
« bouche des éponges trempées d'immondices.
« Puis il fut pendu sur l'hippodrome, auprès des
« deux colonnes, entre les statues de la louve et
« de la hyène; au milieu de ses souffrances il
« s'écriait : *Seigneur, ayez pitié de moi ; ne brisez
« pas un roseau déjà brisé.* Les scélérats lui arra-
« chèrent ses habits; un d'entre eux lui plongea
« une pique par le gosier jusque dans les in-
« testins. Deux Latins lui percèrent les flancs de
« leurs épées, pour voir laquelle avait la trempe
« la plus fine. Puis il expira, en portant à sa
« bouche le moignon sanglant de son bras, dont
« probablement il voulait sucer le sang. Ce sup-
« plice est le plus ignominieux et le plus cruel de
« tous ceux qui furent infligés à un souverain
« détrôné, et ici la barbarie byzantine a de beau-
« coup surpassé la barbarie turque. »

Nous ne développerons pas ce parallèle sanglant de l'historien allemand au bénéfice ou à l'excuse de l'un ou de l'autre crime. Nous dirons seulement qu'Andronic avait mérité la mort, et qu'Othman II n'avait mérité que la pitié. Mais la mort même d'un prince coupable est un crime quand elle est infligée sans jugement : le peuple qui inflige le supplice sans droit, sans juges et sans pitié, assume à son tour le crime sur lui-même, et déshonore l'humanité au lieu de la venger.

Le règne d'Othman II ne laissa d'autre trace que son cadavre à l'histoire des Ottomans.

XXXIII

On ensevelit clandestinement ce cadavre pendant la nuit dans le tombeau de ses pères. Le muphti, dont Othman II avait épousé malgré lui la fille unique, et qui ne pardonnait pas au sultan mort la violence morale qu'il avait subie en n'osant décliner cet honneur, refusa de prier sur sa tombe; il abdiqua volontairement le pontificat plutôt que de rendre les honneurs religieux à son gendre.

Le second règne de Mustapha Ier commença par ces oscillations et ces retours qui agitent l'esprit des peuples et des soldats après le triomphe des grandes séditions. Peu de jours après l'installation de Mustapha, pendant que ce prince assistait avec sa mère à une fête de famille chez le grand vizir Daoud, les soldats s'attroupèrent devant le palais de Daoud, et le contraignirent par leurs vociférations à descendre sur la place et à leur rendre raison de son crime.

« Pourquoi, » lui crièrent-ils, « as-tu tué, « contre notre volonté, le sultan Othman que « nous avions confié à ta garde?

— Je l'ai tué, » répondit le grand vizir, « sur « les ordres du maître du monde, le sultan Mus- « tapha, notre padischah. » Cette réponse, qui rejetait sur la volonté chimérique d'un idiot la fatalité du crime, interdit et parut satisfaire ce jour-là les soldats. L'ombre du sultan leur imposait encore. Mais le lendemain, ils se présentèrent en plus grand nombre sous un autre prétexte, exigeant à grands cris des têtes qui avaient échappé, à la faveur du tumulte, le jour de la catastrophe d'Othman. C'étaient celles d'Omar, le précepteur d'Othman, d'Ahmed le caïmakam, de Nassouh-Pacha et de quelques autres, conseillers, vizirs ou favoris d'Othman. Daoud leur abandonna sans peine ces têtes pour sauver la sienne. Mais la fuite et les montagnes inaccessibles d'Asie sauvèrent ces victimes.

Les pages du sérail de leur côté, honteux de servir un fantôme de prince et indignés du meurtre d'un sultan de leur âge qui flattait leur orgueil et leur ambition, assassinèrent pendant la nuit leur gouverneur, le chef des eunuques blancs, accusé par eux d'avoir concouru à la déposition et au supplice d'Othman, leur idole. Ils pendirent par les pieds son cadavre sur la place de l'hippodrome.

« Cet eunuque méditait, » disaient-ils, de tuer « également, à l'instigation de la sultane Validé et « de Daoud, son gendre, les jeunes princes encore « vivants, frères d'Othman II, neveux de Mus- « tapha. » Les spahis et les janissaires, ameutés par les pages, s'attroupèrent de nouveau pour sommer Daoud de répondre sur sa tête de la tête de ces enfants réservés peut-être au trône. Le nouveau muphti, nommé Yahya, convainquit la sultane Validé de l'impopularité unanime de Daoud sur qui retombait justement et perpétuellement le sang de sa victime.

Daoud, attaqué par tous, même par ses complices, et mal soutenu par sa belle-mère, qui voyait chanceler l'empire entre ses mains, céda la dignité suprême à Mére-Housseïn, ancien cuisinier du sérail, devenu, par le jeu de la fortune, général de l'armée de Hongrie et gouverneur de l'Égypte. La fermeté qu'on attendait de lui contre les séditions incessantes, échoua devant sa complicité dans la mort d'Othman. Le jour qu'il distribuait la solde aux troupes, un soldat s'élança contre lui le sabre à la main en criant : « Qu'avez-vous fait du sultan « Othman ? » C'était le cri du remords des soldats et du peuple éclatant par une seule voix. Ce remords montait jusqu'à la fureur. Le soldat vengeur frappa légèrement et au hasard de son poignard Housséin et plusieurs des officiers de sa suite avant de tomber lui-même sous les coups des chiaoux et des muezzins.

Ce tumulte ne fit qu'en émouvoir un autre. Le grand vizir, pour échapper à la sédition des troupes, résolut de les éloigner, sous des prétextes de guerre, de la capitale. Il commença par écarter l'aga des janissaires, Dervisch-Pacha, homme turbulent que nous avons vu le jour de la chute d'Othman accompagner le char comme écuyer trivial de Mustapha au vieux sérail. Le grand vizir, pour déguiser cet exil, nomma Dervisch gouverneur de Caramanie. Une barque impériale l'avait transporté au port de Moudania sur la côte asiatique de la Propontide.

v.

Les janissaires, inquiets de la disparition de leur aga, et prétendant qu'on l'avait noyé dans la traversée, se précipitèrent en tumulte, les armes à la main, dans les cours du sérail, imposant par leurs clameurs la déposition et la punition du grand vizir. La sultane Validé, arrachée par ces cris au harem, dicta à son fils épouvanté un katti-schérif suppliant adressé par ce prince aux soldats : « Nommez grand vizir « Daoud-Pacha, Gourdji Mohammed-Pacha ou « Lefkéli-Mustapha-Pacha, peu m'importe ; celui que vous aurez choisi sera choisi par moi. »

Ce katti-schérif servile augmenta l'embarras et la fureur des troupes. Elles se sentaient incapables d'obéir, mais plus incapables de gouverner. Leurs cris redoublèrent. La sultane Validé, qui avait dicté ce katti-schérif à son fils, tenta ce que sa présence pourrait une seconde fois sur l'esprit des troupes. Elle sortit couverte d'un voile transparent du harem et parut en suppliante devant les soldats. L'aspect inusité d'une femme dont la beauté et les larmes éclataient à demi à travers la mousseline transparente des Indes répandue sur ses traits, le respect pour la mère de leur empereur, le souvenir de l'énergie qu'elle avait déployée pour sauver et couronner son fils privé de raison tune, général de l'armée de Hongrie et gouverneur de l'Égypte. La fermeté qu'on attendait de lui contre les séditions incessantes, échoua devant sa complicité dans la mort d'Othman. Le jour qu'il distribuait la solde aux troupes, un soldat s'élança contre lui le sabre à la main en criant : « Qu'avez-vous fait du sultan « Othman ? » C'était le cri du remords des soldats et du peuple éclatant par une seule voix. Ce remords montait jusqu'à la fureur. Le soldat vengeur frappa légèrement et au hasard de son poignard Housséin et plusieurs des officiers de sa suite avant de tomber lui-même sous les coups des chiaoux et des muezzins.

Ce tumulte ne fit qu'en émouvoir un autre. Le grand vizir, pour échapper à la sédition des troupes, résolut de les éloigner, sous des prétextes de guerre, de la capitale. Il commença par écarter l'aga des janissaires, Dervisch-Pacha, homme turbulent que nous avons vu le jour de la chute d'Othman accompagner le char comme écuyer trivial de Mustapha au vieux sérail. Le grand vizir, pour déguiser cet exil, nomma Dervisch gouverneur de Caramanie. Une barque impériale l'avait transporté au port de Moudania sur la côte asiatique de la Propontide.

Les janissaires, inquiets de la disparition de leur aga, et prétendant qu'on l'avait noyé dans la traversée, se précipitèrent en tumulte, les armes à la main, dans les cours du sérail, imposant par leurs clameurs la déposition et la punition du grand vizir. La sultane Validé, arrachée par ces cris au harem, dicta à son fils épouvanté un katti-schérif suppliant adressé par ce prince aux soldats: « Nommez grand vizir « Daoud-Pacha, Gourdji Mohammed-Pacha ou « Lefkéli-Mustapha-Pacha, peu m'importe; celui que vous aurez choisi sera choisi par moi. »

Ce katti-schérif servile augmenta l'embarras et la fureur des troupes. Elles se sentaient incapables d'obéir, mais plus incapables de gouverner. Leurs cris redoublèrent. La sultane Validé, qui avait dicté ce katti-schérif à son fils, tenta ce que sa présence pourrait une seconde fois sur l'esprit des troupes. Elle sortit couverte d'un voile transparent du harem et parut en suppliante devant les soldats. L'aspect inusité d'une femme dont la beauté et les larmes éclataient à demi à travers la mousseline transparente des Indes répandue sur ses traits, le respect pour la mère de leur empereur, le souvenir de l'énergie qu'elle avait déployée pour sauver et couronner son fils privé de raison le jour de la révolution, firent tomber à ses pieds les séditieux. Ils déchirèrent le katti-schérif par lequel le sultan leur résignait le droit de nommer un grand vizir, et lui crièrent qu'ils obéiraient à celui qui serait librement choisi par le padischah.

Mustafa-Lefkéli, frère de la nourrice du sultan, fut nommé par l'influence de sa mère. A peine eut-il gouverné quelques jours qu'une nouvelle émeute s'éleva contre lui, sous prétexte qu'il avait donné les premières dignités de l'Église à un conducteur d'ânes et à un joueur d'instruments ses amis. Un troisième grand vizir en trois mois, Gourdji-Mohammed, reçut le sceau.

XXXIV

Le pouvoir déconsidéré dans sa source n'étant plus maintenu par le respect, ne pouvait plus l'être que par la terreur. Les puérilités de Mustapha Ier, malgré le mystère dont le sérail essayait de les couvrir, éclataient dans Constantinople. Tantôt Mustapha, échappant à ses surveillants, courait de kiosk en kiosk dans les jardins du palais, invoquant à grands cris Othman pour se décharger sur lui du poids du règne, oubliant, comme l'empereur Claude redemandant sa femme, qu'il avait signé lui-même l'ordre du meurtre de son neveu. Tantôt il voulait entrer à cheval sur une barque; il se figurait traverser ainsi la mer. Quelquefois il se croyait prophète et favorisé de révélations célestes que la complaisance et l'adulation vérifiaient pour lui complaire. Le peuple crédule, disposé à vénérer la faiblesse d'esprit comme un don d'innocence, faveur du ciel, admirait dans ces révélations le doigt de Dieu sur la tête de l'idiot inspiré.

Les scheiks des mosquées se servaient de ce prestige des prétendues inspirations de Mustapha, pour édifier les croyants et pour accréditer l'idée de sa sainteté. « Il s'enferme des semaines entières « pour pleurer et pour prier dans sa chambre, » disaient-ils en chaire; « il voit son neveu Oth- « man transfiguré dans le paradis et couronné « d'un diadème impérissable. Priez pour votre « saint padischah, afin que Dieu console ses « peines et bénisse ses larmes. » Le peuple pleurait et priait.

Le grand vizir, pour complaire aux scheiks des mosquées, ayant publié une interdiction sévère de vendre du vin aux troupes dans les tavernes, fut déposé aux cris des soldats. Dervisch-Pacha, déjà nommé et déjà déposé comme on l'a vu plus haut, fut nommé de nouveau et déposé une seconde fois. Un eunuque, nommé Mohammed, vieilli dans les hautes fonctions du gouvernement, succéda à Dervisch. On espéra bien d'un homme rompu aux affaires, et qui n'avait trempé dans aucune des factions de cour ou de caserne qui déchiraient l'État. Le peuple de Constantinople, lassé des anarchies soldatesques, était favorable à l'eunuque décidé à les réprimer. Il menaça le favori des janissaires, Dervisch-Pacha, de lui faire rendre compte de ses trésors.

Les janissaires, à leur première fermentation contre l'eunuque, furent hués par la multitude : « Vous tremblez pour votre *fauconnier*, » disait le peuple aux soldats (c'était le surnom de Dervisch, dresseur de faucons avant sa fortune), « et vous avez laissé, comme de lâches muets, « votre padischah Othman, dont vous mangiez « le sel et le pain, et qui vous avait été remis « comme un dépôt sacré dans votre caserne « par nous et par le sultan actuel Mustapha » Les janissaires dépopularisés par leur ingratitude et leur sacrilége contre Othman, ne savaient que répondre. Déjà, sous prétexte de venger Othman, des gouverneurs, des généraux et des pachas se déclaraient affranchis de l'obéissance à la Porte, et juraient de faire expier aux janissaires le meurtre du jeune sultan. De ce nombre était Yousouf-Pacha, gouverneur de Tripoli en Syrie et Abaza-Pacha, gouverneur d'Erzeroum.

Yousouf était un Turcoman parvenu par la ruse, affermi par le crime, à qui la fortune de ses forfaits avait donné l'audace d'en commettre de plus grands. Il avait depuis longtemps chassé les janissaires de sa province, et il avait enrôlé à leur place des bandes de seghbans, milice locale et personnelle, instrument complice et victime tour à tour de ses féroces exécutions. Un tel ennemi, armé d'un grief si réel et si national que le meurtre d'un sultan, était redoutable aux janissaires.

Abaza, qui tirait son nom de sa tribu, les Abazes de la mer Noire, voisins des Circassiens, était un prisonnier devenu esclave du vieux grand vizir Mourad, vainqueur des Persans. Remarqué pour son courage sur la flotte de Khalil le capitan-pacha, Abaza avait monté de grade en grade jusqu'au gouvernement de Mérasch. Ennemi des janissaires, comme Yousouf, il était du nombre des généraux qui avaient levé en Syrie et en Mésopotamie des milices aguerries, et qu'Othman II se proposait d'aller rejoindre pour se délivrer du joug des janissaires, lorsque la découverte de cette pensée lui avait coûté le trône et la vie.

Sa révolte déclarée fit éclater à Constantinople une sédition nouvelle contre l'eunuque Mohammed. Le capitan-pacha Khalil et le grand vizir murmuraient : « les janissaires sont les instiga« teurs et les soutiens secrets du rebelle ; Housseïn « lui a donné sa fille. » Mais ces murmures, qui n'avaient point d'échos dans le peuple, s'amortirent contre l'impassibilité de Mohammed. La honte et l'exécration de leur crime réprouvé par tous les bons musulmans commençaient à peser si fortement sur l'esprit des soldats qu'ils cherchaient à s'en décharger à tout prix. Les spahis le rejetaient sur les janissaires, les janissaires sur Daoud, gendre de la sultane, Daoud sur Mustapha Ier; nul ne voulait porter plus longtemps la responsabilité de ce sang qui criait vengeance dans toutes les âmes.

Il est beau pour la nature humaine de voir une nation comme un grand coupable s'agiter d'elle-même sous le remords d'un attentat impuni, et demander pour ainsi dire à la justice divine de lui accorder le pardon ou l'expiation du sang innocent.

XXXV

Les spahis, ne pouvant plus tolérer le blâme et le silence même de leurs officiers qui leur reprochaient leur complicité dans la mort d'Othman II, séparèrent leur cause des janissaires leurs camarades. Ils s'assemblèrent d'eux-mêmes dans la mosquée de l'hippodrome où le drame de la mort du neveu et du couronnement de l'idiot s'était accompli sous leurs yeux, et firent rédiger par leur secrétaire une supplique au sultan Mustapha Ier ainsi conçue : « Si le padischah a ordonné vérita-
« blement le meurtre du sultan Othman, qu'il le
« dise, et qu'il lave notre honneur des calomnies
« du peuple. »

Cette supplique, sans réponse pendant quelques jours, encouragea le peuple, les scheiks et les oulémas à demander plus haut, non plus de flétrir mais de châtier la révolte contre Othman. Les spahis, pour se disculper davantage, invoquèrent eux-mêmes à grands cris la recherche et le jugement des meurtriers du padischah. « Li-
« vrez-nous l'assassin, » dirent-ils aux oulémas,
« et nous en ferons justice nous-mêmes. »

Le sultan, sommé par la clameur des spahis de

déclarer enfin la vérité, répondit par un katti-schérif laconique qui rejetait la mort de son neveu loin de lui. « Je n'ai jamais dit à personne « qu'il fallût tuer le sultan Othman, » disait le sultan Mustapha dans ce katti-schérif, « Daoud en « a menti. Si les meurtriers existent toujours, « ils doivent expier leur crime. »

Ce désaveu expressif de Mustapha, en témoignant qu'il s'indignait lui-même du meurtre auquel il devait le trône, ne laissait aux janissaires et aux spahis pour apaiser le peuple que le rôle de vengeurs de leurs propres forfaits. Ils affectèrent plus de zèle et plus de fureur que le peuple lui-même dans la recherche et dans l'extermination des régicides. Ils se répandirent le glaive à la main pendant la nuit dans les rues, poursuivant partout ceux dont le nom était attaché au meurtre d'Othman.

Le chef des djébedjis, un des quatre assassins, qui avaient étranglé le jeune prince dans le cachot des Sept-Tours avec Daoud et qui lui avait coupé l'oreille pour la montrer à la sultane Validé, fut arraché de sa maison, traîné au bord de la même fontaine où l'infortuné Othman avait demandé vainement un peu d'eau à boire en marchant à la mort. On lui trancha la tête sur le bord de la fontaine comme si son sang répandu devait expier la goutte d'eau si cruellement refusée.

XXXVI

Les rues retentirent pendant deux jours des cris de vengeance contre Daoud-Pacha, le plus coupable, le plus puissant et le plus féroce des auteurs de la révolution. Il était parvenu à s'échapper par la porte de son harem, et à se cacher au faubourg d'Aïoub dans la maison sans apparence d'un spahis reconnaissant de quelques bienfaits. La recherche obstinée des soldats l'y découvrit à la fin du troisième jour blotti sous la litière du cheval dans l'écurie du cavalier. On lui déchira ses vêtements sur le corps, on le revêtit en dérision d'un haillon couvert de boue, et on le hissa sur un chariot de fumier pour le conduire, à travers les imprécations, au château des Sept-Tours, théâtre de son crime destiné à être celui de sa peine.

Kalender-Oghli, le troisième des assassins d'Othman, devenu le chef de la police de la capitale sous le vizirat de son complice Daoud, fut traîné avec la même ignominie aux Sept-Tours. La fureur feinte des troupes et la colère vraie du peuple parurent un moment satisfaites par ces expiations ; elles rejaillissaient plus qu'il ne convenait à la sûreté du trône, non sur l'innocent Mustapha Ier mais sur la sultane régnante sa mère.

L'aga des janissaires, à l'instigation secrète du harem intéressé à sauver Daoud, assembla ses soldats dans la mosquée et feignant d'en appeler à la générosité militaire : « Camarades, » leur dit-il, « maintenant vous êtes satisfaits, Daoud-Pacha « est emprisonné, son sort est dans les mains « du padischah, son juge et son maître; promettez « de ne plus proférer d'imprécations contre « Daoud et de ne plus vous ameuter pour pousser « des cris de mort contre personne. »

Les soldats, trompés par ce semblant de magnanimité, le promirent et rentrèrent en silence dans leur caserne.

XXXVII

Pendant cette détente des soldats, la sultane Validé et sa fille la sultane, épouse de Daoud, conspiraient, par tous les artifices de deux femmes puisant à mains pleines dans le trésor, pour sauver l'une son mari, l'autre son gendre. Elles ne se dissimulaient pas que le supplice de leur instrument était l'avant-scène de leur propre supplice. Leurs largesses et leurs promesses réussirent à faire pendant la nuit un parti à Daoud. Le bourreau lui-même, gagné par leur or, promit de faire traîner assez longtemps l'exécution pour donner aux libérateurs de Daoud le temps de se grouper et d'arracher le coupable au supplice.

Le lendemain, en effet, au moment où Daoud, amené des Sept-Tours devant le divan, entendait sa sentence de mort, et où il était conduit, sous ses haillons de la veille par les bourreaux, devant la fontaine arrosée du sang du chef des djébedjis pour y mourir, l'exécuteur lui laissa plus de temps qu'on n'en accordait aux condamnés pour faire sa prière.

Daoud, à genoux sans turban, le sabre nu du bourreau déjà brandi sur sa tête, tira tout à coup de son sein et lut à haute voix le katti-schérif de Mustapha qui lui ordonnait le meurtre d'Othman. Ce katti-schérif après coup avait été sans doute surpris au sultan et glissé par des mains affidées dans celles de Daoud pour lui servir de justification à la dernière heure. Les janissaires affidés de ces deux femmes feignirent de s'en déclarer satisfaits, couvrirent cette lecture d'acclamations, écartèrent les bourreaux, arrachèrent Daoud à la fontaine, lui amenèrent un cheval richement équipé et le conduisirent en triomphe vers la mosquée, forum de tant de tragiques revirements de fortune. Le peuple, aussi mobile dans la Constantinople des Ottomans que dans la Byzance des Grecs, salua de ses cris cette péripétie du sort de Daoud et suivit le courant tumultueux créé par les soldats.

Tous se pressaient autour du cheval de l'ancien vizir, s'honorant d'avoir contribué à son salut et lui demandant de leur jeter un morceau des haillons dont il était revêtu, afin de pouvoir les lui représenter au jour de sa puissance, et réclamer le prix de la vie qu'ils lui rendaient par leur sédition. En passant devant la boulangerie des spahis, un de ces soldats lui donna son turban, un autre son caftan, un troisième son cheval et ses armes. En entrant dans le péristyle de la mosquée, les janissaires, plus intéressés encore que les spahis dans l'impunité de leur complice, le dépouillèrent de ses vêtements de hasard, lui en apportèrent de plus somptueux et placèrent sur sa tête le turban à franges d'or des vizirs. Daoud, investi tumultueusement de la dignité supérieure par les vociférations d'une poignée de séditieux, reconnut ces exigences de la soldatesque, en distribuant d'avance aux plus obséquieux les places de kiaya, de chef des chiaoux, de vizirs, les timars et les gratifications.

Mais l'heure qu'il employait ainsi à confirmer sa puissance au lieu de l'employer à assurer son salut par la fuite se retournait déjà contre lui. Les spahis s'indignaient contre les janissaires; le peuple, éloigné de la scène, contre les deux milices. La popularité vénale, conquise un moment, à prix d'or, par les deux sultanes à leur favori, s'écroulait devant l'immense impopularité de l'assassin impuni et maintenant triomphant d'Othman II. On s'attroupait autour du sérail pour demander au grand vizir vengeance contre cette dérision des lois. Le grand chambellan du sérail, Damadi-Ahmed, s'offrit à l'eunuque pour aller avec les bostandjis précipiter Daoud de son insolent triomphe. Suivi de quelques milliers de bostandjis et de capidjis, il marcha sans hésitation à la mosquée au milieu des encouragements de la multitude. Il dispersa, par son seul aspect, les janissaires, les spahis et la populace, escorte de Daoud; il leur arracha sans résistance leur idole, et plaçant Daoud sur le même char dans lequel Daoud avait conduit sa victime Othman aux Sept-Tours, il le ramena dans sa prison et lui fit trancher la tête, ainsi qu'à Kalender-Oghli, son complice, dans la même chambre et à la même place où ces deux scélérats avaient terrassé, étranglé et mutilé leur padischah.

Ainsi la représaille du même lieu comme la représaille du même supplice servit à attester une fois de plus le mystère de cette vengeance intelligente et inévitable qui punit le meurtre de la victime par le meurtre du meurtrier.

Leurs cadavres furent traînés par les pieds à la mer.

XXXVIII

Le vieil eunuque Mohammed qui regardait avec une impassibilité forcée ces vengeances de l'opinion publique, les acceptait faute de pouvoir les détourner; il fut même contraint d'employer l'autorité de Mustapha Ier à déposer, à exiler et à supplicier les principaux fauteurs de la révolution qui avait porté Mustapha au trône. Son rival, Mére-Housseïn, poussait sourdement l'opinion du peuple et des troupes à exiger des réparations plus sanglantes de la mort d'Othman; c'était pour lui le moyen de se populariser dans l'empire, d'avilir l'eunuque et la sultane Validé, et de remonter sur leur ruine au pouvoir dont il n'avait goûté que si peu de jours.

« L'empire, » disait-il tout haut à ses partisans, faisant allusion à l'âge de l'eunuque, qui avait quatre-vingt-dix ans, et à l'ascendant de la sultane Validé sur ce vieillard, « est gouverné par deux « vieilles femmes et par un idiot. Faut-il s'étonner « que tout s'écroule? »

Un aga albanais, nommé Suleïman, instrument de Mére-Housseïn, se chargea d'activer cette fermentation du mécontentement public dans la troupe, et de pousser le murmure jusqu'à la sédition. Les officiers des janissaires et des spahis se concertèrent pour arracher de force le gouvernement à ces mains débiles. Leurs soldats, secrètement encouragés par eux, assaillirent, le 5 février, au lever du jour, le divan et interpellèrent le vieil eunuque. « C'est toi: » lui dirent-ils « qui livres nos frères et nos chefs au bourreau; « nous ne voulons plus de toi; nous voulons, pour « gouverner des hommes, des ministres virils. « Retire-toi à l'instant, dépose volontairement « un pouvoir dont ton âge et ta mutilation te « rendent indigne, sans quoi nos sabres te dépo- « seront sur les marches du divan, et nos mains

« jetteron tes membres dépécés dans les flots où
« tu as laissé jeter Daoud. »

XXXIX

Le vieillard, abandonné de tous et même de la sultane, déposa les sceaux dans la main des rebelles qui les remirent à Mére-Housseïn leur instigateur. Cinq cents pains de sucre aux soldats, des caftans d'honneur aux chefs de l'émeute et deux cent mille ducats aux janissaires, récompensèrent, dans le sérail même, l'insurrection qui venait de le déshonorer. Mére-Houssein laissa l'eunuque se retirer en paix dans le harem, mais il exila tous les hommes qui pouvaient lui porter ombrage par leurs talents et aspirer au rang de grand vizir.

XL

Mére-Housseïn n'hésita pas à s'attacher la faveur de ces milices par les mêmes corruptions et par les mêmes licences qui la lui avaient achetée. Il fit couvrir de riches tapis de soie neufs le parvis de leur mosquée; il réunit, sur la place du marché aux viandes, les cuisiniers en chef des chambrées, qui formaient sous ce nom l'état-major de chaque régiment : « Camarades, » leur dit-il, « priez pour la durée du règne de notre « heureux padischah, et tenez-vous en paix ; « prenez partout où vous voudrez vos viandes, « votre cire, votre bois et tout ce qui vous est né- « cessaire : Dieu merci, le padischah est assez « riche pour traiter libéralement ses esclaves. »

Les janissaires acclamèrent le vizir et poussèrent leurs insatiables exigences aussi loin que le besoin de popularité de leur complice poussait la complaisance envers eux. Tout fut indiscipline, arbitraire et pillage des magasins et du trésor dans la capitale. L'opinion publique asservie mais indignée, se révéla par des incendies multipliés dans Constantinople, avertissements anonymes qui prennent le feu pour voix, et soulèvent le peuple par la terreur et le désespoir.

XLI

Abaza-Pacha, révolté de Tripoli, profitait de ces agitations de la capitale, pour s'avancer impunément avec son armée de vengeurs d'Othman II, dans la Caramanie. Maître de Siwas et d'Angora, il venait de faire assassiner Yousouf-Pacha révolté pour la même cause à Mérasch, sous prétexte que ce collègue méditait de se réconcilier avec les assassins d'Othman. A Césarée, où il était entré en vainqueur, les scheiks l'avaient accueilli en libérateur : « Ne crains rien, » lui avaient-ils dit devant le peuple, « la fortune est pour toi ! « tu es l'envoyé de Dieu, il te donne la puissance « pour délivrer les musulmans de l'oppression « des tyrans les janissaires. »

Abaza, à la tête de soixante mille hommes, confisquait partout les propriétés des janissaires pour solder ses troupes. Ennemi et bourreau déclaré de cette milice, partout où il découvrait un janissaire, il lui faisait trancher la tête après lui avoir fait clouer des fers de cheval aux talons, en signe d'assimilation aux brutes. Maître de l'Anatolie tout entière, il bloquait depuis trois mois la ville capitale de Brousse.

Ce démembrement impuni de l'empire par un rebelle étranger de race, réputé barbare, le feu qui dévorait chaque nuit des quartiers de Constantinople, l'insolence des soldats, l'émulation de licence entre les spahis et les janissaires, l'imbécillité du sultan, l'incapacité de sa mère, femme qui n'avait que l'énergie et la mobilité de ses passions, mais aucune solidité de

jugement, des intrigues sourdes de la sultane Kœsem dans le vieux sérail, qui tramait de substituer son fils Mourad au fils de la Validé sur le trône, tenaient les esprits dans une perpétuelle angoisse. Les oulémas indignés des excès de la domination militaire sommèrent le muphti de présider leur réunion dans la mosquée de Sainte-Sophie pour délibérer sur le péril public. Le muphti, pour augmenter l'excitation populaire, leur répondit que « tant que Mére-Housseïn serait
« grand vizir, aucun remède n'était applicable aux
« plaies de la nation; qu'il allait se rendre auprès
« du sultan pour solliciter la déposition de ce mi-
« nistre impie et corrupteur des troupes, et qu'il
« ne paraîtrait plus devant eux avant de l'avoir
« obtenue. »

Les spahis, avertis de la courageuse démarche du muphti, se rassemblèrent aux portes pour l'empêcher par leurs menaces de mort de se rendre au sérail. L'un d'eux, fils d'un coutelier, cria à ses camarades : « Ne le laissez pas sortir, « autrement vous serez tous égorgés. » Le muphti brava ces cris et ces armes; il monta sous l'escorte des bons musulmans vers le sérail. Mére-Housseïn, redoutant ce rassemblement, s'entoura de troupes vendues à sa cause dans le palais de l'aga des janissaires. De là il ordonna aux oulémas de Sainte-Sophie de se dissoudre. Les oulémas, forts de leur nombre, de leur droit, de l'appui moral des bons musulmans, reçurent ses envoyés avec des imprécations et les chassèrent par les épaules de la mosquée. Quelques-uns osèrent se rendre en députation à la caserne des janissaires pour tenter les derniers efforts du patriotisme sur le cœur des soldats : « Le sultan « Mustapha, » dirent-ils les larmes aux yeux aux soldats, « est privé de sa raison ; on gouverne ou « plutôt on déchire en son nom le gouvernement « au gré du harem ou des ambitieux qui le do-« minent ; la ruine est sur nous ; laissez-nous « appeler légalement un autre prince au trône ; « qu'en dites-vous ? » Les soldats séparés en ce moment de leurs chefs s'interrogent du regard et confessent les calamités de la patrie. « De « quelque côté, » répondent-ils enfin, « que nos « maîtres les oulémas se rangent, nous les sui-« vrons. »

XLII

Les oulémas, satisfaits de cette déférence des soldats, retournèrent à Sainte-Sophie rassurer leurs collègues sur la disposition des troupes, et poursuivent leur délibération sur les maux de l'empire. Mére-Housseïn leur envoie en vain d'autres négociateurs pour les engager à la retraite. Ils sortent en masse autour de Sainte-Sophie avec le turban d'Akhschemseddin, un des martyrs de l'islam ensevelis sous la mosquée d'Aïoub. Ils déroulent ce turban sacré pour s'en faire un drapeau. Tous les scheiks des autres mosquées de Constantinople viennent apporter leurs drapeaux à Sainte-Sophie pour les joindre à celui d'Akhschemseddin. Le peuple salue de ses acclamations la mosquée de Sainte-Sophie pavoisée de ces mille étendards; mais les armes manquent et la nuit tombe sans que les troupes reconquises par les libéralités du grand vizir et de la Validé se déclarent.

Mére-Housseïn lance sur Sainte-Sophie un ramas de janissaires et d'Albanais sous les ordres d'un tschaousch de Caramanie. Ils enfoncent les portes, égorgent quelques oulémas et jettent leur cadavres dans un égout pour faire disparaître les témoignages de leur crime. Un derviche qui avait harangué le peuple en faveur des oulémas fut pendu le lendemain. La consternation civique se cacha devant la tyrannie des soldats; mais les oulémas firent des vœux secrets pour Abaza et l'appelèrent par leurs émissaires à la délivrance de Constantinople.

XLIII

Cependant le grand vizir, inquiet de la mobilité des spahis, qui séparaient leur cause de celle des janissaires, et qui avaient paru tremper dans l'insurrection civique des oulémas, avait résolu d'exterminer les spahis. Son plan, connu seulement de quelques-uns de ses familiers, consistait à les rassembler après les fêtes du Beïram dans une cour du sérail, sous prétexte de recevoir la solde et de les faire foudroyer des fenêtres et des créneaux par ses Albanais.

Un hasard fit transpirer le complot. Pendant les fêtes du Beïram, le defterdar du grand vizir vint s'asseoir sur le banc d'une des boutiques du bazar couvert, pour voir défiler les processions. Quelques soldats du corps des spahis osèrent lui disputer la place. « Ne sommes-
« nous pas, » lui dirent-ils insolemment, « les
« favoris du padischah, et n'avons-nous pas le
« droit de nous asseoir aux places privilégiées
« partout où cela nous convient ? — Asseyez-vous

« donc, » leur répondit amèrement l'imprudent defterdar; « mais après les fêtes on vous fera justice. »

Cette indiscrétion, colportée de caserne en caserne, souleva d'angoisse et de colère les spahis. Ils coururent en armes au divan du grand vizir. « Tu médites notre perte, » lui crièrent-ils, « mais « nous, nous voulons ta tête. » Le sérail, inondé de leurs cohortes, retentissait de leurs imprécations. La sultane Validé conjurait Mére-Housseïn de céder à la nécessité et d'apaiser le tumulte en se retirant. « Non, non, » dit-il, « j'ai reçu le pou- « voir de la main des janissaires, et je ne le re- « mettrai entre leurs mains que quand les janis- « saires me le redemanderont. » Il s'évada du sérail et alla se mettre, comme Hassan *le Fruitier*, sous la protection des janissaires dans leur caserne. Les soldats, flattés de sa confiance en eux, et qui régnaient par lui, l'accueillirent avec des cris de fidélité. Mére-Housseïn se retira dans la mosquée.

Cependant, en l'absence de l'aga des janissaires, leur kiaya ou général en second représenta aux soldats « le danger de soutenir par les armes, con- « tre les spahis armés, un vizir répudié par la « majorité du peuple et des troupes, et de com-

« promettre la domination de l'armée sur le
« sérail » en faisant combattre la moitié des
« troupes contre l'autre moitié, dans le seul inté-
« rêt d'un vizir odieux à la nation. Ne vaut-il pas
« mieux, » leur dit le kiaya Béïram, « vous en-
« tendre amicalement avec vos frères les spahis
« pour choisir ensemble un vizir impartial entre
« les deux corps? »

Cet avis prévalut. Les janissaires et les spahis, admis à nombre égal dans une délibération
de caserne, déposèrent de concert Mére-Housseïn. Les sceaux, remis par ce ministre entre
les mains du muphti, furent portés dans un
mouchoir de soie au sultan. Les troupes dési-
gnèrent comme vizir impartial un officier nommé
Ali *l'Arbalétrier*, du nom de sa première profession.

Ali *l'Arbalétrier*, inspiré par le muphti et les oulémas, populaire dans le peuple, tout-puissant
par l'élection combinée des janissaires et des
spahis, convoqua le soir même les juges d'armée, le muphti, les vizirs, les généraux, les
imans, les scheiks des mosquées, organes religieux, légaux ou militaires des osmanlis, et les
fit délibérer sur le péril public.

La déposition du sultan Mustapha Ier et la

proclamation du prince Mourad ou Amurat IV, enfant de onze ans, l'aîné des fils survivants d'Achmet Ier, furent votées d'une seule voix dans l'enceinte même du sérail du sultan et presque en sa présence. On n'attendit pas le jour pour enlever le nouveau sultan du harem de sa mère, la sultane Kœsem, et pour le saluer sur le trône padischah des Ottomans.

Ce fut une de ces révolutions pacifiques où la nécessité évidente justifie la résolution unanime, et où le patriotisme de tous éclate sans opposition et sans crime au-dessus des ambitions et des intrigues du petit nombre. La nature avait déposé Mustapha en le créant : les soldats eux-mêmes, pour la première fois, reconnurent avec un reste de pudeur que les calamités de la patrie ne devaient pas être pour eux une occasion de richesse, et renoncèrent à la gratification habituelle pour le changement de souverain.

Mustapha Ier, sa mère, ses femmes et ses esclaves rentrèrent dans le vieux sérail.

Jamais prince enfant ne reçut l'empire dans une plus complète dégradation de gloire, d'ordre et de force. Les Persans avaient conquis sept provinces et une capitale, Bagdad, sur les Turcs ; Abaza possédait l'Asie entière ; l'anarchie de la soldatesque possédait le reste. Le principe de l'hérédité monarchique avait, en trois règnes, miné jusqu'aux fondements la monarchie ; ce principe lui avait donné en trente ans deux enfants et un imbécile, il allait lui donner un tyran.

NOTE COMPLÉMENTAIRE.

LE CAFÉ A CONSTANTINOPLE.

(Tome IV, page 399; tome V, page 80.)

On rapporte en général au règne de Soliman II l'ouverture des premiers cafés de Constantinople; mais déjà depuis longtemps on faisait usage du café dans plusieurs provinces de la Turquie.

L'historien Ahmed-Effendy attribue la découverte du café à un derviche de l'ordre des Schazilys, à Moka en Arabie, l'an 656 de l'hégire (1258). Un jour ce solitaire, qui avait été proscrit de son couvent, et exilé sur la montagne Kiouth-Ewsab, se voyant pressé par la faim et privé de toute ressource dans ce lieu désert, imagina de faire bouillir les grains d'un arbuste dont tous les environs étaient couverts; il ne subsistait depuis trois jours que de cette boisson, lorsque deux de ses amis, affligés de son sort, allèrent le trouver dans sa retraite, et lui prodiguèrent tous les secours de l'humanité. Ils étaient incommodés l'un et l'autre de la gale. Curieux de connaître la boisson à laquelle le derviche était redevable de la vie, ils en goûtèrent, y trouvèrent un parfum agréable, et continuèrent d'en prendre pendant les huit jours qu'ils passèrent auprès de leur ami ; se voyant alors délivrés de leur indisposition, ils en attribuèrent la cause à cette liqueur salutaire.

Le bruit s'en répandit dans Moka. Les citoyens envoyèrent chercher de ces grains, connus sous le nom de *cahhwé*, et en firent usage avec l'empressement et l'espèce d'enthousiasme qu'inspiraient la nouveauté de cette découverte et les vertus qu'on y attachait. Le prince de Moka rappela alors le derviche, célèbre depuis sous le nom de *Scheïkh Omar*, le combla de bienfaits, et fit construire pour lui, au pied de la même montagne, un couvent qui, à ce que l'on assure, existe encore aujourd'hui. Telle est l'opinion des musulmans sur l'origine d'une boisson qui fait les délices de tout l'Orient.

On lit ce qui suit dans l'*Univers pittoresque* sur l'arbrisseau qui produit le café :

« Le caféier forme à lui seul le plus riche produit du commerce de la mer Rouge. Transporté, à ce qu'il paraît, de l'Abyssinie dans l'Yémen, il y est devenu indigène et s'y reproduit sans culture ; mais il n'acquiert la saveur exquise qui lui a valu sa réputation que par les soins qu'on lui donne.

« Bien que les régions élevées de l'Arabie méridionale conviennent à la nature du caféier, il demande en même temps de l'humidité et de la fraîcheur ; aussi les Arabes plantent-ils d'autres arbres à côté des caféiers, afin de leur procurer de l'ombrage. C'est dans les environs de Sanaâ que cette plante, cultivée avec une grande intelligence, acquiert toute la qualité dont elle est susceptible. Les collines, coupées en terrasses, sont régulièrement arrosées pendant l'été à l'aide de grands réservoirs placés sur les hauteurs. Le caféier est toujours vert, sa hauteur ordinaire est de douze à quinze pieds; les branches sont élastiques, l'écorce rude et d'une couleur blanchâtre ; les fleurs ressemblent à celles du jasmin et répandent un parfum agréable. A Bulgôse, Niebuhr trouva les arbres en fleur au commencement du mois de mars, et l'air était embaumé de leur délicieuse odeur. Quand la fleur tombe, le fruit la remplace, d'abord vert, puis rouge et ressemblant, quand il est mûr, à une cerise. Deux graines enveloppées d'une fine pelure se trouvent sous la cosse. On fait deux ou trois récoltes par an, et il arrive souvent, pour le caféier comme pour l'oranger, de voir des fleurs et des fruits sur le même arbre. La première récolte, qui se fait ordinairement au mois de mai, produit la meilleure qualité de café. On secoue la fève sur un linge étendu sous l'arbre, on la fait ensuite sécher à l'ardeur du soleil, et, à l'aide d'un rouleau pesant de bois ou de pierre, on sépare la graine de la cosse. Le café est apporté sur le marché de Sanaâ dans les mois de décembre et de janvier. Les différentes espèces de café sont, d'après M. Cruttenden, le schardji, l'habbat, l'ouddeïni, le matari, le harrazi, le haïmi et le schirazi; les deux premières, dont les graines sont très-petites et presque rondes, se vendent à un prix plus élevé que toutes les autres. »

FIN DU TOME CINQUIÈME.

Ch. Lahure, imprimeur du Sénat et de la Cour de Cassation (ancienne maison Crapelet), rue de Vaugirard, 9.

Paris. — Typographie de Ch. Lahure, rue de Vaugirard, 9

www.ingramcontent.com/pod-product-compliance
Lightning Source LLC
Chambersburg PA
CBHW071901230426
43671CB00010B/1423